走向自律

道德教育论

新时代教育思想丛书／丛书主编　严从根

徐洁 著

TOWARDS MORAL AUTONOMY

Moral Education Theory

ZHEJIANG UNIVERSITY PRESS
浙江大学出版社
·杭州·

图书在版编目（CIP）数据

走向自律：道德教育论 / 徐洁著. -- 杭州：浙江
大学出版社，2025.6
　　ISBN 978-7-308-24676-7

　　Ⅰ. ①走… Ⅱ. ①徐… Ⅲ. ①品德教育－研究－中国
Ⅳ. ①D648

中国国家版本馆 CIP 数据核字（2024）第 040275 号

走向自律：道德教育论
ZOUXIANG ZILÜ：DAODE JIAOYULUN

徐　洁　著

责任编辑	朱　玲	
责任校对	傅宏梁	
封面设计	春天书装	
出版发行	浙江大学出版社	
	（杭州市天目山路 148 号　邮政编码 310007）	
	（网址：http://www.zjupress.com）	
排　　版	杭州好友排版工作室	
印　　刷	杭州宏雅印刷有限公司	
开　　本	710mm×1000mm　1/16	
印　　张	15.25	
字　　数	212 千	
版 印 次	2025 年 6 月第 1 版　2025 年 6 月第 1 次印刷	
书　　号	ISBN 978-7-308-24676-7	
定　　价	59.00 元	

少年自有凌云志

——"新时代教育思想丛书"序一

2019 年,杭州师范大学经亨颐教育学院正处于建设省优势特色学科教育学科的重要时期,恰逢一群干劲十足的青年教育学者加盟学院。从学院学科建设的目的出发,尤其是基于"教育学原理"学科建设的需要,我和学院班子商议,组织一批青年学者,依托学院"教育基本理论研究项目组"平台,依据教育基本理论立场,基于自己的学术积累和兴趣,编写一批具有专著性质的教材,以科研反哺教学,以教学提升科研。在学院的倡议下,一群志同道合的青年博士很快组成了团队。我们非常荣幸地邀请到了华东师范大学教育学部范国睿教授对教材撰写进行指导,并确定了"学术沙龙"的组织交流形式。四年来,范国睿教授克服种种常人难以想象的困难,投入巨大的心血,为教材的推进提供高水平的专业指导。在范国睿教授的引领和指导下,项目组每月开展一次学术沙龙,即使受到新冠疫情的影响,大家也克服了重重困难,将沙龙从线下转到线上,保证沙龙不间断。

项目组最初根据成员已有的学术积累,拟定探讨教育价值、道德教育、教育文化学、教育社会学、教学论、教师发展论、农村教育论、基础教育治理论等论题所涉及的相关理论与实践问题。四年来,由于种种原因,项目组成员几经变动,并不断有新的成员加入,后来还吸引了来自浙江师范大学和内蒙古师范大学的两位青年学者加盟。经过数年的努力,在无数次的思想交锋和思维碰撞中,项目组最终确定将成果汇成"新时代教育思想丛书",并最终打磨沉淀出第一批书目。

丛书的第一批书目涵盖道德教育、教学论、教育政策、教师教育和儿童心理等五个领域,共八部主题著作。这些著作或从坚持启蒙和反思启蒙的双重视角重思现代教育的价值问题;或从精神哲学的视角探讨道德教育的问题;或从价值范式的角度切入探讨正义的教育问题;或立足于智能时代的背景尝试构建深度学习的模式;或重点展开对基础教育学校内部治理方式的研究;或从历史和时代视角探讨"大先生"养成的教师发展理论和实践问题;或尝试寻找多元文化教育和中国特色学前教师教育体系的融合之道;或着力构建以存在主义心理学为基础的儿童心理教育理论体系。

尽管视角不一,但这些著作都是新一代青年学者面对新的时代背景和新的教育议题,基于自己的理论探索,尝试给出的"新时代"教育学的"答卷"。自"西学东渐"以来,我国的教育现代化经历了追求西方模式的长久历程,在长期的探索中,有识之士逐渐认识到实现教育现代化没有可以照抄照搬的捷径和模式。因此,中国教育的现代化,应该是在借鉴西方经验的基础上,立足中国传统、基于中国国情、彰显中国特色的教育现代化,是在理念、体系、制度、内容、方法、治理等方面展现中国魅力的教育现代化。当今世界的发展风云变幻,世界多极化、经济全球化、社会信息化、文化多样化等均已呈现不可逆转之势,新一轮科技革命和产业变革迅猛发展,新冠疫情对世界发展格局产生了深刻影响。与此同时,我国正处在推进中国式现代化的伟大征程和实现中华民族伟大复兴的关键时期。这些背景和变化给教育带来了前所未有的挑战,也给教育提供了前所未有的机遇,如何抓住机遇、应对挑战，推进中国教育现代化的进程，是摆在新一代教育学人面前的重大议题。

"新时代教育思想丛书"，正是由一批有活力、有信仰的青年教育学者，依托杭州师范大学经亨颐教育学院平台，直面教育的时代议题，立足新的教育生态，以中国教育实际为研究起点，借鉴我国教育传统和域外经验，提出具有原创性的理论观点，建构具有中国特色的教育学学科体系、学术体系和话语体系的尝试。

丛书直面"新时代"，回望历史传统，思考未来教育，坚持理论探讨高屋建瓴与关注实践脚踏实地相结合，坚持吸收传统与反思传统相结合，坚持借鉴西方与批判西方相结合，对教育基本理论的诸多议题进行了深入的探讨，这对于推进中国教育现代化的进程而言，无疑是非常有益的尝试！

丛书的探索得益于范国睿教授的深入指导，亦是八位青年学者在学术上努力耕耘的硕果，在此深表感谢！四年来，我有幸见证了范国睿教授的严谨与负责，见证了青年学者的努力与成长，见证了杭州师范大学经亨颐教育学院的发展与壮大。"少年自有凌云志，不负黄河万古流"，有青年的教育学是有希望的教育学！祝青年学者和杭州师范大学教育学科的发展能够相互成就，更上一层楼！

张斌贤

2023 年 4 月 26 日

于北京师范大学

风华正茂青云上

——"新时代教育思想丛书"序二

　　四年前的初秋,应张斌贤教授之约,我有幸走进杭州师范大学经亨颐教育学院。在这里,恰遇一群朝气蓬勃的青年教育学人,他们铆足了一股劲儿,渴望在教育学学术上有所建树,为杭州师范大学教育学科的发展做出自己的贡献。这些志同道合的年轻人自发组织了"教育基本理论研究项目组",以每月一次的"学术沙龙"形式,试图从自己的学术兴趣与学术积累出发,基于教育基本理论立场,探讨教育价值、道德教育、教育文化学、教育社会学、教学论、教师发展论、农村教育论、基础教育治理论等论题所涉及的相关理论与实践问题。很荣幸,我能参与其中。2020年1月,受新冠疫情的影响,学术沙龙由线下转为线上,大家的学术热情不减,每月一次的线上交流、争辩,以及为此而做的各种艰苦准备,都成了抗疫过程中的珍贵记忆。这些年来,参加学术沙龙的新面孔不断增加,每一位新人的加入,都会给大家带来新的研究问题、研究视角与研究思路,智慧的碰撞,使这个研究项目组永葆新意。

　　"教育基本理论研究项目组"最初设定的目标是每位成员最终形成一部具有专著性质的教材(大家亲切地称之为"'学术味'教材"),这既是大家希望的学术上术业专攻的成果,也是青年教师站稳讲台的需要。本来,"科研反哺教学"理应是大学学术生态的常态。尽管参与学术沙龙研讨的诸位同仁对其所治论题的思考深度与研究进展并不尽一致,但多样化的思维创获既是那些陆续发表的教育学专论,更是几经打磨沉淀下来,汇成的"新时代教育思想丛书"的第一批书目。八部著作的作者,有六位是杭州师范大学"教育基本理论研究项目组"的成员,而浙江师范大学的钱晓敏和内蒙古师范大学的杨日飞带着自己的作品加盟,使得这个团队更加开放、更具活力。

八部著作,大致可分为"培养什么样的人""谁来培养人"和"如何培养人"三类。

"培养什么样的人",关乎对儿童的本质、儿童发展与儿童素养的认知。近年来,杭州师范大学在儿童研究方面成果颇丰,已得到国内教育学界的广泛认可与赞誉。其中的三部著作,表明了他们的研究基于儿童,又超越儿童。严从根等的《培养公共人:公共空间意识教育》,坚持现代教育的价值在于"培养公共人",从坚持启蒙和反思启蒙等角度论述公共空间意识教育作为培养"公共人"的必要性和实施路径,为读者重思教育的价值提供了新的视角。杨日飞的《培养精神健全的人:存在转向的儿童心理教育》,从存在主义理论立场出发,认为儿童心理教育要以培养精神健全的人为根本目的,为此,着力构建了以存在主义心理学为理论基础的儿童心理教育理论体系。徐洁的《走向自律:道德教育论》,从精神哲学的视角,尝试回答"人应该如何幸福生活""我们应该如何在一起"等问题,所建构的道德教育内容的精神生产方式与基本实践体系,无论在理论上,还是在实践上,都有独到的借鉴价值。

"谁来培养人"的答案无疑是教师。近年来,教育学对教师的研究大多集中在教师专业发展上,这里的三部著作在不同视角上超越了对教师发展的理论探讨。钱晓敏的《走向正义:教师教学价值论》尝试为教师教学走向正义提供理论原则和实践建议,基于教育学立场对公平分配范式、道德应得范式以及价值承认范式的教育适用边界的探讨,以及"一元三维"教师教学正义原则的理论辩护,使本书的"原理"意蕴更加浓厚。这些年,冯慧的主要心思都花在了孩子们身上,那个"余杭塘河边的儿童大王"公众号上的一篇篇推文,无不透露着她对孩子们的爱、对学前教育这片事业的爱。可喜的是,她的政策研究亦见功力,她努力通过《他山之石:学前教师政策的国际经验与借鉴》寻求多元文化教育与中国特色学前教育体系的融合之道。教师政策的比较研究,终归还是为了推动我国学前教师质量,提升儿童的幸福感,在这一点上,冯慧初心不改。相比之下,杨茜的《成为大先生:教师发展论》则侧重于将教师置于社会与教育转型的大背景的宏大叙事中,从历史与当代视角探讨"大先生"养成的理论与实践问题,探究教师发展的未来新路向。

"如何培养人"涉及的范围很广,其中的两部著作分别关注教学变革与学校治理变革两大核心问题。程建坤的《走向优质:深度学习与教学改革》,立足智能社会的时代背景,围绕教学的基本要素,重新思考教与学的辩证关系,尝试构建智能时代的深度学习模式,以适应智能时代的学习生态变革。张冉的《多元共治:基础教育学校治理新论》,立足我国教育治理体系与治理能力现代化建设,着力探讨现代学校制度、学校治理主体、治理维度、治理方式、不同教育主体参与和协作等基础教育学校治理问题,以期为我国基础教育治理体系和治理能力现代化建设提供理论与实践支撑。

"新时代教育思想丛书"具有时代性、开放性和实践性等特点。其中的每一部著作,都坚持"原理"立场,突出对某一专题教育研究成果的梳理并加以结构化,透视教育现象与问题背后的理论逻辑,形成系统化的教育知识体系;坚持古今统一,既吸收教育学经典著作的思想精华,又吸纳当代教育研究的最新成果,做到古为今用;坚持中外融通,既关注中华优秀传统文化教育与近年来的教育学本土理论研究以及教育变革实践成果,又借鉴国外尤其是西方发达国家的教育研究成果与教育改革经验。

习近平总书记在哲学社会科学工作座谈会上指出:"只有以我国实际为研究起点,提出具有主体性、原创性的理论观点,构建具有自身特质的学科体系、学术体系、话语体系,我国哲学社会科学才能形成自己的特色和优势。"[①]进入新时代后,我国的教育实践发生了深刻变化,许多问题亟待从理论上加以阐释,新时代,加快构建中国特色教育学学科体系、学术体系、话语体系,成为时代之需、教育改革实践之需、教育理论创新之需。近年来,杭州师范大学的教育学科发展迅速,集聚了一大批有教育信仰、有学术追求、有胆识、有干劲、有活力的青年学者,他们紧跟时代发展步伐,追寻教育理论前沿,关注教育现实,分析和解决新时代教育变革与发展的新问题、新技术、新方法、新生态,建构新观点、新理论。教育改革的希望在青年,教育理论创新的希望同样在青年。四年前,我为杭州师范大学这群有学术理想的有为青年的情怀与干劲所感动;四年来,他们追求学术的韧性令人敬佩,而他们的持续陪伴,又帮助我度过了许多艰难困苦的时光;四年后,时时浮现在我面前的,是从根与徐洁的理性与思辨,建坤与张冉的实证与严谨,冯慧与杨茜的求新与求活……

呈现在读者面前的这套沉甸甸的著作,是曾经的学术沙龙的"作业",是这群年轻人历四年之功的学术探索,虽不完美,其中的观点、命

---

① 习近平:在哲学社会科学工作座谈会上的讲话(全文)[EB/OL]. (2016-05-18)[2023-05-01]. https:// www. xinhuanet. com/politics/2016-05/18/c_1118891128. htm.

题或思想也必有进一步探讨甚至商榷的空间，但其中的研究视角、研究方法，那些点点滴滴的闪光思想，已足见他们的努力、他们的智慧、他们每个人为中国特色教育学学科体系、学术体系、话语体系所做的独到贡献。每一个时代的教育学，都有每一个时代的问题，有每一个时代的探索和答案。"苟日新，日日新，又日新"，拥有青年，就拥有未来。"风华正茂青云上，恰是乘风破浪时"，祝愿所有青年教育学人学术精进，更上一层楼！祝愿杭州师范大学教育学科发展顺利，再创辉煌！

范国睿

2023 年 5 月 8 日
于北京师范大学

前　言

　　道德是人类文明传承与发展的核心支柱,其内涵与实践随着时代洪流不断演进。自古以来,道德教育始终是教育学和社会学研究的热点议题,从古代文明中无论是孔子以"仁"为核心的礼乐教化,还是亚里士多德倡导的美德即习惯的德育理念,到中世纪宗教伦理对道德体系的深度构建,再到启蒙运动后康德强调的理性道德律令、杜威的实用主义德育观等,道德教育发展的历史脉络清晰地勾勒出人类对善与秩序的永恒求索。然而,随着社会的飞速发展,当今社会道德失范、价值迷茫、社会信任危机等问题日益凸显,使得道德教育的重要性愈发突出。如何在一个快速变化的世界中培养具有健全人格、高尚品德和自律精神的公民,成为教育领域亟待解决的问题。需要强调的是,道德教育不仅是学校教育的重要组成部分,更是社会文明进步的基石。有鉴于此,本书从精神哲学的视角出发,结合哲学、伦理学、社会学等多学科视角,系统梳理了道德教育的历史谱系、精神品性及其在现代社会中的实践意义,通过对道德可教性、道德教育的内涵与方法、道德教育评价等核心问题的深入分析,尝试为读者呈现一幅关于道德教育的完整画卷,并最终指向一个核心理念:道德教育的终极目的是涵养人的自律精神,从而实现个体与社会的和谐发展。

　　道德是人类社会特有的精神现象,它既是社会规范的体现,也是个体内在价值的彰显,道德的本质并非一成不变的教条,而是随着社会历史的发展不断演化的精神建构。从"道德不可教"与"道德可教"的争论中,我们可以发现,道德的可教性并非简单的知识传授,而是通过教育引导个体实现精神的自觉与升华。当然,道德教育的"可教性"也存在其限度。源自良心的自律和社会整体性的精神建构,是道德教育之"教"难以完全触及的领域。但这并不意味着教育无能为力,相反,正是这种限度提醒我们,道德教育需要更加注重个体的内在体验和社会环境的整体塑造。

在西方,从苏格拉底的"知识即美德"到康德的"理性自律",道德教育始终与理性精神的张扬密切相关;在中国,从孔子的"仁爱"思想到朱熹的"格物致知",道德教育则深深植根于家国同构的伦理传统中。这两种传统虽然路径不同,但都指向同一个目标,即通过教育培养具有道德自觉的个体。道德教育的精神品性体现在理性精神与伦理精神的统一上。理性精神强调个体的意志自由和道德判断能力;伦理精神则注重个体与社会、家庭的和谐关系,彰显着道德教育的家国同构。两者的结合,为现代道德教育提供了丰富的理论资源。

道德教育的功能是多维度的,道德教育的功能可纳入个体性功能、社会性功能与生态性功能等维度进行考量。对于个体而言,道德教育是建构幸福生活、生成伦理精神、澄明生命意义的重要途径;对于社会而言,道德教育在政治、经济、文化等领域发挥着不可替代的功能;对于生态而言,道德教育则是培养环保意识、实现人与自然和谐共生的关键环节。

道德教育需要培养什么样的人是道德教育理论与实践探索的基本问题。从道德教育目的的内涵与价值层面审视,道德教育的目的植根于人的自然性、社会性与精神性,旨在培育个体幸福生活的能力与自由意志、塑造伦理共同体意识与社会责任感,从而引导个体澄明生命意义、丰盈内在世界、激发道德自律。从历史维度观察,在中国,古代儒家的"君子人格"、道家的"至人"境界到宋明的"存天理,灭人欲",均强调伦理秩序的维护;近现代转向梁启超的"新民"人格、蔡元培的"健全人格";当代则聚焦幸福生活、公民素养等主体性发展。在西方，关于道德目的的阐述始于荷马的"英雄品德"、苏格拉底的"美德即知识"，经启蒙运动卢梭的"自然自由人"、康德的"意志自律"，至现代，杜威的民主公民培育、科尔伯格的道德判断力发展，体现从神性服从到理性自觉的演进。本书提出，道德教育以涵养人的自律精神为终极目的。自律精神既包含理性精神的独立思考，也包含伦理精神的责任担当，两者共同构成了道德教育的核心价值。

道德教育内容作为提升受教育者道德认知与品行的规范性体系，是教育目的实现的具体抓手和实践载体，本质在于呈示道德文化精神。其内在结构包含唤醒自我伦理意识与生命价值的个体道德、培育尊重他者与关怀互动的社会伦理、拓展至全人类和平责任与博爱情怀的全球伦理以及确立敬畏自然生命的生态伦理。道德教育内容通过三种精神生产的方式生成——作为意识形态，承载特定政治与文化价值；作为社会规则，内化人际规范为伦理精神；作为理性自觉，指向受教育者内在自由的道德觉醒。最后，本书从引导生命意义探寻的人生价值教育、塑造精神追求与社会担当的理想信念教育、培育公共精神与公民责任的社会公德教育、涵养民族认同与共同体归属的爱国主义教育、倡导文化尊重与人类命运共同体意识的国际理解教育以及确立生态伦理观与可持续发展理念的生态文明教育等维度出发，建构了以"精神建构"为核心的道德教育内容的基本体系。

道德教育的方法与评价是践行教育内容、实现教育目的的重要途径。本书指出，道德教育的三大核心方法为价值澄清法、审美陶冶法和具身育德法。这些方法强调个体的主体性和体验性，旨在通过互动与反思，引导受教育者实现道德的自觉与内化，形成"认知澄清—情感升华—身体践行"的递进式实践逻辑。需要指出的是，在进行道德教育时，教育者需要运用道德教育评价，对受教育者的道德学习过程与结果进行综合性的判断，由此来辨识受教育者的道德水平，优化道德教育过程。然而，传统的道德教育评价往往容易陷入"意志他律"的困境，过分依赖外部规范而忽视个体的内在动力。真正的道德教育评价应当是助推受教育者走向"意志自律"。因此，本书指出，可以借助档案袋评价法、操行评语评价法、道德叙事评价法等方法来对受教育者的道德发展水平进行评估，做到关注个体的道德成长过程，从而使个体走向"意志自律"。

目　录

第一章

道德及其可教性

道德是什么？这是当代伦理学论争的一个难题，也是道德教育理论建构与实践探索的一个前提条件。毋庸置疑，道德属于规范的范畴，关于道德的本质及其内涵的界定则众说纷纭，因为道德是道德规范形式和道德价值内容的结合体，不同学者所依持的价值立场与历史环境都为界定道德的本质提供了无限可能。鉴于此，本章尝试在回溯道德起源和厘清界定道德主要观点的基础上，明晰道德的一般性内涵，阐释道德建构的意义，分析道德可教的可行性及其限度。

第一节　道德的本质及其建构意义

道德究其本质而言是一种特殊的文化精神，唯有从精神哲学的视角对道德进行深入研究与分析才能切近道德的本质意涵。通过对中西方道德概念的简要历史探寻，我们可以看出，遵从基于普遍性社会规范或者天道规律的伦理精神是中西方道德阐释的共同出发点，并且这一遵从依循人们主观精神的自觉建构。基于此，精神是阐释道德本质最为基础的出发点与立足点。作为一种精神的道德既具有内在向我的一面，也具有外在向他的一面。其中，道德的"向我"属性凸显了个体性的内在道德向度，它所面对的是主体内部的自由意志和实践理性，旨在回答"人应该如何幸福生活"的问题；道德的"向他"属性彰显了群体性的外在伦理向度，它所面对的是人与人之间的社会规范与互动准则，致力于阐释"我们应该如何在一起"的问题。在此境遇下，"向我道德"与"向他道德"的辩证统一共同构成了道德本质的完整意涵。

一、道德的本质

本质即事物本身所固有的根本属性，是将自身区别于其他事物的独特内在。经由对事物本质的理解，可以有效掌握事物的运作规律，明确事物所蕴含的本体效用与衍生功能。"道德"是伦理学的一个重要范畴，对其本质的剖析是理解与诠释道德概念及其文化意涵的重要突破口，也是释放道德文化与社会功能的基础性条件。

（一）道德的起源学考察

理解道德本质的首要前提是探问和寻索道德的起源与发展历程。从起源上看，道德概念源远流长，在几千年的演化与发展过程中不断被赋予新的文化内涵。在中国，"道德"分别由"道"与"德"两字组成。其中，"道"最为原初的语义首见于《老子》："有物混成，先天地生，寂兮寥兮，独立而不改，周行而不殆，可以为天地母。吾不知其名，字之曰'道'。"在此意义上，"道"是宇宙万事万物的原体、本体，它具有先于天地的超验品性，但是又为万物所依附，故而是一种既关涉现象世界却又超越现象世界的先验性存在。这一先验性存在，可以具化为宇宙万物所遵循的必然规律与最高法则，故而具有某种意义上的客观性、普遍性与永恒性，此一意义为韩非子在《解老》中所进一步确证："道者，万物之所然也，万理之所稽也。"由此可见，"道"是对宇宙间万事万物共同规则或规律的抽象性描述，它代表了人类追求形上本体与万物始基的文化理想。通过对"道"的想象与憧憬，华夏子民才有可能在漫长的历史长河中建构起属己的精神世界与生活世界。

　　"德"的象形意义是"人站在天文观象台中心点用眼睛观看七曜（日月金木水火土星）的运行"。"七曜"代表宇宙自然的运作规律与法则，即代指"道"；"人站在天文台中心点用眼睛观看"意味着对"道"的注视、体认与遵循。在此意义上，"道"是对宇宙先验性规律与法则的承载，"德"则是对"道"的澄明与昭示。换言之，"道"是"德"的存在基础，"德"是"道"的认识根据。因为"道"，所以"德"是存在的；因为"德"，所以"道"才是实在的。也就是说，"德"在起源学意义上是依附于"道"的，也是伴随于"道"的，没有"道"也就无从谈论"德"，"德"是验证"道"之所存的人文基础。依循于此，管仲认为，"德者，得也"（《管子·心术》）。个体通过对先验性道德法则与规律的遵守，从而有所"心得"。朱熹在承袭管仲思想的基础上对"德"的含义进行了丰富与拓展，他认为，"德者，得也，行道而有得于心者也"（《四书集注·学而篇》）。德是对道的遵循，遵循的主体是人的内心，故而德直指人心，心性正直即是有德。在此意义上，德是对道德的恪守与坚持，人心向道即为德。由此观之，"德"是一种与人之心性密切关联的、由主观精神建构的产物，它依循于"道"，却见之于人的主观意识，故而具有特定的历史性与情境性。对此，朱熹进一步补充说："道者，人之所共有，德者，己之所独得。"（《四书集注·学而篇》）言下之意，"德"是对"道"之普遍性法则的个体性呈现，经由个体之"德"，"道"才能获致与生活世界相关联的精神与人文意涵。

　　依循上述关于"道"与"德"的起源学考察，我们能够粗略端详出中华传统文化中"道德"概念的语境意涵。事实上，"道德"一词曾在春秋战国时期的《礼记》《庄子》《荀子》等著作中就被多次提及，其含义总体上可以化约为人内心之中的认知、情感与外在行为对人世通用性真理或天道规律法则的遵循与持守。诚如《荀子》一书中所言："故学至乎礼而止矣，夫是之谓道德之极。"通过"学"而至"礼"是臻达"道德之极"的必经之路，也是个体人生在世的文化选择。"礼"传达的是人世间的通用性真理，同时也是对生活世界天道法则的遵循，故而是对道德概念的适切诠释。由此观之，"德"是人之心性行为的具体范畴，它可以被描述为仁、义、礼、智、信、勇等多个维度的心理品质。并且，虽然诸子百家基于不同的认知立场，对何为"道德"有着不同的理解（例如道家的"无为之德"①、法家的"以法为德"②等），但是他们关于道德本质的一般性理解基本上是一致的，即道德是经由人的主观精神努力，符合客观性社会或自然法则的总体性规范。在此意义上，道德是属人的，是与人的精神建构相关的，并且在主观性与客观性、特殊性与普遍性等层面诠释了自身内在矛盾的辩证统一性。

在西方，道德的词源学意义同样十分丰富且深刻。事实上，西方文化传统中"道德"一词渊源于对"伦理"（ethics）概念的继承与发展。"ethics"的最初意义是指"人所生活与居住的寓所"，可以引申为人类建构出来的社会生活规则。但是在公元前 146 年罗马帝国征服古希腊之后，拉丁语中的"moralis"（道德）一词替代了古希腊语言中的 ethics（伦理）一词。可以说，这一替换是西方哲学思想史上的重要事件，它在某种意义上影响了后来两千多年西方伦理道德思想的走向。在西方文化语境中，"moralise"（道德）一词源自拉丁语的"mos"（复数为"mores"），它可以翻译为"传统风俗""习惯"。传统风俗是特定区域内通过长期的共同生活所形成的约定俗成的文化习惯之总和，它是对共同体生活世界和精神世界的总体性编码与记忆，并且对共同体中的成员具有"软性"规范与约束效用。由此可见，"moralise"在起源学意义上具有"个体遵从社会规范"的

---

① 例如，道家庄子提出："夫恬淡寂寞，虚无无为，此天地之平而道德之质也。"（《庄子·刻意》）

② 法家的"以法为德"即是强调"法"在道德建构中的本体作用，也具有以契约为基础的道德属性。对此，管仲提出："法制不议，则民不相私；刑杀毋赦，则民不偷于为善；爵禄毋假，则下不乱其上。三者藏于官则为法，施于国则成俗……废上之法制者，必负以耻。财厚博惠以私亲于民者，正经而自正矣。"（《管子·法禁》）商鞅据此进一步认为："圣人有必信之性，又有使天下不得不信之法。所谓义者，为人臣忠，为人子孝，少长有礼，男女有别。非其义也，饿不苟食，死不苟生。此乃有法之常也。"（《商君书·画册》在此意义上，以"法"为基础，为良序社群确立客观普遍的道德法则，继而使得"至德复立"（《商君书·更法》），即是法家思想最根本的道德憧憬。

文化意涵,这一意涵与"伦理"概念具有诸多相同之处。但是,伴随着西方思想的发展,道德开始与习俗、伦理发生分离,并且在宗教、理性、自由等理念的参与过程中开始关注个体的内心虔诚、忏悔、自律等,由此使得道德成为个体主观精神建构的产物,至于道德所应蕴含的伦理实体意义,则在实践理性的淡漠中被逐渐消解了。

通过对中西方道德概念的简要历史探寻,我们可以看出,遵从基于普遍性社会规范或者天道规律的伦理精神是中西方道德阐释的共同出发点,并且这一遵从依循于人们主观精神的自觉建构。但是不同之处在于,中华传统文化自始至终都将道德的普遍性与个体性联系在一起,强调先验性道德规律和社会规律与个体主观精神的辩证统一,强调人际伦理与个体道德的互动关系,并且认为遵从社会规范与个体的精神建构相比更具有优先性,这就使得中华传统文化对个体的实践理性与道德自由缺乏充分的认可;与此相反,西方文化在历史流变中逐渐淡忘了"道德的伦理学意义",忽视了道德本身所蕴含的实体性因子,转而在激励和倡导道德主观建构的过程中将实践理性与精神自由推向极致,由此,道德成了"通过个人""为了个人"的价值范畴。在此境遇下,如何以中华传统文化中的道德理念为根基,批判性地吸收西方文化中关于道德的积极要素,已然是新时代道德重构的重要文化使命。

(二)关于道德本质的主要观点

作为一种"非科学的知识"或者是"不可编码化的意会性知识",道德诠释了特定社会群体对价值规范的现实向往,同时也彰显了个人精神建构的理想诉求。但是,如何理解道德? 或者说,道德的本质是什么? 这一问题时至今日尚无定论。在此意义上,人类关于道德本质的认识几乎成为一个不可化约的多元化事实。

事实上,在历史发展的长河中,不同的学者基于不同的知识视域、价值立场与文化处境，对道德本质的理解可谓殊异复杂。可以说，人们关于何为道德已经进行了大量的描述、分析与判断，对复杂的道德事件也进行了深刻的剖析、反思与争论，但是始终没有一个严格、科学并且普遍认同的逻辑界定。但是，这并不能成为我们不去关注与探索道德本质的理由。通过梳理与分析古今中外关于道德本质内涵的论述，比较有代表性的观点主要体现在以下三个方面。

一是从社会意识的视角探讨道德的本质。19 世纪 50 年代，马克思与恩格斯在长期深入研究资本主义社会经济、政治和文化的历史发展与现实问题的基础上，合作撰写了《德意志意识形态》一书。该书运用辩证唯物史观，从个人意识和社会意识的辩证统一过程揭示了作为社会意识形态的道德本质及其发展规律，论证了道德的历史性条件与社会性基础，由此改变了西方哲学领域理解道德本质问题的基本思路。在马克思主义看来，道德是一种社会意识形态，它受制于社会存在（即特定历史发展阶段的物质生产方式与交往形式），并且是人们共同生活及行为的准则和规范。这是因为，"意识一开始就是社会的产物，而且只要人们存在着，它就仍然是这种产物"①。道德作为一种社会意识形态，它是人们在进行物质生产和物质交往过程中逐步生成的行为规范与实践准则。在此境遇下，"人们的想象、思维、精神交往在这里还是人们物质行动的直接产物。表现在某一民族的政治、法律、道德、宗教、形而上学等的语言中的精神生产也是这样"②。作为一种精神产物，道德为社会存在所决定，并且能够反作用于社会存在的发展。也就是说，道德需要以与其相适应的生产力与生产关系为基础，并且在马克思主义看来，不同的时代、不同的阶级有着

---

① 中共中央马克思恩格斯列宁斯大林著作编译局.马克思恩格斯选集(第 1 卷)[M].北京：人民出版社,1995:92.

② 中共中央马克思恩格斯列宁斯大林著作编译局.马克思恩格斯选集(第 1 卷)[M].北京：人民出版社,1995:72.

不同的道德观念,没有任何一种道德是永恒不变的。道德具有特定的境遇性、历史性与阶级性。

二是从工具主义的视角解释道德的本质。在工具主义的理论视域下,道德起源于古人调节社会关系的实际需求,"道德作为一种人的创造物或文化的一种具体形态,与所有其他人类创造物或文化物一样,都是满足人生存发展需求的工具"①。"人类创造道德的目的,最终是增进人类利益,是为了保障人类社会存在发展"②。在此意义上,人的生存与发展是道德的目的和"主人",道德则是人的"仆人"和工具。"道德是通过提供善的为人处世的方式来为人的生存和发展需求服务的,其特定的价值指向是人际关系的和谐与人的完善。因此,道德就是在一定社会群体中约定俗成的行为规范与品质规范之总和。它受社会舆论和内在信念的直接维系推动,以善恶为基本评价词,负责为人提供善的为人处世方式,以满足人处理人际关系和实现自我的需求"③。也就是说,为人提供关于善恶的处世原则即道德的根本任务,它的立足点在于对良序社群规则的维护。事实上,工具主义的道德本质论自古希腊时期就已初现端倪,因为经由道德获取幸福、快乐在亚里士多德以及伊壁鸠鲁学派的话语体系中似乎具有天然的正确性。这一思想为后来的功利主义者所承袭与发展,并且深刻影响了近现代道德哲学的发展。功利主义者们认为:"功利主义的道德承认,人具有一种力量,能够为了他人的福利而牺牲自己的最大福利。功利主义的道德只是不承认,牺牲本身就是善事。它认为,一种牺牲如果没有增进或不会增进幸福的总量,那就是浪费。"④由此观之,道德的存在依赖于个体或者群体的幸福,它本身不具有任何内在价值与精神属性。推

---

① 韩东屏.道德究竟是什么——对道德起源与本质的追问[J].学术月刊,2011(9):28-36.

② 王海明.论道德起源和目的[J].党政干部学刊,2009(4):3-7.

③ 韩东屏.道德究竟是什么——对道德起源与本质的追问[M].学术月刊,2011(9):28-36.

④ 穆勒.功利主义[M].徐大建,译.上海:上海人民出版社,2008:17.

而论之,道德作为服务社会发展的工具,它能够通过预防恶的存在与蔓延而实现自身的效率价值,在此意义上,道德是一项由于约束人而产生的"必要之恶"。诚如有学者所言:"道德与法一样,就其自身来说,不过是对人的某些欲望和自由的压抑、侵犯,因而是一种害或恶;就其结果和目的来说,却能够防止更大的害或恶(如社会的崩溃)和求得更大的利或善(如社会的存在发展),因而是净余额为善的恶,是必要的恶。"①

三是从精神哲学的视角分析道德的本质。精神哲学是致力于从人类的精神发育过程及其价值旨归方面探索思维与存在关系的哲学范式。根据精神哲学的基本理念,人在本质上被认为是一个具有充分自我意识的精神实体,他能够通过自身的理性意识与能力摆脱物质必然性对自身的束缚而实现精神的自决。"人类精神总是在追求某种永恒的价值,这种追求已经形成为一种持久的精神事业和传统。"②并且,在人类思想史上,道德与精神具有密不可分的内在关联性。甚至可以认为,一切道德本身都是对人类精神的彰显与呈示。据此,古今中外不少哲学家理解和诠释道德本质的过程本身即精神建构的过程。作为西方理性主义哲学的发展高峰,德国古典哲学家黑格尔认为,道德本质"乃是客观精神达到完善——主观的和客观的精神自己的真理……主观的自由就作为隐蔽的而又公开的普遍理性意志而存在,这意志是感觉到自己而主动地安置在个别主体的意识中的,而它的实践操作和直接的普遍性的现实性是同时作为道德的惯例"③。言下之意就是,道德在本质上是精神在个体意志自由层面的主观体现,个体通过将自身的理性意志在实践层面普遍化为作为客观精神的社群伦理(共同体习俗),继而完成精神主观性与客观性的统一。除此之外,康德的自律道德观、尼采的生命道德观等都有效诠释了道德本质

---

① 王海明.论道德起源和目的[J].党政干部学刊,2009(4):3-7.
② 周国平.精神家园[M].上海:上海辞书出版社,2012:13.
③ 黑格尔.精神哲学[M].韦卓民,译.武汉:华中师范大学出版社,2006:98.

的精神属性。另外,在中华传统文化中,基于精神哲学理解道德的本质也是颇为常见的。须知,中国传统哲学极为关注人的精神生命与精神理想。其中,儒家将道德心作为道德的基点,强调通过"存心养性""以道心主人心"等方式实现天人合一的精神境界;道家以自然心作为道德的基点,崇尚以"浑其心""守静笃"等方式来体现自身的精神自由;佛教则以清净心作为道德基点,提倡以"自性开悟""心地静明"来完成禅心的精神超越。①概而言之,基于精神哲学的视角理解和诠释道德的本质是中西方文化传统的共通之处,它们对于切近道德的文化意涵具有重要意义。

二、道德本质的一般性阐释

综合上述,我们可以看出,基于不同的价值视域对道德的本质进行阐释与论述是道德哲学发展的历史与现实,并且在特定意义上呈现出特定的事实本真性与价值合理性。马克思主义肯定了道德的生活属性,阐释了道德作为一种特殊社会意识和实践精神的文化样态,这对于释放道德的社会生活功能和实践价值无疑具有显著意义。② 在此意义上,马克思主义的道德本质观无疑具有引领性价值。工具主义的道德本质观将道德视为一种用于构建良性社会秩序的指令性文化,如何使道德服务于个体或群体综合性效益的提升是道德建构的根本旨归,也是诠释和理解道德本质的着眼点。在精神哲学的价值视域内阐述道德的本质意涵是中西方道德哲学历史发展的文化传统,它沉积了几千年来不同地域人们关于道德本质相对成熟的思考与判断。在此境遇下,如何承续和创新道德本质的精神属性是新时代道德阐释与道德建设的重要文化使命。可以认为,道德作为人的存在方式,它难以离开对人的精神的关怀,精神是彰显人之本己性最为有效的方式。道德与精神的切合点在于两者都是属人的,并

---

① 刘文英.中国传统精神哲学论纲[J].中国哲学史,2002(1):77-84.
② 周中之.伦理学[M].北京:人民出版社,2004:56.

且具有十分密切的内在关联性。也就是说，精神是道德最为终极的体现，道德是精神最为关键的呈示。基于此，笔者认为，一切道德在本质上都是精神性的，精神是统摄一切道德范畴的根本性线索。从道德的基本结构上看，道德认知、道德情感、道德意志和道德行为本质上都是对精神的描述与具化。

在这里，作为一种精神的道德既具有内在向我的一面，也具有外在向他的一面。其中，道德的"向我"属性凸显了个体性的内在道德向度，它所面对的是主体内部的自由意志和实践理性，旨在回答"人应该如何幸福生活"的问题；道德的"向他"属性彰显了群体性的外在伦理向度，它所面对的是人与人之间的社会规范和互动准则，致力于阐释"我们应该如何在一起"的问题。

在此意义上，作为一种特定精神的道德既是对个体内在实践理性精神的认可，同时也是对外在社群规范精神的呈示。因为道德一方面是依附于个体的，另一方面则是镶嵌于整个社会历史文化之中的，并且两者具有交互映衬、相互转化的辩证统一关系。具体来说，个体属性的主观实践理性通过将自身普遍化为适用于群体规范性的实践法则，由此转换为客观社群规范；群体属性的客观社群规范通过指引个体建构属己的主观实践理性，由此实现伦理的个体性转化。依循于此，道德是一种主体根据客观伦理法则建构自身实践准则的思维与意志，它充分体现了个体的实践理性与精神自由；与此同时，道德又是一种建构普遍伦理法则的文化精神，这一文化精神体现在它构建人类伦理共同体过程中的价值意义。具体而言，道德的本质需要在凝聚"精神"的基础上，从以下两个方面来具体阐释。

第一，就个体属性而言，道德是一种与主体自我的内在自由深度关联的思维与意志。从形态上看，道德既是一种与认知有关的理论思维，也是一种与行为有关的实践意志。如前所述，道德是一种主观精神，即是"对其自身具有确定性的精神"(黑格尔语),它具有鲜明的个体取向与实践取向。并且作为精神最为直接的呈示与彰显方式,道德在本质上关乎人的实践理性与精神自由。精神,就其实质而言是一种思维与意志辩证统一的范畴。"伦理道德的本性是精神;'精神'的哲学本性是思维和意志的统一。"①其中,思维是精神的一种理论或认知结构(知),它传达了主体将自我道德普遍化的价值诉求;意志则是精神的实践或冲动结构(行),它体现了主体自我规定道德规范的内心倾向。也就是说,"在'精神'中,就内在地包含了两个辩证的品质:一方面通过思维追求自我超越的普遍性,以成为普遍存在者;另一方面通过意志限制和规定自己,以实现普遍性。思维普遍化自我,意志限制自我,这就是'精神'的思维与意志、知与行的辩证品质"②。

　　道德是一种与主体自我精神建构相关联的人文范畴,它描述了人借助理性规范自身认知、情感与行为的思维意向与实践能力,并且它主要是趋内的(亦即"向我道德"),主要回答的是"我应该如何幸福生活"的问题。作为一种与精神相联系的意向与能力的统一体,道德的产生与发展始终与人的理性和自由深度关联。事实上,自苏格拉底以降,西方道德哲学的研究大都将人的理性视为道德产生的前提条件,因为"道德是理性发展的更高形态即精神形态……精神是理性的现实性,即理性与它的世界的同一,精神的现实内容就是伦理道德"③,在此意义上,理性为人们理解、诠释乃至改造世界提供了思维基础(例如,柏拉图的"善"理念、亚里士多德的理智德性与伦理德性、笛卡尔的存在认识论、斯宾诺莎的理智之爱、莱布尼兹的单子论,等等。这些都在某种意义上验证着理性之于道德建构的基础性意义,并且康德所开启的德国古典主义理论流派将理性与道德

---

① 樊浩.伦理道德,为何"精神"? [J].哲学分析,2016(2):29-45,197.
② 樊浩.伦理道德,为何"精神"? [J].哲学分析,2016(2):29-45,197.
③ 樊浩.伦理道德,为何"精神"? [J].哲学分析,2016(2):29-45,197.

的内在关系推向顶峰,由此完成了对理性与道德文化逻辑的理论确证)。但是,并不是所有理性都能够沾染道德的光辉,唯有以人的意志自律或意志自由为基础的实践理性才能切近道德的真正意涵。实践理性所关注的是人的意志功能,它超越了一般感性与知性的对象层面,主要是指"在伦理道德领域中所呈现的道德主体自我意志的先天欲望能力"①。也就是说,实践理性为人进行道德判断与道德选择提供了必要的先验性基础,同时也为人进行道德归责预留了充分的自由空间。在实践理性的激励与规约下,作为有限理性存在者的人能够自觉释放自身禀赋中的理性能力,将客观普遍性的道德法则与自身的主观实践准则有机地关联起来,继而在基于意志自律的道德意向与道德实践中实现内在的精神自由,彰显自身的本质规定性。

第二,就人际属性而言,道德是一种致力于构建人类伦理共同体的文化精神。从主观实践理性与客观社群秩序的辩证关系上来看,基于自由意志的道德准则能够有效涵养主体的伦理精神,促使主体自我在铸构内在向我道德品质的基础上寻求与他者的和睦相处,继而构建出基于个体道德完善的人类伦理共同体和文化共同体。在这里,道德作为一种特殊的文化精神,其本质是面向他者的、趋外的(亦即"向他道德"),主要致力于回答"我们应该如何在一起"的问题。

事实上,无论是基于自由意志和实践理性的主观道德系统,还是基于社群规范和人际准则的客观道德系统,它们都是对个体道德的单向度诠释,两者的内在整合共同构成了道德的完整意涵,并且,这两者具有相互支撑、相互促进的作用。因为面向自我的道德,就其本质而言,是从人际伦理中分离出来并坐落于具体个体之身的主观范畴,它基于个体的实践理性与自由意志,同时又能够在社群之"道"的形而上学轨道内转化为面

---

① 温纯如.康德理性及其理论——实践二重化理论与哲学繁荣[J].江淮论坛,2014(2):72-80.

向内在自我的德性经验。在此意义上,面向自我的道德在相对独立的个体品性系统中体现为从个体理性和自由意志出发,通过理性反思和自由意志达到"道"之普遍性的意志诉求,并且这一意志诉求的合理性根据在于道德是一种集思维与意志相统一的主观精神;与此同时,面向他者的道德又有一种将自身普遍化为客观性社群法则,继而构建人类伦理共同体的内在倾向,由此完成"向我道德"与"向他道德"、主观精神与客观精神的辩证统一。

　　实质而言,道德哲学史是人类伦理道德的精神发展史。"向我道德"作为一种依循于个体的主观精神,它的本质需要在与"向他道德"的辩证互动中才得以阐释与说明。这一辩证互动的过程体现为"向我道德"将自身转换为基于社群的实体认同,亦即个体本质向普遍伦理的回归。诚如黑格尔所言:"当自由的意志是实质的意志,在主体里面成为现实的而且符合于它的概念而又变为必然性的一个总体时——它就是现实生命在家庭、在社会和在国家中的伦理。"①自由意志传达了道德主体思维与意志的或然性与主观性,它潜藏着对伦理同一性与构建人类伦理共同体的精神诉求,当这一精神诉求演化为客观普遍性的伦理时,一切关于如何面对家庭、社会、民族、国家乃至世界的伦理共同体关系才得以有效生成和确立。经由伦理共同体关系的建构,道德主体和伦理实体之间才能表达出密不可分的内在关系,也才能使人类在精神深处产生深邃且亲切的文化家园感。在这一层面,道德的本质开始走出自我层面的主观精神建构,转而在实践理性的作用下迈向以普遍性伦理关系为旨向的伟大征程,由此而为普遍性社会社群秩序的确立以及人类精神的总体性完成构筑坚实的堡垒。

---

① 黑格尔.精神哲学[M].韦卓民,译.武汉:华中师范大学出版社,2006:86.

三、道德建构的意义

道德是维系人类社会生存与发展的重要哲学范畴,它自人类产生之日起就已经镶嵌于社会生活的诸多方面了。只不过在人类产生之初,道德是以"社会风俗""图腾禁忌"①及"宗教传统"等形式所存在的,并且随着人类社会的演化而逐步呈现出体系化、全面化、成熟化的发展状态。

如前所述,作为一种精神的客观化产物,道德是一种面向内在实践理性与外在社群秩序的意向与能力,它在处理人际关系和实现自我精神需要方面具有重要的价值。这一价值深刻地彰显于人的生存及其存在方式之中,并且赋予人坐落于生活世界的价值意义。总体而言,阐释道德建构的意义与理解道德的本质是密切相关的,因为两者的内在关系主要体现为主体如何以合理的方式面向内在的精神自我与外在的精神他者这两个层面上,由此而进一步延展为个体精神世界的丰盈与良序社群的构建这两个方面。具体来说,在社会层面,人类社会时时刻刻都需要道德的参与和介入,缺乏道德的社会必将是混乱不堪的。与此同时,于个体而言,道德的存在与演化也是实现其内在精神生命成长的必要基石,个体唯有在道德世界中才能够祛除现实生活的虚无感与荒诞感,继而为安抚生命的焦灼感提供慰藉之所,为个体的精神世界的建构与丰盈构建坚实的堡垒。

(一)道德与精神世界的丰盈

从人的存在形态上来讲,人具有三种属性,即生物属性、社会属性与精神属性。其中,生物属性所描绘的是人作为一种自然性存在,受到时间与空间的严格限制,由此强调温饱、冷暖、遗传、疼痛等生物学本能因素对人的生存与发展所产生的影响。诚如马克思所言:"人直接地是自然存在

---

① 有学者指出,在某一历史时期,图腾文化在许多地方都为文明的进化开辟了道路(朱狄.原始文化研究:对审美发生问题的思考[M].北京:生活·读书·新知三联书店,1988:78)。

物。人作为自然存在物，而且作为有生命的自然存在物，一方面具有自然力、生命力，是能动的自然存在物；这些力量作为天赋和才能、作为欲望存在于人身上；另一方面，人作为自然的、肉体的、感性的、对象性的存在物，同动植物一样，是受动的、受制约的和受限制的存在物……但是，这些对象是他的需要的对象；是表现和确证他的本质力量所不可缺少的、重要的对象。"①社会属性所传达的是人作为一种群居性存在，依托社会场域的复杂结构不断塑造与他者的多元关系，通过关系的熵变来确立自身的"场位"，建构属己的社会性之网。"这个社会性之网，虽然是每个人都有的，但却是每个人都不同的社会空间。因为它不仅仅附着于自己的血缘、地域、社会阶层、生活与教养方式，也聚结着个人的理性与情感、个性与精神的特征与追求"②。社会是捍卫人存在的重要方式，"只有在社会中，人的自然存在对他来说才是他作为人的存在"③；精神属性是对人之内在灵魂的切近，也是人作为一种文化存在的核心魅力所在，它彰显了人与自我、与他者的密切关联性，实现了主体内在与外在的统一。诚如张世英教授所言："精神乃是克服分离性、对立性和外在性，达到对立面的统一；在精神中，主体即是客体，客体即是主体，主体没有外在的客体的束缚和限制。"④精神是个体实现内外统一的基石，也是个体生物属性与社会属性的文化支撑。在此意义上，人本质上是一种精神性的存在，精神是对人之本质最为根本的汇聚，也是人找寻与实现自己生命意义的主线索。

　　精神的形态与载体丰富多样，并且具有主观与客观之分。精神的主

---

　　① 中共中央马克思恩格斯列宁斯大林著作编译局.马克思恩格斯全集(第1卷)[M].北京:人民出版社,2009:209.

　　② 孙彩平,刘文亮.在"人间"的教育——兼论人之社会性存在的教育规约[J].教育研究与实验,2010(3):1-5.

　　③ 中共中央马克思恩格斯列宁斯大林著作编译局.马克思恩格斯全集(第42卷)[M].北京:人民出版社,1979:121.

　　④ 张世英.精神哲学在黑格尔哲学体系中的地位[J].北京大学学报(哲学社会科学版),1982:39-46,62.

观形式主要表现为人的意识、自我意识、理性等方面,精神的客观形式则主要体现为艺术、科学、道德、文学、法律等多个方面。其中,道德是客观精神最为主要的呈示方式。个体人的精神发展主要体现为人的道德发展。个体唯有不断提升自己的道德修养水平,才能不断充实与丰盈自己的精神世界,也才有可能让焦灼的人生不再虚无、苦闷与诞妄。对此,古今中外的诸多思想家皆肯定了道德在个体生命过程中的精神价值。《周易·乾坤卦》有言:"天行健,君子以自强不息;地势坤,君子以厚德载物。"其所指涉的是君子应该如同天地一般,具有自强不息和厚德载物的道德品质,唯有如此,才能有效充实自己的内心,也才有可能业德精进。事实上,无论是道家思想、佛教思想,或者是作为中国封建正统思想的儒家思想,它们都十分强调经由个人的道德养炼涵养其精神境界,也因此而奠定了中华传统文化的道德源流。例如,在《论语》一书中,蕴含着大量的此类思想,"三军可夺帅也,匹夫不可夺志也"(《论语·子罕》)。"岁寒,然后知松柏之后凋也"(《论语·子罕》)。"当仁,不让于师"(《论语·卫灵公》)。"志士仁人,无求生以害仁,有杀身以成仁"(《论语·卫灵公》)。通过以上语录,我们可以清晰地领略到孔子的仁者情怀及其背后所蕴含的"内圣精神"。孔子的这一"内圣精神"是儒家学者道德修养的崇高境界,并且在后世得以不断延传,其中以北宋关学学派创始人张载提出的"横渠四句"(冯友兰语),即"为天地立心,为生民立命,为往圣继绝学,为万世开太平"①最为典型。在这里,个体的道德建构是依附于"生民之命""往圣绝学""万世太平"之上的,并且最终归属于"天地之心",亦即人通过想象"天理"构筑出精神世界。而西方思想文化传统,同样高度重视道德之于个体精神建构的价值意义。例如,在苏格拉底看来:"每天探讨德性以及相关的问题,对于人来说是一种至高之善,没有经受这种考察的人生是没有价值的

---

① 黄宗羲,全祖望.宋元学案[M].北京:中华书局,1986:769.

人生。"(柏拉图《申辩篇》)同样,亚里士多德也认为唯有基于德性的生活才是幸福的生活,才能实现内心精神的卓越。"对多数有德性的人而言,属于他们的幸福就在于灵魂的合于伦理德性的活动。一个过着正义、勇敢、节制的生活的人,就是幸福的。"①此后,道德与人的精神建构一直成为西方哲学思想理论发展的重要实践理路,并且由德国古典哲学将之推向发展巅峰。例如,德国古典哲学开创者康德曾经说过:"有两样东西,我们愈经常愈持久地加以思考,它们就愈使心灵充满始终新鲜不断增长的景仰和敬畏:在我之上的星空和居我心中的道德定律。"②在此意义上,道德被提升至人之生命发展的本体论地位,它汇聚了人对自身生命存在意义的根本性寄托。

　　概而言之,从个体的视角来看,道德是人的精神生命的重要依托,它能够为人生命意义的安顿和精神世界的丰沛提供慰藉之所。就人类生活自身而言,道德是人类生活最为根本的内在目的之一。③ 如果将互利作为人类道德建构的客观基础,那么就隐含着一种消极的人性理解。即虽然通过互利的社会契约机制实现人类社会的道德建构能够凸显道德的外在基础与理性意义,但它不足以解释人类社会道德现象和道德行为的全部。人类的道德建构还存在非功利或超功利的一面,并且这一点往往是根本与必要的。道德的超功利性基于对人性积极性的理解,并且可以被认为是人类道德建构的主观基础,同时也是彰显人类精神自由和生命价值的有效载体。它依循于人的善良意志,并且依附于人对道德生活的自觉诉求。换言之,"人应该有道德地生活"是一种内在的人生要求,它构成了人类道德生活的存在论基础。这是因为,道德本身是人性的内在构成部分,它能够显示出人类生活的主体精神结构和无限向上的价值取向,是

---

① 宋希仁.西方伦理思想史[M].2版.北京:中国人民大学出版社,2010:59.
② 康德.实践理性批判[M].邓晓芒,译.北京:人民出版社,2003:186.
③ 杜时忠.人为什么要有道德?[J].中小学德育,2013(6):1.

人类道德或个人美德的理想所在。在此意义上,道德关乎人的精神自由,关乎人对自我本性及其生存意义的理解,并且为人生在世提供了最为厚重的信念支撑。

(二)道德与良序社群的建构

从道德的本质来看,道德一方面具有基于实践理性的"向我之维",另一方面也具有基于社群伦理的"向他之维",后者正是道德社会价值的重要呈示,它具体体现为道德能够参与良序社群的建构。

良序社群是社会治理的目标,也是古往今来不同地域的人们所共同期想的乌托邦。所谓良序社群,是指具有充分理性的人们在特定的历史文化传统、政策制度、道德伦理、经济体系等范畴的作用下建构起来的有利于个体身心健康发展的社会样态,它传达了人们对优良共同体的精神向往与现实诉求。在良序社群中,道德是参与其建构过程的核心要素之一,它是良序社群得以想象与建构的精神文脉。可以说,一个缺乏伦理道德的社会无论如何都谈不上是良序社群,只能是无序社会,甚至是劣序社会。

良序社群之所以需要道德,主要是因为道德能够为社会中的人提供友善的人际关系处理方式,赋予社会集体以普遍理性所能自觉认同的共同体精神,继而以此塑构社会整体的公共价值系统与精神文脉。根据霍布斯对人类初始状态及其自然权利的设想,缺乏道德支撑的人与人之间的关系是一切人反对一切人的残酷战争,彼此之间基于个体生存利益而相互仇杀。[①] 在此境遇下,社会是劣序的。之所以如此,一方面是因为人性之中具有利己的动机,但是可供使用的自然资源是相对有限的,它无法满足所有的延续性欲望;另一方面是因为人类社会道德建制的缺乏,由此导致人们不具备充分的利他动机。诚如休谟所言:"如果有人能把人的仁

---

① 霍布斯.利维坦[M].黎思复,黎廷弼,译.北京:商务印书馆,1985:92.

爱动机或自然资源的丰富提升到足够的程度,他也就能把正义变成无用之物,继而代之以更为崇高的道德品质和更宜人的福祉。"①在此意义上,道德能够通过建立规范化的实践准则,激发与涵养人关心他者的意识和能力,促进良序社群的形成,继而缓解人类社会资源有限与欲望无限之间的无限矛盾。换言之,道德可以使人类摆脱混乱、糟糕的"自然状态",为人们的社会生活提供一种良好的秩序和"令人满意的人类生存条件"②。退一步讲,在任何一个社会,一种无道德甚至反道德的行为是否长久存在? 若答案是否定的,那么为什么无道德或反道德的行为在人类生活世界难以长久呢? 这是否意味着人类的生活世界具有一种不可或缺的道德维度,以至于任何缺乏或者违背这一道德维度的行为都将受到道德谴责和道德制裁?③ 故而我们可以说,道德是任何良序社群得以建构、延续与发展的重要基础。

那么,接下来的问题是,道德是以何种方式参与良序社群的建构呢? 这得回溯到关于道德本质的理解。前文已经阐明,道德本质上是一种基于人之精神建构的思维意识和实践意志,它隶属于精神文化的范畴,并且面向人的理性精神与社群精神,前者凸显了道德的个体属性,后者体现了道德的社会属性,并且两者都指向人的精神建构。在此意义上,我们认为,道德参与良序社群的建构本质上是一种精神的建构,亦即建立一种共同体精神,并且经由共同体精神为社会全体提供具体的道德实践准则。那么什么是共同体精神? 共同体精神是指特定人群在长期共同生活环境和经历的基础上所形成的在心理、意识、信仰、价值观念、风俗习惯、行为规范等方面具有相似性或共通性的精神文化意象。④ 可以说,共同体精

---

① 转引自慈继伟.正义的两面[M].北京:生活·读书·新知三联书店,2014:46.

② 弗兰克纳.伦理学[M].关键,译.北京:生活·读书·新知三联书店,1987:239.

③ 万俊人.人为什么要有道德(上)[J].现代哲学,2003(1):65-75.

④ 滕尼斯.共同体与社会——纯粹社会学的基本概念[M].林荣远,译.北京:商务印书馆,1999:56.

神是对社会共同体的群体精神的历史记忆与沉淀,是维系共同体存在与发展的文化基础与精神纽带。它寄托了共同体成员对共同体的认同感、亲密感与归属感,也彰显了共同体成员在精神层面的凝聚力、向心力及依恋关系。德国古典哲学家黑格尔指出:"一提到希腊这个名字,在有教养的欧洲人心中,尤其在我们德国人心中,自然会引起一种家园之感。"①这种家园之感无疑是对古希腊这一西方精神家园的依恋与怀想,它根源于人们由于文化认同而引发的情感缠绕与精神依恋。并且,这种精神依恋感对于个体而言具有无穷的力量,它能够有效激发个体对共同体的认同、尊崇与追随,让个体找到"回家"的感觉。而这种"回家"的依恋之感正是道德建构的核心与精髓。

第二节　道德是否可教

"道德是否可教"是道德教育理论研究与实践探索的前提性问题。历史地看,关于"道德是否可教"的观点主要分为两类,一类基于环境、遗传与主观能动性的视域认为"道德不可教";另一类依据道德的本质以及教育的人文意蕴认为"道德可教"。两者的根本分歧在于"什么是道德"、作为"教"之对象的人是否具有受教的可能性以及以何种方式接受道德教育。根据黑格尔所提出的精神哲学理论,道德本质上是一种关乎人如何处理与自我关系、与他者关系的客观精神。依循于人的精神建构,道德可教的合法性来源主要有四类,即基于人性的禀赋优化、基于素养提升的教育学解析、基于图式生成的生理学阐释以及基于符号建构的语言学论证。但是,作为客观精神的道德可教并不是无条件的,它依然存在边界与限度,具体体现为道德教育在促进个体走向意志自律过程中的作用是有限

---

① 黑格尔.哲学史讲演录(第一卷)[M].贺麟,王太庆,译.北京:商务印书馆,1978:157.

的,并且基于内在精神的道德建构是一项超越教育系统的整体性社会实践。

一、"道德不可教"与"道德可教"的观点迷思

"道德是否可教"是一个古老的教育学与哲学话题,它首先出现于古希腊时期曼诺向苏格拉底的提问之中。① 可以认为,厘清"道德是否可教"是进行道德教育理论研究和开展道德教育实践的前提性条件。对这一问题进行深入分析与阐释能够有效增强道德教育的实践效能,提升道德教育理论研究的学术自信。诚然,学术界不同学科的诸多学者围绕此一问题进行了丰富且深入的探讨,但是目前相关研究对于道德是否可教,或者说道德可教的理论来源和实践基础是什么,仍然处于模棱两可的"观点交锋状态"。一般而言,关于"道德是否可教"的观点主要分为两类,一类认为"道德不可教",另一类认为"道德可教"。对这两个类别的代表性观点及其理由进行梳理是深入探讨道德是否可教的主要基础。

（一）"道德不可教":环境、遗传与主观能动性的视域

"道德不可教"是教育史乃至哲学史上的一个重要话题,许多学者对此提出了相应的理论支撑。相关研究表明,人的发展主要受环境(包括教育)、遗传以及自身的主观能动性等因素的影响。基于此,我们将以下述三个视角为基点,来梳理人类思想史上关于"道德不可教"的代表性观点。

第一,从环境的角度来看,有学者认为道德不可以被直接教授,仅能通过外在的间接影响而形成。英国哲学家吉尔伯特·赖尔认为,从严格的"教育"语义上来说,年少者的道德学习主要依赖于对道德高尚者行为的模仿与学习,而不是教育。② 因为道德模仿式的学习本身是无目的、无

---

① 苗力田.古希腊哲学[M].北京:中国人民大学出版社,1989:239.
② 赖尔.心的概念[M].刘建荣,译.上海:上海译文出版社,1988:156.

计划的,也没有明确的教育主体与教育内容。故而在他看来,道德是不可以被直接教授的;相反,以道德榜样为支撑的外在环境往往能够对人的道德发展产生至关重要的作用。也就是说,道德榜样对年少者道德成长的作用过程是潜移默化的、外在间接的,后者经由憧憬、效仿以及创造性学习而完成对自我的道德提升。在此意义上,道德是可以间接"学习"的,而不是可以直接"教授"的。直接"教授"道德不仅违背了道德的学习规律,也不符合一般性的道德学习特点。因为在赖尔看来,道德就其实质而言是与人的伦理直觉相契合的复杂范畴,道德学习无法游离于主体之外获致其实质性效果,教师即使有意图地去培养学生的道德认知与道德行为,其效果也势必是令人怀疑的。基于此,道德学习只能够经由外在环境对学习者产生潜移默化的影响,这是由道德本身及其学习的性质与特点所决定的。

第二,从遗传的角度来看,有学者认为道德根源于人的同情心,而同情心是内在于人的禀赋之中的,故而无法通过教育的方式进行传授。在德国哲学家叔本华看来,道德是内在于人性之中的,推动道德的真正原动力在于人的同情心,亦即一种"认为自我与非我一样的感觉能力"。"对众生怀着无限的同情,是做出合乎道德的良好行为的一个最牢固和最可靠的保证,此外,并不需要诡辩理论的帮忙。谁要是内心充满着同情,就肯定不会伤害任何人,不会侵犯任何人的权利,不会给任何人带来痛苦;相反,这样的人会谅解任何人,原谅任何人,尽其所力地帮助任何人,这种人的所有行为都会带有公正和仁爱的印记。"①那么,教育能否培育出人的同情心呢?对此,叔本华继续提出:"如果同情是做出一切真正(亦即无私)公正和仁爱行为的原动力……是否可以使一个铁石心肠的人生出同情之心,并以此使这个人脱胎换骨成为一个正直、善良的人?答案是否定

---

① 叔本华.叔本华论道德与自由[M].韦启昌,译.上海:上海人民出版社,2014:172.

的,因为各人性格的差异是与生俱来和无法消除的。"①也就是说,作为道德核心动因的同情心是无法通过教育进行培育的,因为所有基于同情心的道德都是人与生俱来的素质,人为之努力与运用的教育技巧始终无法起到任何根本性的作用。

第三,从个体主观能动性的角度来看,有学者认为人的意志是鉴别和臻达道德的核心基点,一切道德本质上都是意志的体现,而意志是一种涌动的、内在的、生动的生命范畴,它无法通过教育的手段进行培养和教授。事实上,将道德寄托于人的意志是西方道德哲学特别是德国古典哲学的主要线索之一,并且由尼采将之推向巅峰。在尼采看来,自苏格拉底以来的理性主义道德、基督教道德都是对道德本质的"病态"理解与阐释,是一种"被刻意制造出来的精神骗术",对此,尼采基于权力意志的视角淬炼出生命道德的哲学理念。道德的标准就在于权力意志的提高,就在于激发生命力。"什么是善?凡是增强我们人类权力感,增强我们人类权力意志以及权力本身的东西,都是善。什么是恶?凡是源于虚弱的东西都是恶。"②权力意志意味着通过对抗来主动释放生命力的冲动本质,意味着生命力量的不断增长,这种生命力量释放与增长即是道德。基于此,尼采认为基于生命意志的道德是不可教授的,甚至鄙弃道德教学。那么人的道德从何处产生呢?尼采认为主要产生于人所经历的恶劣外界环境。"仔细审查一下最优秀、最有成效者的生平,然后反躬自问:一棵参天大树如果昂首于天宇之间,能没有恶劣的气候和暴风雨之助吗?外部的不善和对抗、某种仇恨嫉妒、顽梗疑惑、严酷贪婪和暴戾,是否不算顺利环境之因素呢?没有这种不顺利的环境,甚至连德性上的巨大长进也不可能。"③

---

① 叔本华.叔本华论道德与自由[M].韦启昌,译.上海:上海人民出版社,2014:186.
② 尼采.反基督:尼采论宗教文选[M].陈君华,译.石家庄:河北教育出版社,2003:68.
③ 尼采.快乐的智慧[M].王雨,陈基发,编译.北京:中国社会出版社,1997:103.

（二）"道德可教"：教育场域中的多重论说

虽然"道德不可教"得到了一部分学者的支持与认可，并且对此进行了合理的论证与说明。但与此同时，古今中外的诸多学者对此是不以为然的。他们认为，道德是可以教授的，其中具有一定代表性的观点主要体现在以下三个方面。

第一，作为一种知识或者技能的道德是可以直接教授的。在古希腊哲学家苏格拉底看来，美德是对智慧、节制、勇敢、虔敬等诸多具体现象形态的一般性与抽象性概括，亦即是一切德性"共有的形相"。正是基于对普遍共相与共有本质的追寻，苏格拉底提出了"美德即知识"的根本命题。在他看来，任何人都不会有意为恶，作恶主要是因为人的无知，亦即不知道何为善恶。在此意义上，人的知识越多，美德也会越丰富。由于美德即知识，知识可教，故而美德也是可教的。柏拉图也认为绝大多数人是不能凭借自身获得美德的，所以理想的城邦应该通过哲学家或者智者教授公民"哲学上的德性"。亚里士多德则认为美德是一种"中庸之道"，它可以像技能一样进行教授或训练，而无法像知识一样进行口授式的教学。概言之，在古典时期，道德可教几乎是伟大思想家们所得出的一个基本共识。

第二，道德不能自发生成，教育是促进儿童道德发展的重要因素。"教育是使人获得'德'的主要途径，育德是教育的灵魂"①。对此，亚里士多德提出："人们所由入德成善者出于三端。这三端为（出生所禀的）天赋，（日后养成的）习惯及（其内在的）理性。"②在这里，"习惯"和"理性"都是通过后天的教育所培育和唤醒的，故而教育在人的道德培育中无疑具有至深的效用。中国儒家思想的开创者孔子也高度重视教育在人之德性

---

① 曾长秋，周含华.中国德育通史简编[M].长沙：湖南人民出版社，2011：1.
② 亚里士多德.政治学[M].吴寿彭，译.北京：商务印书馆，1997：384.

修养中的重要作用："孔子曰：'入其国，其教可知也……恭俭庄敬，《礼》教也。'"（《礼记·经解》）也就是说，礼教是培育人良好道德行为的重要机制。荀子基于人性本恶的价值理念，提出要"化性起伪"，继而使"涂之人可以为禹"，其途径正是教育。"我欲贱而贵，愚而智，贫而富，可乎？曰：其唯学乎！"（《荀子·儒效》）在此意义上，道德是可教的，并且教育是后天塑造完美道德人格的关键路径。

第三，道德无论是作为一种知识、情感、意志或者行为，它都能够凭借特定的教育方式进行教授。康德将道德教育纳入"实践的教育"，亦即培育受教育者的自由意志和理性能力，他认为道德可以通过审美实践、惩罚（自然性的惩罚和道德性的惩罚），特别是道德问答法进行教授。"在这种问答的道德课程中，对道德教化来说具有很大用处的会是：在每次剖析义务时拟出一些决疑论问题，并且让孩子们聚集起来尝试自己的理智，看他们中的每一个人打算如何解决摆在他面前的棘手课题。"①美国著名教育家杜威认为道德可教，并且只能经由间接的方式，亦即应该"通过学校生活的一切媒介、手段和材料，更大范围地、间接地和生动地进行道德教育"②，即是说，"每一门学科、每一种教学方法、学校中的每一偶发事件都孕育着培养道德的可能性"③。此外，科尔伯格提出道德教育要依据学生身心发展水平，威尔逊强调直接性道德教学等都是对道德何以可教、如何教的积极探索。

二、道德可教的可行性论证

通过对"道德不可教"和"道德可教"双方观点的梳理，我们发现两者

---

① 康德.康德道德哲学文集:注释版(下卷)[M].李秋零,等译.北京:中国人民大学出版社,2016:628.

② 杜威.学校与社会·明日之学校[M].赵祥麟,任钟印,吴志宏,译.人民教育出版社,2005:142.

③ 杜威.学校与社会·明日之学校[M].赵祥麟,任钟印,吴志宏,译.人民教育出版社,2005:158.

产生分歧的根源与本质在于以下两个问题:第一,什么是道德? 第二,作为"教"的对象——人,是否具有受教的可能性以及以何种方式接受道德教育?

基于黑格尔的精神哲学理论,道德本质上是一种客观化的精神。因为精神是道德最为终极的体现,道德是精神最为关键的呈示。精神哲学由德国哲学家黑格尔率先创制,他将精神视为意识本身、自我意识和理性之后的哲学范畴,并且将世间一切看成绝对精神的产物。[①] 事实上,早在黑格尔之前,中西方的思想家都试图将人与自我、人与他者以及人与自然之间的关系解释成精神性的存在。即人本质上是一种精神存在,人类的历史发展与文化进步也是精神的延续、传承与创新。作为人类文化的核心构成部分,道德本质上是一种基于精神的认知思维与实践意志,精神是阐释道德本质最为基础的出发点与立足点,并且,基于精神的道德既具有内在向我的一面,也具有外在向他的一面。其中,道德的"向我"属性凸显了个体性的内在道德向度,它所面对的是主体内部的自由意志和实践理性,旨在回答"我应该如何幸福生活"的问题,它所处理的是"我与内在自我的关系";道德的"向他"属性彰显了群体性的外在社群向度,它所面对的是人与人之间的社会规范与互动准则,致力于阐释"我们应该如何在一起"的问题,它所处理的是"我与外在他者的关系"。在此境遇下,"向我道德"与"向他道德"的辩证统一构成了道德本质的完整意涵,并且,无论是"向我道德"还是"向他道德",它们都是主体个性化生存和社会性发展所必须具备的精神属性。现代道德生态重构的基点在于确证道德的精神属性,彰显精神在个体与社会伦理道德建构过程中的价值效用。在此意义上,道德本质上是一种精神,那么,社会实践中的具体个人何以可能获致作为客观精神的道德呢? 对此,我们给出如下四点理由。

---

① 黑格尔.精神哲学[M].韦卓民,译.武汉:华中师范大学出版社,2006:2.

（一）道德可教的人性根基

精神是彰显人类根本性存在及其状态的哲学范畴,它是思维意识与实践意志的统一体,为人类所特有。人的精神与人的禀赋天性具有密不可分的内在关联性。其中,精神的养炼需要以人性为基础,精神的发展是对人性的升华与释放,而人性禀赋的升华以及人自身的精神成长,需要依靠后天环境特别是教育力量的积极介入,道德教育则由此而承担着释放人性优良禀赋与促进个体精神成长的重要使命。诚如檀传宝教授所言:"人类个体已经先天地拥有某种对个体来说是先验但对人类实践来说是后天的社会性心理文化心理结构的遗传存在……它提供了我们道德教育的可能性。"①在此意义上,人的精神成长是人性在道德教育参与下的文化绽放。

那么,人性到底是善还是恶呢?事实上,在康德、杜威等著名哲学家看来,人性无所谓善恶之分,因为人性中同时蕴含着善的禀赋与恶的倾向,要想迁善改恶,实现人内在禀赋的优化需要借助于教育的力量。对此,康德在《论教育》一书中明确提出:"人必须要发展他向'善'的倾向。上天并不会将善德预备好了放在人心里,仅仅是一种倾向,不是什么道德律。人要自己向善;陶熔他的精神;觉着走错了路的时候,用道德律来约束自己。然而想一想就知道这不是容易的。所以人最应尽力的最大而最难的问题,便是教育问题。真知灼见固然要靠教育,教育亦要靠真知灼见。"②此外,康德还提出:"教育艺术或者教育学应该发展人的天性,使其达到其本质性规定。"③"人应当首先发展其向善的禀赋;天意并未把它们已经现成地置于人里面;那是纯然的禀赋,并没有道德性的区别。使自己

---

① 檀传宝.学校道德教育原理[M].北京:教育科学出版社,2000:40.
② 李景文,马小泉.民国教育史丛刊142 教育学·教育学史·教育思想史[M].郑州:大象出版社,2015:428.
③ 康德.论教育学[M].赵鹏,何兆武,译.上海:上海世纪出版集团,2015:8.

更善,培养自己,如果自己是恶的就在自己这里产生道德性,这就是教育应当做的。"①人的善之禀赋为人理性潜能的开发,以及为道德教育提供了可靠的人性基础。如果人性本恶,或者人是一个纯然的理性存在者②,那么道德教育就没有必要了,也没有实施的可能了。道德教育开发人的善之禀赋,也唤醒人内在的善良精神,使人的自然禀赋转换为一种面向自我、面向世界的精神。在此意义上,道德教育是以人性为基础的促进个体精神发育和成长的重要载体,人性禀赋的激活与优化是道德教育的文化使命,也是人臻达自身本质规定性以及实现自我精神卓越的根基,它也由此为道德可教提供了生物学意义的理论支撑。

(二)道德可教的教育学解析

道德是一种客观精神,一种面向内在自我与外在他者的客观精神,它在教育学的意义上是可以教授和培育的。例如,在中国古代,孟子率先提出"教育"③二字,即"得天下英才而教育之"(《孟子·尽心上》)。东汉时期许慎在《说文解字》中也分别对"教"和"育"做了阐释:"教,上所施,下所效也""育,养子使作善也"。合而言之,"教育"即指受教育者通过仿效教育者而使自身的品行和素养得到改善。对此,《礼记·大学》在开篇中也

---

① 康德.康德教育哲学文集(注释版)[M].李秋零,译注.北京:中国人民大学出版社,2016:12.

② 康德在其批判哲学体系中将世间所有的"存在者"(wesen)分为三类:"无理性存在者""有限理性存在者""完全理性存在者"。"无理性存在者"主要是指一切作为事物性存在的动植物,它们没有为自身设定目的的意识与能力,全然地服从自然因果律的约束,因而它们是依赖于自然意志而存在的,并且仅仅具有相对意义上的工具性价值;"完全理性存在者"主要是指诸如上帝那样的超验性存在,他们绝缘于一切经验性的偏好与冲动,具有全然的善良意志,并且能够自发地严格根据道德法则去行动,甚至从某种意义上来说,他们本身就是先天道德法则的创制者,故而是一种神圣的理性存在者;"有限理性存在者"介于"无理性存在者"与"完全理性存在者"之间,其主要指的是作为目的自身的"人"(参见徐洁.走向意志自律:康德道德教育思想研究[D].武汉:华中师范大学,2019:99)。

③ 也有学者认为:在中国,"教育"二字最早见于《尚书·尧典》之中:"帝曰:'夔!命汝典乐,教胄子,直而温,宽而栗,刚而无虐,简而无傲。诗言志,歌永言,声依永,律和声。八音克谐,无相夺伦,神人以和。'"因为"胄"与"育"声近通用,"教胄子"即"教育子"。从上述这段古文中,我们仍然能够发现,教育的目的在于使受教育者正直而温和、宽大而坚栗,刚毅而不粗暴,简约而不傲慢。亦即培育人高尚的道德品行,使人精神卓越。

明确指出:"大学之道,在明明德,在亲民,在止于至善。"在此意义上,"教育"本身就潜藏着道德涵养的价值意蕴。这种道德涵养直接指向人的精神成长,并且以精神成长为关键基点,统摄人的知识学习与能力培育(例如,礼、乐、射、御、书、数)。这也就意味着,在中国的教育文化传统中,道德是可以教授的,并且时刻以一种精神养炼的姿态裹挟在教育的周围,穿梭于以知识积累与能力提升为直接指向的漫长教化过程之中。

在西方教育思想史上,作为客观精神的道德同样被认为是可以培养的。"παιδεία"和"humanitas"分别是古希腊语和拉丁语中表述"教育"的词汇。前者所意指的是"完美和谐的灵魂的培养和教育",后者所意指的是"基于人性的将人引向完善的教育",两者的共同特点是都注重个人品德的完善和精神的提升。[①] 依循于此,在西方教化思想语境中,人的道德是可以引导与教授的,并且它指向人的灵魂与精神。为此,德国教育家赫尔巴特提出"教育性教学"的原则,亦即"教学如果没有进行道德教育,只是一种没有目的的手段;道德教育(或者品格教育)如果没有教学,就是一种失去了手段的目的"[②]。知识教学与道德教育具有同一性,知识教学蕴含着道德的涵养,道德的涵养蕴含着精神的建构。在这里,个体的道德涵养经由知识与技能的教学途径,通过潜移默化的渗透方式实现自我的精神建构。在此意义上,精神建构是引领道德教育的基点,也是阐明道德可教的核心所在。

(三)道德可教的生理学阐释

神经科学相关研究表明,人的道德生成与人的生理结构具有密切的关联性,因为人的大脑结构能够对人的心理认知图式和认知结构产生极大的影响。当前,脑成像技术研究表明,道德推论是以大脑区域被不同程

---

① 娄雨.从 παιδεία 到 education:西方"教育"概念的词源学分析[J].教育学报,2017(3):9-17.
② 曹孚.外国教育史[M].北京:人民教育出版社,1979:177.

度地激活为前提条件的,这些区域包括和高级认知功能(比如前额叶皮层和联合区域以及边缘结构:杏仁核、海马、扣带皮层和丘脑)相联系的皮质区域,这说明人的道德推理和道德判断是大脑不同区域激活之后相互作用的结果。[①] 并且,脑损伤患者的临床案例显示:额颞痴呆症(FTD)患者在疾病发生早期显示出情感上的迟缓以及对他者关心意愿的减少,并且会伴有非道德行为的发生。[②] 由此可见,人的道德生成具有充分的生理学依据。

但是,人的生理构造对人的道德生成并不起决定作用,它只是为人的道德生成提供了生理学基础。也就是说,人的道德建构仍然需要后天环境特别是道德教育的刺激作用。诚如有学者所言:"人具有道德教育的神经科学基础,由于与道德发展水平相关的脑区在人出生后发育得十分不成熟、不完善,不能有效控制负性原始冲动,必须通过后天良好的教育和实践来完成对它的重塑。而镜像神经元系统的功能揭示了这种教育又不能是抽象、灌输、说教式的,应该主要依赖于情境教育、情感教育,让受教育者从自发地产生道德移情开始。"[③]在此意义上,道德可教建立在人的生理基础之上,并且主要聚焦于人的情感与移情心理。

事实上,人的道德的产生是一个复杂的综合的过程,包含了认知、情感、行为等多个层面和维度,它们经由人的生理基础和教育作用而共同形成一个道德图式,汇聚于人的精神建构。这也就意味着,人的生理对人的道德产生作用,其核心意蕴在于人的生理与人的精神的内在关系,因为道德究其本质而言就是一种被客观化的精神。正如有学者所说:"道德图式是在道德活动中逐渐生成的比较稳定的心理结构……道德图式又是一种

---

① MENDEZ M F, MARIO F. , et al. Acquired sociopathy and frontotemporal dementia[J]. Dementia and Geriatric Cognitive Disorders,2005(20):99-104.

② 毛新志.神经伦理学初探[J].武汉理工大学学报(社会科学版),2011(6):839-844.

③ 王敬艳.道德教育的可教性到底源自何处——对"新性善论"引发的学术论争的神经伦理学思考[J].西北师大学报(社会科学版),2014(1):105-110.

观念形式,这是主客体之间的价值关系的主观模型。因此它也具有精神性品格。这一点又将道德图式与遗传的动作图式或反射图式明显地区分开来。遗传的动作图式是一种无意识的反应,是一种非观念的先天模型,而道德图式高居于意识层面,依赖于观念或信念的序列组合和合理运作,是对无意识的超越和限制。"①,道德图式是基于人之生理基础的心理意识建构,它涵括了人的道德认知、道德情感与道德意志,并且直接面向人的精神涵养。在此意义上,道德教育在依循受教育者生理基础的前提下,培育其道德理性能力以及移情能力,继而刺激受教育者道德图式的自觉建构与生成,这本质上即是在涵养受教育者的内在精神理念,亦即赋予其经由移情所确立的关心自我与关心他者的精神意向。

（四）道德可教的语言学论证

从语言学的视角来看,道德是可教的。这是因为,在道德可教的语言学语境中,"教"是一种施指（signifier）,道德是一种所指（signified）,施指与所指通过纯粹逻辑化或跳跃性的方式,在人的理性或非理性所能触及的知识领域内,确定或想象彼此的交互关系。这种交互关系既可以通过直接的方式进行确立,也可以经由间接的方式加以塑构。就直接的方式而言,"道德可教"是一种"意向之教"。"意向意义上的'教',指试图使人学会但未必使人学会的教……意向之'教'只意味着教的努力。比如'我教他做一个诚实的人'并不意味着'他学会了做诚实的人',而只是说'我试图教他做一个诚实的人'。这句话里的'教'表达的只是教的努力或意图,并不表示教会。"②就间接的方式而言,"道德可教"是一种"隐喻之教"。隐喻作为一种语言学的重要修辞方式,它本质上是一种"会话隐涵"

---

① 吕耀怀.论道德图式[J].学习与探索,1996(3):86-90.
② 陈迪英.道德可"教"与不可"教":多学科的视野[J].湖北大学学报(哲学社会科学版),2006(5):557-560.

(conversational implicature)①,它能够在特定概念的暗示之下使主体产生感知、体验、想象以及理解事件的意向与能力。即在道德可教的语境中,隐喻经由语言符号为主体想象一种道德场景与道德生活,继而于潜移默化中唤醒受教育者自觉践履道德行为的道德认知、道德情感与道德兴趣。诚如高德胜教授所言:"人是语言存在,语言具有符号性,正是这种符号的存在,使人在实体世界之外还多了一个由语言构成的意义世界。无论是语言符号的形成、指称,对语言符号的理解,还是进入语言符号所建构的意义空间,都需要想象。"②

事实上,无论是基于理性的"意向之教"还是基于想象的"隐喻之教",它们本质上都能够为道德可教提供充分的语言学基础。须知,语言是建构人类生活世界的重要途径,诉说一种语言本质上就是在想象一种文化生活,也就是在建构一种精神世界。诚如卡西尔所言:"人本质上是一种符号动物。"语言作为最为主要的符号载体,它能够经由语音、语法和词汇来建构人的精神,促进人的生命成长。在此意义上,语言浸润着人的经验并且通往人的心灵。作为精神的客观化产物,道德的萌生与发展同样需要语言的参与。教育是由语言编织而成的,离开了语言,教育一刻也不能存在。"语言之所及即教育之所及,语言的界限即教育的界限,语言之外无教育。"③"正是通过语言,教育才能够引导受教育者理解世界,理解历史,进而去构建个体的生命价值与意义人生。作为教育的编织载体,语言不仅具有工具论意义,而且具有本体论意义。前者强调了语言在思想交流与意义表达过程中的作用,后者则将语言提升到影响人的内在精神的高度。"④从道德可教的语言学视角来看,语言能够提升人的道德认知、激发

---

① 蓝纯.语言学概论[M].北京:外语教学与研究出版社,2009:186.
② 高德胜.道德想象力与道德教育[J].教育研究,2019(1):9-20.
③ 刘铁芳.语言与教育[J].河北师范大学学报(教育科学版),2001(2):19-23.
④ 徐洁.论学校生态文明教育的语言限度及其超越[J].中国教育学刊,2016(6):64-68.

人的道德情感,继而在与精神的相互呢喃中唤醒人关心自我、关心他者的意识与能力。在此意义上,语言符号是建构受教育者内在精神世界的中介载体,"道德可教"正是依循语言符号的中介功能,进而通往人的精神建构。

第三节　道德可教的限度

综上可知,作为精神产物的道德具有充分的可教性,它基于人性的道德潜能,依循于人的精神建构,继而直接或间接地为受教育者的精神生命成长构筑意义网络,促使个体在精神层面健康、合理且积极地处理与自我世界、他者世界的互动关系,最终实现道德自我与道德他者的共生发展。但是需要指出的是,道德建构本质上是一种精神建构,精神的主观流变性、动态生成性、个体特殊性以及道德本身的社会复杂性决定了"道德可教"是有条件的,也是有边界的。

一、源自良心的自律:道德可教难以切近的精神内核

鉴于道德的本质是一种客观化的精神,故而道德教育的根本在于涵养人的内在道德精神(亦即"我如何以道德的方式面对与自我、与他者的关系以及由此而产生的心灵意向")。涵养人之内在道德精神的核心在于促进人的"意志自律"①,即一种源自主体良心的道德自律。离开了基于

---

① "意志自律"是由德国古典哲学开创者康德率先提出的。康德认为,作为意志的一种性状,意志自律的实质就是自立法与自守法,它意味着理性存在者要严格根据先天的道德法则来约束自己的主观准则与实践行为。"意志自律是一切道德律和与之相符合的义务的唯一原则;与此相反,人性的一切他律不仅根本不能建立任何责任,而且毋宁说是与责任的原则和意志的道德性相悖。"(参见库恩.康德传[M].2版.黄添盛,译.上海:上海人民出版社,2014:356)据此可以看出,意志自律与道德律具有相互蕴含的内在关联性。一方面,作为定言命令的道德律是意志自律的立法根据;另一方面,作为实践理性自立法与自守法的意志自律是道德律的存在基础。并且,唯有通过意志自律而非意志他律,理性存在者才能培育出与道德法则相契合的责任意识,也就才能使自身的主观准则符合客观的实践理性法则。

良心的道德自律，道德培育也就失去了灵魂，遑论对受教育者的精神涵养。诚如马克思所言："道德的基础是人类精神的自律。"①在此意义上，道德教育的根本旨归在于促进受教育者形成道德自律的精神，亦即使之于内心之中产生真诚的道德情感与严肃的道德意志，并以此支撑主体内在的精神生命。

诚然，人的道德发展是一个从他律走向自律的过程，这是由受教育者的身心发展特点决定的。"他律"仅仅是暂时性的、辅助性的，它是受教育者走向意志自律的铺路石。与此同时，"他律"也是必要的、无法规避的。但是，道德养炼的自律本性决定了主体的道德建构只能是主观性的、内在性的以及个体性的，它高度依赖于学生内在的自我修养和精神顿悟，并且其关键在于促使受教育者自觉唤醒内心之中的"善良意志"。在此意义上，道德养炼本质上是一种更多依赖于个体主观努力的自为过程，外界环境乃至道德教育只能起到辅助性的作用，而无法真正地切近个体道德养炼的内涵——基于精神的良心与自律。正如有学者所言："外在教育引导，就是一种借助他律性的方法引导道德主体遵守和践行道德规范、提高道德能力的形式。对于学生来说，教师的教育引导毕竟是外在的，容易游离于学生内在的道德需求，而使他们失去主动性。"②也就是说，基于精神的道德建构归根结底是一种"主观的事业"，它始终游荡在个体生命的成长雾霭之中。

并且，基于精神的道德养炼是一个永无止境的漫长过程。自古至今，没有任何一个人有充分理由宣称自己的道德修养水平已臻至巅峰。须知，"人类的道德教化在处于时间之流的人类社会历史发展中是不可能完成的，但是，我们自己的理性的理念始终是一个范导性的概念，引导我们

---

① 中共中央马克思恩格斯列宁斯大林著作编译局.马克思恩格斯全集(第1卷)[M].北京：人民出版社,1995:119.

② 王囡.对道德可教的辩护及道德教学的限度[J].中国德育,2009(6):26-30.

不断追求道德化,历史永不终结。"①个体追寻道德建构的过程是一个没有尽头的历史过程,我们无法通过道德教育一蹴而就地完成对自身的道德教化与精神涵养。也就是说,走向意志自律的过程是复杂的、长期的,道德教育无法在纯粹基于个体道德良心和精神意愿的私人场域内发挥根本性的作用。因为道德是个体在无限经验的综合过程中依照自身的价值意愿和精神意志所编织起来的,每一个人都需要依凭自己的生命感觉、携载着独特的精神脉络走向无何他乡,由此不断整饬属己的道德经纬。

二、精神建构的社会整体性:道德可教无法触及的藩篱

大规模、批量化地在单位时间内,由专业教师遵循特定教材专门性地教授道德是现代学校教育的"伟大抱负",也是现代学校教育所特有的道德教育范式。这一教育范式也在忠诚地为"道德可教"这一价值命题提供实践基础,由此证成"道德"与"教育"两者之间的确定性关系。

但是,我们不得不承认,"道德可教"在学校教育系统领域内的实践基础是脆弱的。因为基于精神的个体德性无法在教育领域中完成整体性的自主建构,它需要社会制度与历史文化等诸多因素的整体性介入。即人的道德精神的涵养超越于教育生态系统,学校教育对人的道德养炼作用是"部分性"的,人的道德培育还依赖于社会整体运行机制特别是制度机制的影响,并且后者往往表现出更大的促进效用。诚如英国教育哲学家怀特所言:"社会制度一般说来有助于个人思想意识和道德特征的形成,这点首先被希腊人发现,在现代又被黑格尔和马克思发现。一个社会的法律、政治体系和其新闻媒介、工业组织、家庭与社会生活的惯例及习俗等等,这些和其他因素,都是教育的或好或坏的潜在因素。"②在此境遇

---

① 詹世友,李友鸿.实践理性及其经验生成——康德道德教育理论论析[J].伦理学研究,2012(5):99-106.

② 怀特.再论教育目的[M].李永宏,等译.北京:教育科学出版社,1997:159-160.

下,我们就不难理解学校道德教育中"5＋2＝0""双面人"现象的异化现实,以及由此所折射出的学校道德教育与公民道德建设的对立窘境。

须知,道德是一种基于人之整体性的客观化精神,它所集中处理的是人与自我、与他者的关系问题,所回应的是人如何积极地、自觉地彰显自己的内在实践理性,以及由内在实践理性所衍生出来的外在伦理关系问题。依循于此,人的道德精神建构始终伴随着人的生命成长过程,学校道德教育仅仅是个体道德精神成长的其中一隅,而社会制度、历史文化、传统习俗、政策法律等对人的道德精神建构的影响则是全方面的、潜移默化的,也是深入持久的。由此可以认为,个体道德更多的是社会机制整体性建构的产物,个体的道德精神唯有在社会的整体性场域中才能够真正得以培育与践行。甚至可以说,道德可教是建立在社会整体运行机制乃至人类历史文化传统的基础之上的。诚如有学者所言:"社会整体的完善是个体完善的前提,社会整体道德水平不高就难以使学校道德教育发挥其个体性功能,个体道德水平的普遍提高就会受阻。"①在此意义上,"道德可教"是受制于社会总体性的道德发展水平的,基于社会总体性的普遍道德理性相较于个体道德理性具有优先性。由此可知,个体道德建构的塑构是一项总体性的社会性事业,而学校道德教育领域中的"道德可教"仅仅是"社会整体性事业"的重要构成,个体唯有将自身的伦理精神建构置于社会场域之中,才能真正实现个体道德生命的成长。

---

① 鲁洁,王逢贤.德育新论[M].南京:江苏教育出版社,2000:324.

第二章

道德教育的内涵、谱系与精神品性

　　道德教育是什么？它遵循着何种历史发展逻辑？长期以来，学术界对于这一问题的体系化努力尚未取得理想答案，这也反映了道德教育理论和实践的复杂性。自道德产生以来，它就蕴含着"教化万民"的价值意蕴，道德教育是道德教化意蕴在历史发展过程中制度性演化的产物。就其本质而言，具有教化功能的道德教育是一种以人的精神世界建构和促进人道德自律的教育实践活动，这一点深刻地体现于中国和西方道德教育的历史发展长河之中，并且在各自不同历史文化的基础上形成了相互迥异的道德教育精神谱系。

第一节　道德教育：道德的教育诉求

　　"道德是人类的最高目的，教育事业首先是道德的事业。"①从人类交往的历史来看，道德的存在价值总是具有普遍之维。道德教育是彰显与呈示道德存在价值的重要途径。这一方面源于道德基因之中所蕴含的教育意蕴，另一方面依循于道德教育发展的历史现实。就本质内涵来讲，道德教育彰显与呈示道德存在价值的方式主要是通过建构人的精神世界来

---

　　①　成尚荣.最高目的[M].上海：华东师范大学出版社，2017：12.

实现的,因为精神世界的建构与人的道德自觉性以及人类精神文化发展的历史具有同一性。

一、道德的教育意蕴

从学科起源的意义上来讲,教育学是从哲学分化而来的,哲学就其起源和本质而言蕴含着特定的教育韵味。因为哲学的目的在于开启人的智慧,使人不断地追求"善"和实现"善",道德亦是如此。道德自产生之日起就总是与教育相伴随,因为道德就其宽泛意义而言,其产生的初衷在于规范人的生活,使人向善,继而实现人类世界的美好。在此意义上,道德概念本身就蕴含着独特的教育意蕴与伦理意志。为此,黑格尔指出:"教育是使人们合乎伦理的艺术。"[1]

道德的教育意蕴深刻地镶嵌于中国古代社会的政治结构之中。前文已经提到,道德与人类社会的"风俗"密切相关,也就是说,道德建构及其教育的重要功能在于"移风易俗""使民自觉"。对此,中国古代的文人政客都十分重视道德的教化意蕴和教化功能。诚如王国维所论:"古之所谓国家者,非徒政治之枢机,亦道德之枢机也。"[2](《殷周制度论》)明朝大儒归有光也提出:"天下之治,系乎人臣之有其德。"[3]在此意义上,道德成为中国古代建构国家统治合法权和维系政治体系长治久安的重要基础。基于这样一种认识,道德在中国古代被赋予了更为重要的政治教化使命,并且形成了具有自身特色的历史文化表征。对此,《吕氏春秋·上德》中有言:"为天下及国,莫如以德,莫如以义。以德以义,不赏而民劝,不罚而邪正。""德"与"义"是统治阶级确立自身合法性的重要基础,也是教化万民进而实现维护政治秩序的价值目标。东汉崔寔形象地将道德形容为治理

---

① 黑格尔.法哲学原理[M].范扬,张企泰,译.北京:商务印书馆,2011:195.
② 谢维扬,房鑫亮.王国维全集(第8卷)[M].杭州:浙江教育出版社,2009:317.
③ 归有光.震川先生集(上)[M].周本淳,校点.上海:上海古籍出版社,2007:129.

乱世的"粱肉":"刑罚者,治乱之药石也;德教者,兴平之粱肉也。夫以德教除残,是以粱肉理疾也;以刑罚理平,是以药石供养也。"(《后汉书·崔寔传》"德教者,兴平之粱肉"之说,生动而意味深长地揭示了古代中国对道德教化的认知与期待。①

西方的古代学者认可道德本身所蕴含的教育意蕴,这不仅体现于西方教育学者的道德教育思想之中,同时也体现于西方古代哲学家的道德思想之中。例如,苏格拉底在探索何为美德的过程中激发人们追求"善生",柏拉图在提出"四元德"的基础上吁请人们不断切近"善的理念世界",亚里士多德在明晰伦理德性和理智德性的基础上鼓励人们涵养自己的"至善之德",康德在建构道德目的王国的过程中引导人们激活内在的善良意志和纯粹实践理性,实现意志自律与道德自由……也就是说,道德与教化两者是同一的,道德产生与发展的过程本身就是教化产生与发展的过程。在此意义上,西方关于道德的哲学论述也就蕴含着关于道德教育的论述,当然,这种论述是一种泛化意义上的道德教育论述。

总而言之,道德蕴含着丰盈的教育意涵,教育是内蕴于道德本身之中的,道德的产生、演化、发展始终是以教育或教化的方式展开的。诚如金生鈜教授所言:"因为只有通过道德,一个人才成为实践理性、自由意志的实践者,人才成为人本身,道德因而是人作为自在目的的条件,是人作为人的存在的特性,即人作为有限的实践理性的特性,道德向人展示了一个超越于任何感觉性欲望和任何约束性因素的生活,一种独立于感性世界的纯粹的理性生活。道德向人昭示,人作为自在目的是德性的,他的德性力量使他超越一切相对价值的限制,成就自身的人格。"②

---

① 胡发贵.试论中国古代道德教化的特点[J].江苏大学学报(社会科学版),2009(2):1-5.

② 金生鈜.人是道德教化的终极目的——康德道德教育思想的当代价值[J].湖南师范大学教育科学学报,2003(6):3-7,19.

二、道德教育的基本内涵

道德教育的内涵是十分复杂的。就概念而言，道德教育有广义和狭义之分。① 其中，广义的道德教育所秉持的是一种"大道德教育"的原则，它将思想政治教育、法治教育、心理健康教育、品德教育、性教育、生命教育、生态环境教育等多个与主体人格培育有关的教育范畴统统涵括进来，这是一种"泛化的道德教育"，简称为"道德教育"，或者"社会意识教育"②。狭义的道德教育所持守的是一种"小道德教育"的原则，它专门指涉的是与主体道德品格形成有关的教育，亦即西方教育理论中所论及的"moral education"。有学者指出："道德教育为教育之一方面，以儿童道德心之陶冶为目的。"③"道德教育是训练道德品格之教育也——也称道德教育"④。在本书中，所采用的是狭义的道德教育。

（一）关于道德教育内涵的多维阐释及其反思

何为道德教育？或者说，道德教育的内涵是什么？学术界至今对此众说纷纭，没有明确的界定。在目前出版发行的有关道德教育的著作和教材中，不同学者基于不同的价值立场对何为道德教育进行了细致且丰富的论述与阐释。

一般意义上而言，当前关于道德教育的著作和教材主要是以"德育原理"或者"德育论"来命名的。其中，目前在我国比较知名的有北京师范大学檀传宝教授的《德育原理》《学校道德教育原理》，华东师范大学胡守棻教授的《道德教育原理》、黄向阳教授的《德育原理》，华中师范大学杜时忠教授的《德育十论》，南京师范大学鲁洁教授和东北师范大学王逢贤教授

---

① 檀传宝教授认为，关于道德教育概念的论争是中国学术界长期以来的一大"有中国特色"的问题。

② 黄向阳.德育原理[M].上海：华东师范大学出版社，2000：18.

③ 唐钺，朱经农，高觉敷.教育大辞书[M].上海：商务印书馆，1930：1462.

④ 余家菊，等.中国教育辞典[M].上海：上海中华书局，1928：837.

的《德育新论》,南京师范大学班华教授的《现代德育论》,海南师范大学易连云教授的《德育原理》,杭州师范大学赵志毅教授的《德育原理与方法》,山东师范大学戚万学教授和华东师范大学唐汉卫教授的《学校德育原理》,西华师范大学冯文全教授的《道德教育原理》;等等。上述著作或教材都对"何为道德"或者"何为道德教育"进行了相应的论述。与此同时,诸多学者也根据时代发展的要求,以及教育学尤其是德育理论和实践探索的时代特色,以学术论文的方式对道德教育的内涵和本质进行了一系列的深入探讨。

通过对关于道德教育著作、教材、学术论文,以及其他教育学类相关文献的梳理与分析,我们将有关于"道德教育"内涵的代表性观点主要分为以下三类。

一是"社会规范说"。这一论点认为道德教育是传达与转化特定社会道德品质或者意识形态的教育实践活动。对此,《中国大百科全书·教育卷》中指出,道德教育是"教育者按照一定社会或阶级的要求,有目的、有计划、有组织地对受教育者施加系统的影响,把一定的社会思想和道德转化为个体的思想意识和道德品质的教育"[①]。此外,还有一些学者持类似观点,例如,认为"道德教育即育德,也就是有意识地实现社会思想道德的个体内化,或者说有目的地促进个体思想品德社会化"[②]。"道德教育即是将一定社会或阶级的思想观点、政治准则、道德规范转化为个体思想品德的教育活动"[③]。"道德教育是指一定社会或阶级依据一定的道德原则和规范,有目的、有计划、有组织地对人们施加道德影响的活动"[④]。"道德教育是教育者按照一定社会的要求,通过特定的教育活动,把特定社会

---

① 中国大百科全书出版社编辑部.中国大百科全书·教育卷[M].北京:中国大百科全书出版社,1985:59.

② 班华.现代德育论[M].2版.合肥:安徽人民出版社,2001:9.

③ 胡守棻.德育原理[M].北京:北京师范大学出版社,1989:20.

④ 储培君,等.德育论[M].福州:福建教育出版社,1997:164.

的思想和道德规范内化为受教育者的思想意识和道德品质的过程"①。
"道德教育即育德,也就是有意识地实现社会思想道德的个体内化,或者
说有目的地促进个体思想品德社会化"②。这一类关于道德教育的观点
论述强调了道德教育的"目的性、计划性和组织性",凸显了道德教育服务
社会发展的历史文化属性,肯定了道德教育的社会规范效用,因此具有强
烈的社会性特点。之所以如此,主要是因为上述观点能够始终坚持集体
主义教育的理念原则,强调在释放道德教育社会功能的基础上凸显其历
史意识。诚然,这一类观点有效契合了道德教育的社会与政治需求,这在
特定的社会历史时期是发挥过重要作用的,并且也诠释了道德教育的社
会功能,但是"社会规范说"倾向于将道德教育镶嵌于社会规范的指定框
架之中,这无疑会弱化对道德教育本质与价值的理解和诠释。

二是"自主建构说"。这一论点认为道德是教育者通过为受教育者创
设良好的价值环境,使受教育者自主内化社会规范,并建构属己的道德意
识和道德能力。对此,檀传宝教授认为,道德教育即是"教育者组织适合
道德教育对象品德成长的价值环境,促进他们在道德价值的理解和道德
实践能力等方面不断建构和提升的教育活动。简言之,道德教育是促进
个体道德自主建构的价值引导活动"③。赵志毅教授在吸收传统道德教
育定义的基础上,更加注重道德教育过程中受教育者的创新思维和创新
实践,提出"道德教育是教育者和受教育者双方通过将社会规范转换为个
体品德,从而激发人的创新行为的教育活动"④。在此意义上,人的创新
性道德建构本质上是受教育者主观能动性与外在环境辩证互动的产物。
可以认为,"自主建构说"肯定了受教育者在道德教育过程中的主体性,同

---

① 孙喜亭.教育原理[M].北京:北京师范大学出版社,1993:290.
② 班华.现代德育论[M].2版.合肥:安徽人民出版社,2015:9.
③ 檀传宝.学校道德教育原理[M].北京:教育科学出版社,2003:6.
④ 赵志毅.德育原理与方法[M].北京:人民教育出版社,2013:39.

时认可道德是一种自我建构的实践活动,教育者在道德教育过程中仅仅具有方向引导和环境塑造的作用,这无疑是值得肯定的。

三是"意义导向说"。这一论点认为理解道德教育内涵的关键在于澄明受教育者的生命价值意义,唯有在意义的引领下才能使受教育者习得关心自我与关心他者的意识和能力。对此,鲁洁教授指出:"道德教育指向的是人自身,它的主旨在于导人以善,使人在善的、道德的追寻中活得更有意义,与他人、与自然相处得更为融洽和谐,使人得以建构起更为完美、充实的意义世界。"①在此意义上,道德教育需要"赋予更多的人文关怀,包括对生命情感的关怀、对终极信仰的关怀、对社会责任感的关怀和对苦难与死亡意义的关怀,引导人们超越自身的有限性和现实的物质纷扰,追求生命的永恒价值"②。"道德教育以意义关怀引导生命与道德和意义相遇"③。"道德的本性不只是单纯的行为规范问题,还包括人生的意义问题;学校道德教育,不应只注重规范约束,更应注重意义引领"④。

除了上述几种论点之外,还存在以下几种关于道德教育的论述。例如"情感感化说"认为道德教育是"对于受教育者心理上所施加的一种确定的、有目的的和有系统的感化作用,以便在受教育者的心身上,养成教育者所希望的品质"⑤,并且,情感道德教育论的倡导者朱小蔓教授提出"道德教育过程是情感交往的过程"⑥。此外,还有"实践能力说"强调"把道德教育看成对道德发展的促进而不是直接传授一些固定的道德准则"

① 鲁洁.教育的返本归真——德育之根基所在[J].华东师范大学学报(教育科学版),2001(4):1-6,65.

② 梅萍.生命的意义与道德教育的关怀——对当代青年生存无意义感的理性反思[C]//和谐社会与青少年思想道德建设研究报告——首届中国青少年发展论坛暨中国青少年研究会优秀论文集(2005),2005:50-56.

③ 韩玉,易连云.德育的关怀:让道德和意义与生命相遇[J].高等教育研究,2010(2):79-82,109.

④ 赵宏义."规范约束"与"意义引领"——当代德育应予重视的一种整合[J].中国德育,2006(1):14-19.

⑤ 加里宁.论共产主义教育和教学[M].2版.陈昌浩,沈颖,译.北京:人民教育出版社,1981:48.

⑥ 朱小蔓.论德育过程是人的情感交往的过程[J].上海教育科研,1994(8):37-39.

"促进道德发展是以促进儿童的思维和解决问题能力为基础的"[①]。"道德教育并不是对于做正当事情的教育，而是指道德思维的性质和作出决定的技巧与能力方面的教育"[②]。由上可知，长期以来，学术界关于道德教育内涵的论述是十分丰富的。

（二）精神建构：理解道德教育的新视界

通过对学术界关于道德教育内涵的简要梳理与概括，可以看出，当前相关研究论述就其本质而言，或是聚焦于受教育者个体品质的提升，或是聚焦于社会规范的个体性内化与习得。这两者在实质上是汇聚于人的"精神建构"的，也就是说，理解道德教育的本质内涵需要从受教育者的"精神经验"出发，在教育者与受教育者"精神互动"的过程中实现后者内在"自律精神"的建构。具体来说，社会规范的转化与习得需要以个体的精神建构为基础，道德价值与道德能力的建构也需要以个体的精神涵养为支撑，生命意义的澄明更是离不开受教育者从内在精神层面对自我与他者意义的思索和探寻。总而言之，学术界关于道德教育内涵的理解虽然十分丰富，并且众说纷纭，但是这些观点在价值层面的绵延焦点即是受教育者个体内在的精神建构，因为精神是人切近自身本质的根本存在方式，而道德本质上就是精神的客观化产物。教育作为一项能够培育受教育者内在道德精神的实践活动，它能够通过涵养人的道德而切近人的精神，进而彰显人自身的本质规定。在此意义上，建构道德主体"有精神的德性"是道德教育的根本价值指向，也是理解道德教育本质内涵的基点。

1. 教育与人的精神建构

精神是个体和民族延续存在的根基。"精神"之于人的本质性和价值

---

① 柯尔伯格.道德教育的哲学[M].魏贤超，柯森，等译.杭州：浙江教育出版社，2003:1-2.
② 霍尔，戴维斯.道德教育的理论与实践[M].陆有铨，魏贤超，译.杭州：浙江教育出版社，2003:3.

性决定了人是一个超越性的"精神存在"。"精神"是"伦理"的内容与本质,"伦理"是"精神"的发展与表达。[①] 精神与道德伦理具有同构性,也因此,理解人、理解道德教育都需要基于精神哲学的认知视角。

(1)精神:人切近自身本质的根本存在方式

人的本质问题是人学的基础理论问题,也是教育理论研究和实践发展所必须直面的前提性问题。回答人的本质问题,即探寻人何以成其为人的基础与根据,阐明人得以存在与发展的缘由。如上文所言,人的本质是由人的自然属性、社会属性和精神属性所共同构成的,对人的三重属性及其内在关系进行深入分析是人学研究的重要使命。诚如有学者所言:"人是自然、社会、精神三位一体的存在。人的存在论的任务,旨在揭示人的自然、社会、精神存在各自的内容及其相互关系,并为人学其他内容的展开奠定科学的理论基础。"[②]

首先,从人与自然的关系来看,人与动植物的主要区别在于人能够进行实践劳动与生产劳动,并且能够运用自己的智慧去认识与改造自然界,从而创造出符合人类生存与发展需求的文明世界。这一视角将人从生物属性中脱离出来,将"有意识的生命活动直接把人跟动物的生命活动区别开来"[③],由此凸显了人作为类存在所具有的特有品性,即"类本质"。其次,从人与社会的关系来看,人是坐落并镶嵌于社会历史文化关系中的现实性存在,关系是诠释人的社会属性的基础。在此意义上,马克思指出:"人的本质不是单个人所固有的抽象物,在其现实性上,它是一切社会关

---

① 杜灵来.伦理精神的哲学意蕴及其基本特征[J].河南师范大学学报(哲学社会科学版),2021(3):34-40.

② 孙志海.人学存在论的反思和重构——人的自然属性、社会属性和精神属性关系研究[J].东南大学学报(哲学社会科学版),2014(4):33-40,134.

③ 马克思.1844年经济学—哲学手稿[M].刘丕坤,译.北京:人民出版社,1979:50.

系的总和。"①也就是说，人是具有社会属性的生物，一切人唯有通过社会关系网络的连接才能组成社会，才能不断生成意义与价值。最后，就人的精神属性而言，精神是刻画人之本质的最为关键的维度。因为无论是个体的发展，或者是人类历史文化的承续与创新，其实质都是精神性的。

精神是一切人类文明的基点，也是人切近自身本质的根本存在方式。诚然，生物属性和社会属性也在某种意义上彰显了人的类本质和关系本质，但是精神属性才是人最为根本的属性，并且前两者都是向人的精神属性汇聚的。也就是说，人如何对待自我、对待他者以及如何对待自然，本质上都是对人之精神的演绎。因为精神是人获致生命意义的根据与结点，也是人处理与世界的关系乃至面向一切存在的根本出发点。在此意义上，人本质上是一种精神性存在，精神生命是人的本质生命，它决定了人的存在价值和幸福意义。

（2）建构人的精神世界是教育的根本使命

"教育依从于某种既超越它而又是它的源泉的东西，即依存于精神世界的生活。"②教育是培育人的事业，人经由精神切近自身的存在本质，故而建构人的精神世界、促进人精神生活的丰沛与充盈是教育的根本使命。

第一，教育的起点始于受教育者的精神自由。教育以人为出发点，实质上是以人的精神自由为出发点。任何一个孩童自步入校园之日起，他在精神层面上始终是自由的、自主的，同时也是未成熟的。在此意义上，受教育者的精神世界是向教育者无限敞开的，故而也就蕴含着无数的可能性、自由性与生成性。如何根据受教育者的个性特质编织出属己的精神世界是开启学校教育生活的出发点，也是人类精神建构与历史文化发展的内在要求。教育顺应这一要求，从受教育者的精神自由出发，积极关

---

① 中共中央马克思恩格斯列宁斯大林著作编译局.马克思恩格斯选集（第1卷）[M].北京：人民出版社，2012：135.

② 雅思贝尔斯.时代的精神状况[M].王德峰，译.上海：上海译文出版社，2005：76.

注受教育者的固有精神品性,并且在此基础上不断引导受教育者重构新的精神生活与精神世界。也就是说,教育开始于人的精神自由,回归于人的精神自由,但是这两种精神自由无疑是不同的,后者相较于前者更为成熟与高阶。

第二,教育的过程是不同精神之间的相互呢喃。教育的过程是师生之间、生生之间绵延交往的过程,这一交往过程本质上是不同主体之间的精神交往。诸类精神在自由、开放、生成的交往环境中相互交流,倾诉与表达各自精神世界的文化风貌与知识生态,继而不断促使学生主体完成知识文化的整合与精神世界的重塑。在此意义上,教育交往本质上是精神交往,是教育者引导下的精神呢喃。经由交流,教育者与受教育者共同完成精神世界的碰撞与重构,并以此指引知识技能的学习。须知,一切知识与技能实质上都是精神客观化的产物,其学习过程都需要以精神教化为支撑。离开了精神交往,一切教育过程都是缺乏灵魂的"机械性训练"。所以,教育过程本质上是精神呢喃与精神交往的过程。

第三,教育的旨归在于促进受教育者的精神成长。"真正的教育乃是人之精神建构,是对人的精神的延伸和拓展。"①精神建构是教育得以存在与发展的基石,它贯穿于教育的始终,是教育价值得以充分释放的根本保障。任何不以受教育者精神建构为旨归的教育都是浅层次的、外围化的。诚如有学者所言:"精神品格是教育存在的根本依据,精神追求是教育价值的根本体现。精神品格与追求的丧失不仅意味着教育内在品质的缺失与扭曲,而且标示着教育的迷茫与堕落。精神品格对教育的决定性意义,使精神品格与追求应始终作为教育探究的主旋律。"②也就是说,教育是人类文明进步的基石,教育的根本目的在于建构人的精神世界,提升

---

① 王啸.教育人学内涵探析[J].华东师范大学学报(教育科学版),2006(1):23-29.
② 郝德永.当代教育的精神品格及追求[J].高等教育研究,2007(5):16-20.

人的精神境界。远离了精神,也就远离了真正的教育。基于此,教育本质上是关注精神的事业。

2. 道德教育是促使人建构自律精神的实践活动

作为教育的重要组成部分,道德教育是一项关怀人的精神建构的事业。人的精神提升需要道德教育的积极参与。因为以道德为基础的教育在本质上指向人的精神发育与成长。换言之,道德教育能够培育人的道德素养,提升人的德性境界,并且,从道德教育的文化意义上来讲,其本身就蕴含和造就了一种精神文化。将人的道德发展纳入人的精神发展和精神教育所要达到的目的这一范畴,不仅有助于人们对精神教育内涵及其内容的认识,也能引发人们对传统道德教育更深层次的思考。[①] 在此意义上,"精神"一方面契合了道德教育的本质,另一方面也彰显了道德教育的文化品性。因此,理解道德教育的本质内涵需要基于人的精神建构的理论视角,"人的精神建构"是一切道德教育理论研究与实践探索的汇聚焦点,也是新时期理解道德教育本质内涵的关键抓手。

精神范畴具有多种性状,道德作为精神范畴的重要产物,它所体现的是主体的自律精神,而非他律精神。也就是说,一切以他律为基础的道德就其本质而言都不是真正的道德,在此意义上,道德在本质上是一种客观化的自律精神。

"自律"是一种内在的道德自觉与自我约束能力,也是诠释道德本质规定性的重要基础,它强调主体通过自己的理性思考与判断进行自我选择、自我约束、自我规划和自我评价。"所谓'自律',是相对'他律'而言的。'他律'是指意志由其他因素决定,这些因素即康德所列举的那些'实质动机',即:环境、幸福、良心(内在感官)、神意,等等。这些在康德看来

---

① 王坤庆.精神与教育——一种教育哲学视角的当代教育反思与建构[M].武汉:华中师范大学出版社,2009:178.

统统都是把意志行为服从于外在因素的'他律',而不是法由己出的'自律',因而不是道德的。"①道德自律即是将道德判断的法庭构筑于主体内心之中,依靠自己的内在良心将社会规范内化,进而自觉地进行道德认知、道德判断和道德实践的心理与实践行为活动,也就指不受外界约束和情感支配,依据自己的善良意志,按自己所遵循的道德规律行事的道德原则。

"道德教育体现着人的自觉意志,也使人产生自觉意志。不能与人的精神相连,教育也就失去了它的源泉;不能直击人的心灵,道德教育也就失却了其本义而不成其为道德教育。"②须知,道德自律本质上是一种基于精神的自律。之所以如此,一方面是因为道德本质上是一种精神客观化的产物,故而人的道德自律与人的精神自律具有密不可分的契合性关系;另一方面是因为无论是个体性的道德自律还是社群性的道德自律,其实质在于它们都以自律精神为支撑,也就是说,它们都是依循于对特定价值理念的坚定信奉和恒久持守,并且在内心深处对之"矢志不渝",即使遇到巨大挫折依然不改初心地坚持原有的道德准则,这无疑是一种以内在精神为支撑的道德自律。在此意义上,离开了自律精神,一切道德本质上都是缺乏主心骨的,也是没有灵魂的存在的,更遑论将道德建构与自我的生命意义联系起来。

但是,不言而喻,人并不是一出生就具有自律能力的,缺乏充分的自律能力也就意味着其道德精神是不成熟的。"只有当道德个体发自内心地主动自觉地以道德主体的身份思考问题,审视道德要求,形成良心的时候,个体道德便进入了自律阶段。道德自律就是指个体对自身的积极自觉的道德约束,由此也形成了道德他律和道德自律的相互依存关系。"③

---

①　李泽厚.批判哲学的批判:康德述评[M].6版.北京:生活·读书·新知三联书店,2007:304.

②　刘丙元.自觉为人——道德教育的人性本体目的[J].辽宁师范大学学报(社会科学版),2008(1):61-64.

③　马永庆.道德自律的特性解读[J].伦理学研究,2009(9):51-55.

也就是说，人走向道德自律的过程也即内在精神逐渐孕育和不断走向成熟的过程，这一过程需要道德教育的介入。在此意义上，道德教育是一项关乎人道德自律精神的事业，道德教育的本质在于促进人的精神自律，亦即使受教育者养成自律的认知意识和实践意志，也就是"自律精神"。有学者指出："道德的本质是人类主体精神的自律。建构道德主体'有精神的德性'是道德教育的根本和价值指向。"①离开了精神的支撑，一切道德自律都无法真正获得自身的存在基础。对于这一点，德国古典哲学的开创者康德在其批判哲学思想体系中进行了翔实的阐释。康德认为，自律是道德存在的基础，因为自律是通过人的精神世界实现的。"道德实现乃是人的精神需要的满足，是人的生命自我实现的一种方式，人通过道德的实现而得以充实、彰显、确证自身的本质，实现自身在世界中的存在。"②依循于此，有学者对道德教育的精神品性进行了进一步的阐释："作为一种塑造人的精神世界的教育形式……道德教育涉及的是人的价值选择，因而具有更高的主观精神色彩。"③精神是诠释道德的根基，也是理解道德教育的核心与精髓，在此意义上，道德教育实质上是一种与受教育者精神建构密切相关的"精神助产术"。德国哲学家费希特也认为："一切道德的根基是自我控制、自我克制，是将自己的自私的冲动从属于整体的概念。学子只有通过这些，而绝不是通过别的什么，才有可能获得教育者的赞扬；为使自己满意，他们需要这种赞扬，而这取决于他的精神本性，是他通过教育养成的习惯。"④言下之意，唯有基于自律的品德才能切近人的精神品性，而这一精神品性的获得需要经由教育特别是道德教育这一途径。由此可见，道德教育是关乎人的精神建构的实践活动，它通过建构人

---

① 戚万学，唐汉卫. 学校德育原理[M]. 北京：北京师范大学出版社，2012：3.
② 刘铁芳. 生命 道德 教化[J]. 河北师范大学学报（教育科学版），2004(2)：60-70.
③ 王东莉. 德育人文关怀论[M]. 北京：中国社会科学出版社，2005：41.
④ 费希特. 对德意志民族的演讲[M]. 梁志学，沈真，李理，译. 北京：商务印书馆，2010：159.

的精神世界促进人走向"意志自律"。

然而,反思当前的道德教育实践,以"他律"为导向的教育实践是约制道德教育效果的主要因素,也因此而导致道德教育是一种"无精神"的茫然存在。"现代道德教育试图以'得'劝'德',而不是以'德'谋'得',因而在学校道德教育中走入了诸如'道德银行'之类的道德功利主义的误区。"①事实上,这是一种以肤浅化、无根基的方式理解道德教育本质内涵所引发的结果,它仅仅看到了道德教育的表面结果,忽视了道德生成与受教育者精神世界建构之间的内在关联性,因此必然会导致道德教育方向的迷失。

须知,"德育本质上也是人类的精神生产过程,是一种借助于精神生产资料进行的系统化、理论化的精神产品的生产。德育的对象是人以及人的心灵,德性是一种获得性品质,触及的是人的灵魂和人的精神世界。因此,德育是铸造人的灵魂的工程,是培养人的德性的精神生产过程。它的产品是精神性的。"②据此可以看出,道德教育是一项促使人建构自律精神的实践活动。经由道德教育,受教育者的精神得以不断建构与生成,内心灵魂得以被触动,由此内在地产生了精神自律的道德品性。

第二节　道德教育的历史谱系

"谱系"的原意是指从先证者入手,追溯调查其所有家族成员(直系亲属和旁系亲属)的数目、亲属关系及某种遗传病(或性状)的表现等资料,并按一定格式将这些资料绘制而成的图谱。德国哲学家尼采以"道德偏见的起源"为出发点,对道德的谱系进行了详细的历史考察。依循尼采的

---

① 樊浩.现代道德教育的"精神"问题[J].教育研究,2009(9):26-34.
② 张澍军.德育哲学引论[M].北京:中国社会科学出版社,2008:131.

道德谱系学考察,本节将以道德教育思想为基点,对以理性精神和伦理精神为特质的中西方道德教育思想发展的谱系进行历史学考察。

一、理性张扬及其教化:西方传统道德教育思想的历史脉络

人类的一切实践活动本质上都是在直接或间接地构筑生命意义的网络,安放每一个焦灼不安的灵魂,而意义网络的建构需要理性的积极参与。古典时代以降,人们就将理性看作一种人类所特有的意识与能力。那么何为理性? 所谓理性,是指一种人类主体所具有的反思、判断、选择与权衡的意识与能力,它与感性相对,反映了人类对自身存在方式的独特思考,也为人类获取生存能力和生命意义提供了有效支撑。

事实上,"理性"是西方哲学史上的一个极具阐释性的词汇,同时也是理解和诠释西方哲学的一把关键锁钥。诚如德国哲学家雅斯贝尔斯所言:"几千年来的哲学就好比是对理性的一首唯一的赞美诗。"[①]事实上,关于理性的理解最早可追溯到古希腊早期的哲人赫拉克利特所提出的"逻各斯(logos)"概念,以及阿那克萨戈拉所提出的"努斯(nous)"概念。也就是说,"理性概念在古希腊源自 logos 和 nous 这两个词,它们表达了理性的最初的含义"[②]。所谓逻各斯,是指世间万物生灭变化所依据的特定尺度和规律,它也被认为是宇宙混乱表象之下所蕴含的规范性的理性法则。依据赫拉克利特的观点,逻各斯可以分为内在的和外在的两个方面,其中,内在的逻各斯即宇宙万物的理性本质,而外在的逻各斯则是通往事物理性本质的道说。在西方哲学历史发展进程中,逻各斯的内在维度自古典时期以后便受到哲人们的高度重视,并且基于此而论述自己的哲学认识。在此意义上,"逻各斯"与"理性"在传统哲学意义上可以进行无拘束的自由转换。但是,近代以后,特别是随着语言哲学的逐步兴起,

---

① 雅思贝尔斯.生存哲学[M].王玖兴,译.上海:上海译文出版社,1994:57.
② 张汝伦.历史与实践[M].桂林:广西师范大学出版社,2011:27.

逻各斯的外在维度日渐为维特根斯坦、海德格尔等诸多哲学家所看重,由此使得作为逻各斯的"道说"被擢升至形而上学的境界,甚至获得了本体论的地位。但是毋庸置疑,在古希腊时期,先哲们通常是在理性的意义上理解逻各斯的内在本质的。也就是说,经由逻各斯,古希腊哲人完成了对人之理性本质的确证,但是,这里所提出的理性是一种宽泛意义上的理性,它在苏格拉底以前主要体现为一种与神有关的自然理性,在苏格拉底以后逐渐体现为人区别于动植物所特有的理性。

与此同时,要对理性进行深入理解,还必须对"努斯(nous)"这一概念进行细致考察。伊奥尼亚学派的理性主义哲学家阿那克萨戈拉认为,世界是由不同性质的、无限多的"种子"构成的,而推动种子结合与分离形成事物的最后的原因在于努斯。换言之,努斯是一切事物运动变化的根由,它超然于现象世界之外,并且是作为支配和统摄世界的精神而合目的性的存在。在此意义上,努斯是支配世界的根本性精神力量,并且这一精神力量是由主体的意志、思想、知性等心灵活动所生发的,故而它在根源处直指主体的理性能力。由此,努斯被视为一种精神本体(理性)而存在。可以认为,正是经由努斯,阿那克萨戈拉在西方哲学史上首次提出了理性作为一种支配世界的精神力量的思想。

逻各斯和努斯是理解理性的支点,同时也是西方哲学产生与发展的源泉,从某种意义上而言,两者将古希腊哲学从自然领域引转至人文领域中来。有学者指出:"逻各斯与努斯的提出,既赋予了世界以秩序、规律,又提供了背后的推动者和原因。理性统治并推动世界,逻各斯与努斯的提出及结合,形成了古代最初理性概念,也构成了西方哲学理性概念的两个古代来源,蕴含着理性的逻辑规范性和自由超越性这双重意义的根芽。"①但是,逻各斯和努斯是通过不同的维度来确证人之理性的。如果说逻各斯是一种与规范性法则、本体秩序相联系的理性,那么,努斯则倾向于在精神与心灵层面阐述主体的理性能力。这一理性能力是一种超越感性而向纯粹精神生活或者彼岸世界攀升的能力,由此而能够合目的性地具有统摄和规范此岸感性世界的价值意义。

那么,接下来的问题是:理性是可以教化的吗? 按照石中英教授的看法,理性主要包括四个方面的内容:一是理性意识,二是理性能力,三是理性精神,四是理性观。教育培养的人首先应该是有理性意识的人。② 依循于此,人的理性可以通过教育的方式来获得,教育能够通过开发与唤醒受教育者的理性能力使其获得生命的价值与意义。事实上,在西方哲学和教育学思想史中,理性是能够通过教育方式进行获取的,并且开发与唤醒人的理性意识和理性能力一直是贯穿自古希腊以来整个西方道德教育思想史的一条主线索。

(一)源泉:古希腊古典时期的道德教育思想

在古希腊古典时期,哲学关注的对象由宇宙自然转向人本身。人是什么、人何以追求幸福以及人如何以道德的方式存在成了古典时代哲学家所一直追问的核心问题。在哲学家的反思与探寻过程中,"成为有理性的人"成了古希腊哲学家哲学追问的一般性共识,而教育尤其是道德教育在涵养人的理性过程中具有重要价值。

1. 基于理性的至善之德

借由逻各斯和努斯的原点性支撑,古典时代的古希腊先哲们从不同的视角对理性及其实质性内容进行了丰富的阐释,并将之推向本体论的

---

① 章忠民.古希腊哲学中理性观念的提出及其演绎[J].福建师范大学学报(哲学社会科学版),2000(4):32-39.

② 石中英.理性的教化与教学的理性化[J].高教探索,2002(4):7-10.

地位。事实上,早在古风时期,先哲们在论述自然哲学的过程中就已经围绕宇宙万物及其变化根据(亦即"始基"或"本原")进行了大量探索,例如泰勒斯的"水"本原说、阿那克西曼德的"无定"本原说、阿那克西米尼的"气"本原说、毕达哥拉斯的"数"本原说、恩培多克勒的"四根论",等等。这些关于世界本原的探讨确证了先哲们试图在关涉自然的过程中明确事物变化背后的普遍性始基,由此而折射出人类理性精神萌芽和生发的轨迹。但是古希腊的自然哲学家们所探讨的万物始基从根本上而言没有摆脱感性世界量或质的规定,由此势必导致其无法完成确证人之理性的价值使命。但是,经由逻各斯和努斯,以理性精神及其本质为内核的意识、思想与理智逐渐从自然物质中解脱出来,继而为古典时期理性体系的建立与发展奠定了基础。

在承接自然哲学家关于逻各斯和努斯论述的基础上,苏格拉底提出有理性的人是万物的尺度。他高扬人的灵魂,呼吁人们要"对灵魂操心"[①]。"对灵魂操心"意味着要发挥人的固有理性能力,遵照理性的原则而生活。遵照理性原则要求彰显人的主体性与能动性,不断超越感性与特殊性对意识的桎梏,继而凭借抽象推演与逻辑规范逐步在自我意识活动之中产生和建立普遍的、客观的理性逻各斯或普遍共相。由此,苏格拉底正式开启了西方哲学探寻普遍理性的形而上学进程,并且他本人也因为奠定西方理性主义传统而被誉为"西方理性主义之父"。柏拉图在继承苏格拉底理性主义学说的基础上,将世界划分为"可见世界"与"理念世界"。其中,可见世界是充满欲望的感性世界,它在本质上是流变的、非本真性的存在;与此相反,理念世界是祛除一切感性意味的纯粹理性世界与精神王国,它依循于逻辑本质主义,是与逻各斯密切相关联的本真性存在,并且它试图在人之理性的规约下彰显可见世界中万事万物的本质。

---

① 柏拉图.苏格拉底的申辩[M].吴飞,译.北京:华夏出版社,2007:18.

这是因为,"这个世界是必然和理智的共同产物。理智是通过说服来驾驭必然的。理智是统治力量,它说服了必然而把大多数被造物引向完善。因着它的说服,理性带领着必然而把宇宙按着模式制造了出来。"①"必然"是可见世界的对应性存在,而"理智"或"理性"是引领必然通往"完善"这一理念世界的对应性存在,在此,理性与努斯精神具有同一性,正是努斯精神的能动性激发主体由感性不断向理念世界奋进与超升,最后通达以逻各斯为基础的精神王国。

在此意义上,理性是一种"视看",也是一种"光的照耀"。经由这种能动性地视看或者照耀,才能明晰和洞察理念世界的轮廓。亚里士多德在综合苏格拉底和柏拉图理性观念的基础上,提出理性体现了人所特有的本质规定性,"人的活动在于他的灵魂的有逻各斯(理性)部分的活动"②,并且将人之理性划分为理论理性和推理理性两大部分。其中,推理理性用于思考可变之事物(如制作活动与交往实践活动),而理论理性用于思考本质不变的事物及其动因,亦即探索变化世界背后所蕴隐的"最高形式"或者"隐得来希",由此辨明和洞察事物的目的因(逻各斯与努斯相统一的目的因)或者是解答何为"作为存在的存在"。基于此,古希腊哲学中理性发展的两大原则,即代表理性本原冲动的能动性原则"努斯"与代表理性先天客观规范的逻辑原则"逻各斯"就合二为一了。③ 可以认为,从古风时代到古典时代,从苏格拉底到柏拉图再到亚里士多德,古希腊哲学关于理性的思考日渐完善,并且表现出日渐本体化的发展趋势,理性也因此被视为激活人之主观能动性与建构普遍性先验理念的逻辑基础或动因。

在古希腊的思想视域中,理性与人的道德密切相关。综合来看,经由

① 柏拉图.蒂迈欧篇[M].谢文郁,译注.上海:上海人民出版社,2005:32.
② 宋希仁.西方伦理思想史[M].2版.北京:中国人民大学出版社,2010:48.
③ 邓晓芒.思辨的张力——黑格尔辩证法新探[M].长沙:湖南教育出版社,1992:56-57.

人的理性,才赋予了道德产生的可能性,也就是说,道德是理性的表象,理性是道德的根由。人的道德是人的理性最为集中、最为深刻的表达与传述。在具体阐释理性与道德两者关系之前,首先需要明晰在古希腊哲人眼中何为道德。虽然一般意义上认为,古希腊哲学自苏格拉底以后,关于人的存在方式和人的行为道德价值问题才真正进入先贤们的研究视域之内。但是,事实上早在荷马时代人们就已经通过对诸神人格规范和人格魅力的颂扬,来倡导和确证古希腊城邦的伦理道德精神。这是因为,道德的产生与发展始终是与人类文化的起源和绵延紧密联系在一起的,在此意义上,伦理道德思想史是整个西方哲学史的核心构成。作为古希腊文化的重要源泉,荷马史诗通过对阿基琉斯、赫克塔尔和奥德修斯三位主要英雄人物的刻画与描述,展示了古希腊人崇尚智慧、忍耐、激情和勇敢尚武的道德伦理精神。① 这一关于道德精神最为原初的表述奠定了后来哲学家理解和阐释道德问题的基本视角。

史诗之后,苏格拉底在批判智者学派伦理感觉主义的基础上,提出追求适用于一切人的普遍德性是可行的,同时也是必要的,因为这无论是对于寄托个人的生存意义还是延续民主制度的国家都具有重要意义。为此,苏格拉底积极致力于透视各种关于德性的不同现象(事例),继而逐渐寻找到各种德性现象所共有的一般性本质,亦即"德性的一种共有的形相(eidos)"(美诺篇)。德性共相的获得无疑是理性作用的结果,理性正是通过对感性现象的诸多克服与超越,才能不断臻至与灵魂卓越密切相关的德性。可以说,正是在追求德性普遍共相的过程中,苏格拉底提出了"美德即知识"这一根本命题,由此实现了对美德属性的追问。而智慧、勇敢、诚信等道德品质都是对"美德即知识"的具体确证。这些道德品质之

---

① 值得注意的是,荷马时代英雄所具备的德性与人的理性基本没有关系,因为灵魂、理性还没有真正为人们所认识。从特定意义上而言,德性更多的与人的天赋和社会角色有关。只有出身高贵的人才能够配享美德,并且享有美德的同时也就意味着他必须担负起维护共同体利益的社会责任。

所以能够统一,就在于知识是美德碎片的黏合剂。也就是说,知识是对美德最一般、最本质的抽象与概括,无知也就意味着无德。基于此一认识,苏格拉底得出了"无人故意作恶"的著名道德命题,因为作恶是人的无知所导致的后果。然而,将美德与知识等同起来本身存在一定的缺陷。因为德性不仅涉及认知,还涉及情感、行为,并且在柏拉图看来,美德并不是一种与纯粹理性相关联的"共相",它还需要非理性的介入和参与。基于此,柏拉图试图纠正苏格拉底关于美德的局限性认识,继而将个体美德表述为灵魂内部诸要素的和谐,亦即理性、激情与欲望的和谐。这三个要素分别对应于三种德性——理智、勇敢与节制。其中,"理智起领导作用,激情和欲望一致赞成由它领导而不反叛"①。

上述三种德性的和谐与统一即个体灵魂的正义,同时也表明个体具有充分的德性。但是,柏拉图认为仅仅个人具有德性是不够的,个人所生存的城邦共同体也必须具有德性。因为个人是缩小的城邦,城邦是扩大的个人。个人德性是城邦德性的基础,城邦德性是个人德性的保障,并且一个有德性的城邦能够有效孕育出有德性的个人。苏格拉底之死是个人有德与城邦无德相互冲突最为典型的体现。基于此,柏拉图认为理想的德性城邦应该由三类人组成,亦即作为统治阶层的哲人王、作为防卫阶层的武士、作为生产阶层的财富创造者(农民、工人和商人),他们分别对应于三种美德:智慧、勇敢和节制。② 如果这三类人在城邦内各司其职,坚守德性,那么理想的城邦正义也就会实现。可以看出,柏拉图将美德与良好的心灵秩序和城邦秩序联系在一起,并且,毋庸置疑,良好的心灵秩序和城邦秩序首先依托于个人理性能力的培育与涵养。在此意义上,美德仅仅是理性主体才能够配享的。柏拉图超越了苏格拉底关于美德建构的

---

① 柏拉图.理想国[M].郭斌和,张竹明,译.北京:商务印书馆,1986:170.

② 姚介厚.《国家篇》导读[M].成都:四川教育出版社,2002:42.

纯粹理性基础,试图在理性对非理性的规约下实现美德的整全性论证(它主要体现为重视理性在主体德性建构中的主导作用),并且将之从个人延展至城邦共同体,由此彻底证成理念世界之于可见世界的高阶地位,这对于阐释理性与美德的内在关系无疑是一种理论进步。但是,需要指出的是,无论是苏格拉底还是柏拉图,他们都无法从根本上摆脱对美德与理性关系的彼岸理念世界的依赖,由此而使得以理性为基础的德性建构几乎失去了经验性与实践性。鉴于此,亚里士多德从具体人的经验生活本身出发,将人的德性划分为以理性为基础的理智德性和以非理性欲望为基础但是部分具有理性的伦理德性。伦理德性是人的感性欲望直接服从于理性的结果,它具体表现为慷慨、谦虚、庄重、节制、勇敢等品性。理智德性直接面向人的理性,并且可以细分为理论理性德性和实践理性德性。其中,理论理性德性是最为高阶的德性——智慧,它也是努斯精神最为积极的彰显与呈示;后者是与艺术制作和交往实践有关的德性,它传达了主体具备某种实践能力所必须携带的卓越品质。

　　综上所述,在古希腊的道德哲学视域中,人在本质上是一种具有理性潜能的动物,理性潜能及其释放赋予了人产生美德的可能性。也就是说,美德是理性的认识依据,理性是美德的存在基础。据此,先贤们十分重视理性在主体德性建构中的主导性作用,并且,这一主导性作用的发挥是以对感性欲望的超越和对理念世界的建构为基础的。在具体的建构过程中,个体德性优先于城邦德性,并且个体德性的建构和涵养依存于城邦德性。因为"人的幸福和德性完整性都只有在城邦生活中才能得以实现"①。城邦生活为人的德性建构提供了现实可能,它同时也对德性的经验性和理念性、思想性和行动性提出了要求,在此意义上,以理性为基础的古典美德伦理学是一个完整的、立体性的文化建构。

---

① 汤剑波.追寻美德的统一——古希腊德性统一性问题[J].伦理学研究,2006(4):59-66.

2. 道德教育与理性之善的实现

人的理性具有先赋秉性,但是这并不能说明人天生就具有充分的理性能力。理性意识与理性能力的培养需要经由道德教育的介入,对此,古希腊哲学家高度重视道德教育或道德教化在涵养人之理性意识与理性能力过程中的重要作用。

智者的原义是指"有智慧的人",也是指"有理性的人"。对于道德与教育的相互关系,智者学派代表人物之一安提西尼以生动形象的方式提出了自己的见解:"埋入泥土中的是什么种子,生长出来的也就是什么果实。如果在青年人的灵魂中灌输高尚的教育,那么开出来的花朵也就能耐久,不为雨水和干旱所摧折。"[①]也就是说,教育在人的道德生成过程中是具有重要意义的,它具体体现为对青年的家庭品质、政治品质等诸多方面。对此,智者学派的普罗泰戈拉进一步指出,教育或道德教育的目的在于促使受教育者获致处理"私人事务及公共事务中的智慧。他们学到了把自己的家庭处理得井井有条,能够在国家事务方面作最好的发言与活动"[②]。在这里,道德教育是服务于私人事务和公共事务的,两者都需要人具有充分的理性能力,也是对人之理性能力的确证,因此,道德教育培养人的理性也就是培养人的智慧与才能,继而使之获得个体或社会发展所需要的美德。

在对智者学派道德理念及其道德教育观念进行批判性集成的基础上,古希腊"三杰"深入且富有逻辑性地从各个层面探讨了道德教育与理性之善的内在关系问题。首先,苏格拉底认为知识与美德具有同一性,培养人的知识就是培养人的美德,也就是培养人的理性意识和理性能力,在

---

① 米定斯基.世界教育史[M].叶文雄,译.北京:生活·读书·新知三联书店,1950:27.
② 北京大学哲学系外国哲学史教研室.古希腊罗马哲学[M].北京:生活·读书·新知三联书店,1957:132.

此意义上，教育与人的伦理、人的理性以及人的知识糅合在一起。"把这种理念融入教育目标，就意味着教育的最终目标就是道德和伦理以及培养善良的人。"①柏拉图从人的理性出发，提出道德教育要培育人关于普遍性真理与确定性知识的认知，促使人认识事物恒定性及其绝对性本质。有学者指出："柏拉图继承了其师苏格拉底的理性教育观，要求培养有理性的人，而道德教育在其中居于核心位置……在他看来，一个充满争议、和谐的理想社会应是具有智慧、勇敢和节制美德的三类人的和谐统一，这三种美德统称为理性。理性教育是注重训练心灵和启发智慧的教育。培养有理性的人，既是教育的目标，也是道德教育的目标。"②在此意义上，柏拉图认为道德教育基于人的理性，并且面向人的理性，因为唯有理性的人才能认识最高的普遍性，亦即"善理念"。"善理念"是超越世俗感性事物的高阶存在，它以人的理性为基础，通往真正的美德、真理、共相与幸福。由此，"道德教育的最终目标是要使受教育者超越于现实世界的情感欲望的纠葛，达到对德性和知识的确定性把握，提升对理念世界的认识，最终致到幸福。"③亚里士多德从人的灵魂论④出发，认为人是理性的动物，并且理性与美德具有内在的关联性。能否用理性领导欲望，使欲望服从理性，是人与动物区分的标志。用理性来引导、限制人的欲望，使人富有"理性智慧"，继而成为真正的人，这是亚里士多德道德教育思想的重要

---

① 伯茨.西方教育文化史［M］.王凤玉，译.济南：山东教育出版社，2013：71.

② 檀传宝，王啸.中外德育思想流派［M］.北京：人民教育出版社，2015：145-147.

③ 吴元发.西方古典道德教育理论的两条进路——《普罗泰戈拉篇》《美诺篇》《尼各马可伦理学》对观［J］.现代教育论丛，2014（5）：9-16.

④ 灵魂论是亚里士多德伦理学的哲学基础。亚里士多德认为人的灵魂应该包括三个部分，即营养灵魂、感觉灵魂和理性灵魂，这三个部分分别对应于植物灵魂、动物灵魂和精神灵魂。由此，人的发展也理应基于这是哪种灵魂，最低层级的是营养灵魂的发展，主要表现为生长、繁殖等功能；处于中间层级的是感觉灵魂的发展，主要表现为信念和运动等功能；最高层级的是理性灵魂的发展，主要表现为思想、计算、审议等功能（参见亚里士多德.灵魂论及其他［M］.吴寿彭，译.北京：商务印书馆，1999：91-93）。

内容。^① 事实上,与苏格拉底和柏拉图不同,亚里士多德虽然也十分重视理性之于道德教育的价值,但是他并没有重视经验、感性与欲望在道德教育中的作用。在此意义上,崇尚以知识理性为基础的美德是古希腊道德教育思想的主线索,并且由此而奠定了西方理性主义道德教育思想史的基本格调。

(二)发展:西欧启蒙时期的道德教育思想

在欧洲中世纪,封建神学取代理性成为印刻在人们思想深处的烙印,信仰上帝具有天然的道德正确性,也因此,一切道德教育本质上都是宗教性的。即使中世纪后期经院哲学的集大成者托马斯·阿奎那开始教导人们尝试使用理性,但是理性的使用无疑被局限于神学思想的框架之中的,理性在神学的支配性方面仅仅具有工具性意义。随着文艺复兴和启蒙运动的兴起,一个以弘扬理性为宗旨的时代才得以降临,由此结束了理性的"匍匐时代"。启蒙时期的哲学家继承了古希腊时代的理性传统,强调理性在赋予人们知识与自由上的积极价值。从笛卡尔到斯宾诺莎再到莱布尼茨,他们都尝试用自己的话语体系努力建构启蒙理性的坦途。在启蒙理性的影响下,西欧近代早期的道德教育呈现出了启蒙理性的身影,"培育具有理性的道德人"这一理念影响着道德教育的方方面面。

1. 启蒙理性的构筑逻辑

随着资本主义生产关系的逐渐形成,欧洲持续一千多年的中世纪宗教统治开始走向衰亡,由此进入了向近代过渡的历史重大转折时期。与此相对应,精神文化领域的文艺复兴运动和宗教改革开始成为这一时期的重大历史主题。

文艺复兴是近代欧洲的第一次资产阶级思想启蒙运动,它引发了伦

---

① 檀传宝,王啸.中外德育思想流派[M].北京:人民教育出版社,2015:151-152.

理道德观念的巨大变革,强调以人道主义作为新型伦理原则和道德理想,具体体现为尊重人性,强调人的理性、价值与尊严,崇尚人的意志自由和个性发展。可以说,文艺复兴时期所倡导的人道主义思想本质上是一次针对中世纪腐朽道德观念的伟大变革,它试图将虚无缥缈的神学道德世俗化、生活化。宗教改革进一步将矛头直指中世纪封建教化的腐朽统治,并且逐渐建构起反映资本主义精神的新教伦理。经由文艺复兴与宗教改革运动,人们的思想逐渐得到解放,人们的理性意识也逐渐觉醒。

文艺复兴和宗教改革初步唤醒了中世纪封建神学统治下近代欧洲人的人性意识和理性观念,而滥觞于英国、蓬勃于法国的启蒙运动则直接高举理性旗帜,旨在反对封建王权、神权和特权,追求政治平等、经济自由和新型的道德伦理。"启蒙"(enlightening)的本义是"光明",亦即"用理性之光驱散愚昧的黑暗"。诚如德国哲学家康德所言,启蒙即是"人类脱离自己所加之于自己的不成熟状态。不成熟状态就是不经别人的引导,就对运用自己的理智无能为力"①。因此,"'拿出勇气来! 运用自己的理智!'这就是启蒙运动的口号"②。启蒙运动呼请人们使用自己的理性,并且要求建立以"理性"为基础的社会,理性经由启蒙运动而成为一切道德伦理观念合法性的基础,同时也标志着欧洲开始正式步入理性伦理时代,这也被称为"启蒙理性的时代"。

所谓启蒙理性,即是指从认识论和人性论的角度来考察理性,这种理性关涉于人的独立思考、自我选择和自我判断能力,而这些能力与自由、正义、平等伦理道德观念紧密联系在一起。在此意义上,启蒙理性是镶嵌于近代欧洲伦理道德观念之中的,并且传统的道德观念与道德价值在近代科学的支撑下也逐渐失去了存在的合法性基础。诚如有学者所言:"文

---

① 康德.历史理性批判文集[M].何兆武,译.北京:商务印书馆,1990:22.
② 康德.康德论教育[M].李其龙,彭正梅,译.北京:人民教育出版社,2017:78.

艺复兴时期的艺术在启蒙理性的形成中起了先导作用,但启蒙理性所依恃的基础主要是近代科学……在近代科学所取得的辉煌成就面前,传统的宗教失去了至高无上的地位,传统的知识体系相形见绌,传统的政治、道德价值也大为贬值……一切道德、政治、文化和自我内心情感等问题最终都可以运用自然理性来解决,科学为人类提供了理解自然和社会的可靠工具,也将结束绵延数千年的哲学纷争。"①

历史地看,以启蒙理性为基础的新型伦理道德观念遵循着历史发展的一般性逻辑,其建构过程弥漫于整个近代欧洲。有学者指出:"启蒙理性为我们确立了一种新的知识前景和存在图式,一种新的道德价值系统、历史进步观念和乌托邦理想,这一以启蒙理性与科学为基础所建构的生活世界图景成为近代以来人类历史发展和进步的精神源泉。"②具体而言,欧洲近世哲学的奠基者和唯理论哲学的创始人笛卡尔以"主体性"原则为基础,把"我思故我在"作为其哲学体系的第一原理,由此,为理性派哲学的发展确定了方向。③ 在此境遇下,发轫于古希腊的"宇宙理性"开始让位于一种以人为中心的"主体理性"。在主体理性形而上学的价值语境中,道德建构是关乎于主体的自由意识和自由意志的。也就是说,主体意志的决定根据——"道德本体"来自主体的"我思"这一"精神实体"。一切未经"我思"的道德本体或道德法则都是虚妄的。④

由"我思故我在"推知上帝存在,而上帝存在的这种天赋观念只有运用理性才可以达到,因此我们关于上帝的一切知识都是由理性推衍出来的。自此以后,唯理论者和经验论者对关于道德的认识都继承了笛卡尔

① 刘同舫.启蒙理性及现代性:马克思的批判性重构[J].中国社会科学,2015(2):4-23,202.
② 涂成林.从启蒙理性到生活世界的重建[J].广东社会科学,2005(6):68-75.
③ 孙冠臣.笛卡尔"我思"的三个发生场域[J].现代哲学,2018(3):86-92.
④ 王腾."主体性""自由"与"理性":笛卡尔道德哲学形态的建构逻辑[J].深圳大学学报(人文社会科学版),2014(6):56-64.

的理性原则。依循于笛卡尔的主体理性主义道德观念,斯宾诺莎提出了关于道德的"理性命令",认为道德的人"就是能够纯依理性的指导而生活的人"①。只不过,在斯宾诺莎看来,理性的根基依循于主体自我保持的价值意愿,在此意义上,自我保存具有道德正当性。"道德原始基础乃在于遵循理性的指导以保持自己的存在。因此一个不知道自己的人,即是不知道一切道德的基础,亦即是不知道任何道德。"②与唯理论的代表人物斯宾诺莎相类似,机械论唯物主义者托马斯·霍布斯也十分重视人的理性、道德以及自我保存之间的内在关系。在霍布斯那里,人的一切行为都是为自保自利之心所驱使,一切有理性的人们都会将自己的部分自然权利让渡出来,组建成共同体,融贯于共同体的所有道德规则都是自然法,并且,所有有关自然法的真正学说便是真正的道德哲学。③总而言之,虽然在近代早期,关于道德哲学的建构基础复杂多样,但是基于人之主体性的启蒙理性是贯穿近代早期道德哲学的主线索,并且对道德教育理论与实践领域产生了深远影响。

2. 基于启蒙理性的道德教育思想

理性的复归使人们在宗教信仰的压抑下释放出来,重新焕发了人们对原始理性的精神向往,也因此重新确立了以独立思考和价值批判为基础的启蒙理性。启蒙理性在教育领域的渗透深刻影响了道德教育思想的文化境脉,由此产生了基于启蒙理性的道德教育思想。

基于启蒙理性的道德教育高扬理性意识与理性能力在教育中的价值意义,倡导运用理性规范道德教育的目标与过程,培育受教育者的理性批判能力。在启蒙早期,基于理性主义的道德教育批判此前的道德教育思

---

①　斯宾诺莎.伦理学[M].2版.贺麟,译.北京:商务印书馆,1983:206.

②　斯宾诺莎.伦理学[M].2版.贺麟,译.北京:商务印书馆,1983:196.

③　霍布斯.利维坦[M].2版.黎思复,黎廷弼,译.北京:商务印书馆,1985:120.

想及其实践过程脱离实际生活经验、迷信宗教权威的错误观念,转而倡导以科学精神、实践精神为价值旨归的德育理念,亦即反对教会专制、权威、虚伪形态的封建道德教育思想,提倡以启蒙理性和人文主义为核心的新型德育思想。

对此,诸多文艺复兴和启蒙运动时期的教育思想家对新型德育思想进行了阐述。意大利人文主义教育家维多利诺认为,道德教育的最终目的是培育人的理性精神,发展儿童的一切理性品质,使其能够成为一个高贵善良的人。尼德兰人文主义教育思想家伊拉斯莫斯在其著作《儿童最初的自由教育》一书中提出,人的幸福生活根源于理性精神力量的发展。唯有教育才能给人以知识,养成人的善良行为与高贵理性精神。此外,捷克著名教育家夸美纽斯在总结前人道德教育研究成果及当时教育改革实践经验的基础上,提出了"要将一切知识教给一切人"的"泛智教育"理念。这里所提到的"一切知识",主要是指以科学为支撑的理性知识与智慧。对此,夸美纽斯指出:"我们应该寻找智慧,因为智慧创造了万物,智慧教授一切。那么,显而易见,我们应该借助科学研究接近对各种事物的普遍认识,接近'泛智',接近包罗万象的而且各部分协调的完全的智慧。"①与此同时,夸美纽斯所倡导的道德教育方法也是依循于理性实践原则的。在此境遇下,启蒙理性不仅是整个西欧近代早期道德教育的核心理念与核心目标,同时也引领了道德教育的内容、方法与过程。另外,英国教育家弥尔顿和洛克在批判封建社会传统古典教育的基础上提出了绅士教育思想,表现出强烈的理性主义和现实主义精神。②

(三)高峰:德国古典哲学的道德教育思想

随着欧洲启蒙运动的深入推进,理性主义逐渐成为思辨哲学的灵魂,

---

① 夸美纽斯.夸美纽斯教育论著选[M].任钟印,选编,任宝祥,等译.北京:人民教育出版社,2005:168.

② 单中惠.西方教育思想史[M].北京:中国人民大学出版社,2017:92.

并在 18 世纪至 19 世纪德国古典哲学思想家的推动下,西方理性主义伦理学成为第一个严格完整的道德形而上学思想体系,也由此而将理性主义伦理学推向发展高峰。"从康德开始,经过费希特和谢林到黑格尔为止,他们从理性主义人性论出发,去论述道德的来源、内容和标准……他们的理性主义伦理学,在把道德从神移到人类自身理性的基础上,力图向人们指出一条达到道德而幸福的道路。"①在理性主义伦理学的深刻影响下,道德教育也极大地沾染了理性主义哲学的光辉,通过理性主义的教育方法培育具有纯粹实践理性的人成为这一时期道德教育的重要文化表征。

1."理性通天塔"的构建线索

18 世纪是德国古典哲学的时代,也是人类理性精神持续奋进并走向顶峰的时代。如果说,西欧近代早期的启蒙理性旨在促使理性意识外在化、政治化与实践化,那么,德国古典哲学则使人类理性精神走向内在化、伦理化与本土化,并经由康德、费希特、谢林、黑格尔等人走向了绝对理性主义的极端。

德国古典哲学由康德所开创。康德从休谟的"怀疑论"入手,试图以理性之手抹平唯理论与经验论之间的尖锐矛盾。在康德看来,人作为一个理性生物,理性驱使人必然追寻自然的存在和人自身的存在,即存在的意义与价值。其中,前者所对应的是人的理论理性("人为自然立法"),后者对应的是人的实践理性或者是道德理性("人为自己立法")。纯粹实践理性是对感性欲念的克服,它与意志自律与道德自由具有内在的同一性。人之所以具有道德,就在于人具有理性自律的意志,能够自觉遵从普遍先验的道德法则。在此意义上,人的意志自律能够为其建构出一个道德精

---

① 宋希仁.西方伦理思想史[M].2 版.北京:中国人民大学出版社,2010:320.

神世界，这也是人的纯粹实践理性高度自觉自为的结果。费希特和谢林继承了康德的自主意识和意志论思想。费希特进一步祛除了康德理性哲学中的唯物主义成分，建立起了主观唯心主义的"自我论"哲学体系。他提出："注意你自己，把你的眼光从你的周围收回来，回到你的内心，这是哲学对它的学徒所做的第一个要求。哲学所要谈的不是你外面的东西，而是你自己。"①在他看来，自我意识具有本体论意义，只有建立一个符合人自我本性意识的伦理社会，才能确保道德理想的实现。在此意义上，唯有具有充分理性的人才能彰显人的自我意识，才能在自我意识的确证过程中走向道德性存在。谢林以"绝对同一"的哲学理念超越了康德与费希特，"绝对同一"是世界的本体及万事万物的存在基础，它由主体自我决定，包含着生命意志冲动的根源，主观与客观、思维与存在，皆可在绝对理性精神中达到同一。可以说，康德、费希特和谢林的哲学成果，为黑格尔理性主义哲学思想体系的诞生造就了良好土壤。在黑格尔看来，"理性是世界的灵魂，灵魂居住在世界中，理性构成世界的内在的、固有的、深邃的本性，或者说，理性是世界的共性"②。由此，理性在黑格尔的逻辑演绎下获得了本体地位，并且形成了以绝对理性精神为核心的概念体系，由此也将西方哲学史上的理性形而上学建构推至顶峰。有学者指出："黑格尔在缔造自己的体系时，一方面完成了德国理性主义思想集大成，另一方面却又将人类理性推向极端，将人类理性精神上升为宇宙本体精神。他所谓的绝对观念或理念，无非是理性铸成的宗教而已，即理性的宗教。"③

概而言之，由笛卡尔开启的近代启蒙理性，在德国古典哲学的延展下，经由康德的纯粹理性批判和实践理性批判、费希特的"自我意识"、谢

---

① 北京大学哲学系外国哲学史教研室.十八世纪末——十九世纪初德国哲学[M].北京：商务印书馆，1975：183.

② 黑格尔.小逻辑[M].贺麟，译.北京：商务印书馆，1980：80.

③ 冯玉珍.理性—非理性批判：精神和哲学的历史逻辑考察[M].北京：人民出版社，2013：166.

林的"绝对同一",至黑格尔的绝对理性主义发展到巅峰,人类理性的自我认识进阶到一个自觉成熟阶段,理性的通天塔最终得以竣工,人类的心灵也因此形成一个以理性为支撑的精神宇宙。

2. 基于德国古典哲学的道德教育思想

德国古典哲学的理性主义基调极大地影响了当世及后世的道德教育思想理论与实践,诸多古典哲学家和教育家在理性精神的价值视域下,对道德教育进行了阐释与论述。

作为德国古典哲学的开创者,康德在《论教育》《实践理性批判》《单纯理性限度内的宗教》等多部著作中论述了其道德教育思想。在康德看来,道德教育在本质上属于实践理性的领域。道德教育的实践性主要体现为对受教育者人格性的培养,对受教育者理性精神和自由人格的促进。康德在《实践理性批判》中的"方法论"部分对道德教育的内涵进行了原初性的阐释:"人们不能把纯粹实践理性的方法论(亦即"道德教育")理解为(无论是在反思中还是在陈述中)就其科学知识而言对待纯粹实践原理的方式……毋宁说,这种方法论被理解为人们如何能够使纯粹实践理性的法则进入人的心灵并影响其准则,亦即使客观的实践理性也在主观上成为实践的那种方式。"[①]由此可以判断,康德意义上的道德教育是一种纯粹实践理性的方法论,其核心要旨在于将纯粹实践理性的法则(即客观的先验道德法则)内化为受教育者的主观准则,继而使受教育者的本质规定性得以彰显,最终由"意志他律"走向"意志自律"。诚如朱启华教授所言:"实践理性作为道德实践的先验根据,在于它能够克服感性的爱好,而为自己的行为决定设立必须绝对加以遵守的道德法则。这种实践理性自我立法的自律能力,因而也就成为康德在论及道德教育时的主要讨论重点。

---

① 康德.康德道德哲学文集:注释版(下卷)[M].李秋零,等译.北京:中国人民大学出版社,2016:215.

而如何透过道德教育,陶冶理性具有自律这种先验的实践能力,就成为康德在探讨道德教育时的重点。"①

费希特是一位与康德处于同时代的哲学家与教育家,他在继承康德道德哲学思想的同时也在一定程度上超越了康德的道德教育思想。费希特的道德教育思想主要体现在由他的 14 次演讲所构成的著作《对德意志民族的演讲》中。费希特提出:"人既是理性的生物,又是有限的生物,既是感性的生物,又是自由的生物。如果把完全的自相一致称为最高意义上的完善,就像人们能够理所当然地称呼的那样,那么完善就是人不能达到的最高目标;但无限完善是人的使命。"②也就是说,人是一种理性与感性并存的双重有限性存在,存在的目的在于臻达完善,在通往无限完善的过程中,人需要借助道德。另外,费希特认为同时生活于感性与理性世界中的人具有向善的道德潜能,并且他必须接受道德教育,因为道德教育可以激活儿童的道德潜能,使儿童走向成熟状态,尽量规避感性世界中的纷繁诱惑对意志的侵扰,继而培育人坚强的道德信念和道德意志。诚如其所言:"一切道德的根基是自我控制、自我克制,是将自己的自私的冲动从属于整体的概念。学子只有通过这些,而绝不是通过别的什么,才有可能获得教育者的赞扬;为使自己满意,他们需要这种赞扬,而这取决于他的精神本性,是他通过教育养成的习惯。"③作为一种最为接近道德的教育形态,道德教育致力于在帮助受教育者克制欲求与摆脱私利的过程中走上一种理性自律的生活状态,由此实现个体的道德自由与德意志民族的复兴。

作为理性主义思想的集大成者,黑格尔的道德教育思想值得我们关

①　朱启华.论康德的教育学说及其性格[J].台中教育大学学报:教育类,2008(2):1-14.
②　费希特.论学者的使命 人的使命[M].梁志学,沈真,译.北京:商务印书馆,2009:12.
③　费希特.对德意志民族的演讲[M].梁志学,沈真,李理,译.北京:商务印书馆,2010:159.

注。黑格尔高度评价了道德教育在个体"成人"过程中的重要作用。在他看来,理性是道德与伦理存在的基础,也是道德与伦理发展的方向。虽然,道德是主体特殊的内在操守与良知,伦理是普遍的外在的社会客观关系,但是内在的操守与良知在向社会客观关系转化的过程中需要道德教育的介入,需要主体理性意识与理性精神的觉醒。而"教育学是使人们合乎伦理的一种艺术。它把人看作自然的,它向他指出再生的道路,使他的原来天性转变为另一种天性,即精神的天性"[①]。在此意义上,教育就其实质部分而言就是一种道德教育,它能够释放人的理性潜能或者是理性禀赋,培养人参与公共生活的道德理性,使人将个体的道德与社会伦理有机地契合起来。

二、伦理精神及其涵养:中国古代道德教育思想的文化历程

中华传统文化自古以来就高度重视人类社会伦理关系的建构,伦理也因此成为理解、阐释和延续中华传统文化的核心主线索。在中华传统文化中,伦理的表现形态多种多样,例如风俗、制度、仪式等,但是,以儒家思想体系为主流脉络的伦理精神是五千年中华文明的精髓。由此,中国古代道德教育思想的演变与发展始终是以人的伦理精神建构为基点的。具体而言,中华文明中有"吾善养吾浩然之气"的守正精神,有"人生自古谁无死,留取丹心照汗青"的爱国精神,也有"为天地立心,为生民立命,为往圣继绝学,为万世开太平"的博大精神……总而言之,伦理精神是中国古代思想文化体系的基石,也是中国古代道德教育思想持久延续的源泉。

(一)先秦时期的道德教育思想

中国古代十分重视道德教育,因为中华民族是一个极为重视道德修

---

① 周辅成.西方伦理学名著选辑(下卷)[M].北京:商务印书馆,1987:429.

养的民族共同体,并且在几千年的历史发展过程中形成了独具民族特色的道德教育思想体系。根据司马迁《史记》记载,早在夏商周时期,中华民族就有了道德教育实践活动与理论思想的萌芽。例如,《尚书·虞夏书》记载了对夏朝民众的道德教化要求:"宽而栗,柔而立,愿而恭,治而敬,扰而毅,直而温,简而廉,刚而塞,强而义,彰厥有常,吉哉!"(《墨子·天志中》)殷商承袭了夏王朝基本的道德教化思想,道德教育的意识更为清晰,关于道德以及道德教育的记载也更为频繁,在《尚书·盘庚》《尚书·高宗肜日》《微子》等商代历史的文献中屡有"德"及"厥德"的相关论述。周王朝是道德教育逐渐成形的时期。"周公的礼乐用来进行巩固西周统治、协调人伦关系的教育,使礼乐直接为人事服务。周公制作礼乐有鲜明的政治伦理化倾向。"①周王朝提出了明确的德性教化理念,并且强调礼乐在道德教育过程中的价值意义,以及"主张道德教化与发展生产相结合"②。

到了春秋战国时期,形成了儒家、道家、法家、墨家、杂家、阴阳家等众多的学术流派③,在思想文化领域形成了"百家争鸣"的学术盛况。在"百家争鸣"所形成的学术成果中,汇集了先哲们关于道德教育的理论思考。这也是中国古代道德教育思想第一次走向成熟,由此对后世道德教育思想与实践产生了深远影响。

儒家学派从维护宗法等级秩序的视角出发,提出以"复兴周礼"为己任,以"德政""礼制"为主要内容,以"道之以德,齐之以礼"为主要方法,以"修己安人""内圣外王"为价值旨归的道德教育思想体系。在儒家学派看来,道德教育是教育的主要目的,道德教育的功能在于培育仁义礼智信的

---

① 曹影.德育职能论[M].北京:中国社会科学出版社,2010:87.
② 徐仲林,谭佛佑,梅汝莉.中国教育思想通史(第一卷)[M].长沙:湖南教育出版社,1994:24.
③ 春秋战国时期,儒家、道家、墨家、法家思想影响最大,其中又以儒家思想影响最为广泛。故而,本章在介绍先秦时期道德教育思想时,主要介绍这四个学派。

道德品格,进而达到教化万民和治国安邦的目的。并且,从个人出发,建立家国同构的伦理秩序也是儒家道德教育思想的基本立足点。对此,孔子提出:"弟子入则孝,出则悌,谨而信,泛爱众,而亲仁。"(《论语·学而》)孟子认为,道德教育的本质目的在于扩充人的"善性",即"求其放心",扩充人的善端。荀子高度重视道德教育对于治理国家的作用,认为道德教育能够抑恶扬善,"化性起伪"。

　　道家学派在理性批判儒家仁义道德的基础上,提出了以"无为之教"为基础的自然性道德教育理念。"道家德育是自然生养的德育,其思路与儒家不同,他们重视自然自我主体的人的意识由混沌素朴而觉醒,试图使其自然而然地生养上德、上善,所以撇开环境教育不论,主张由内向外地自然生长以完善人格。它的构成要素精神是释放人、依照自然法则生长人,这也是超现实、超社会关系的人道无为。"①在道家学派看来,"处无为之事,行不言之教"(《老子·道德经》)。道德教育致力于培育具有上善人格特质的"贵阴守雌"之人,亦即淡泊名利、效法自然,彻底实现了精神自由的"至人、神人与圣人"。诚如庄子所言:"至人无己,神人无功,圣人无名。"(《庄子·逍遥游》)墨家学派以广大劳动人民的利益为出发点,强调建构"刑政治,万民和,国家富,财用足,百姓皆得暖衣饱食,便宁无忧"的理想社会,并且认为道德教育是稳定社会和治理国家的有效工具,因为它能够塑造人的心性,使人有"天下之大器——义"。"翟以为不若诵先王之道,而求其说,通圣人之言,而察其辞,上说王公大人,次匹夫徒步之士。王公大人用吾言,国必治;匹夫徒步之士用吾言,行必修"(《墨子·鲁问》)。也就是说,通过道德教育使人"知义",使天下人"知义"而实现"邦有道"。法家学派以人性趋利避害为出发点,建立了以法治宣传为主要内容的道德教育学说体系。一方面,法家比较重视道德教育。"士无邪行,

---

　　① 杨启亮.先秦道家德育思想辨析[J].教育科学,1995(1):22-29.

教也；女无淫事，训也；教训成俗，而刑罚省，数也"（《管子·权修》）。另一方面，法家的道德教育是以法治为核心的。"故以刑治则民威，民威则无奸，无奸则民安其所乐"（《商君书·开塞》）。也就是说，法家将法治教育与道德教育紧密糅合在一起，并且道德教育是对法治教育的辅助与补充。

总而言之，先秦时期的道德教育思想大都渗透在先哲们的哲学思想之中，部分先哲提出了明确的道德教育观点，并且，先哲们的道德教育思想始终与服务政治诉求具有莫大的关联性。政治深刻地影响着人们关于道德教育的思考与论述。此外，先哲们的道德教育思想在出发点上首先面向的是作为个体的人，亦即经由个体人的德性提升来实现理想的社会治理。

（二）秦汉至隋唐时期的道德教育思想

与先秦时期相比，秦汉至隋唐时期进入了一个新的历史发展阶段。社会生产力得到极大的解放，封建大一统的王朝制度也逐渐建立起来，这时候的道德教育思想也表现出了新的历史特点。秦王朝建立以后，法家思想学说在政治上获得了唯一的合法权，道德教育作为秦王朝意识形态的重要载体而被赋予了新的任务。对此，"以吏为师""以法为教"成了秦朝道德教育思想的主流观点，在此境遇下，"黔首改化，远迩同度"成了法家道德教育所追求的价值旨归。

可以认为，法家道德教育思想的"一家独大"在一定程度上维护了秦王朝的思想统一和政治安全，巩固了君主集权的封建统治制度和法家在意识形态领域的统治地位，同时也抑制了文教领域的"百家争鸣"，造成了道德教育思想的单一化。"政府把德育的内容仅限于法令，德育的作用就是使人成为知法守法、服从和顺从统治的人。通过德育，使'奸邪不容''终无寇贼'，使人们'欢欣受教，尽知法式'，从而形成良好社会秩序，维持社会的稳定和发展。"①

由于刑罚严苛,缺乏人文弹性,秦朝政权统治经历二世而被推翻。西汉王朝建立以后,一改秦朝"以吏为师""以法为教"的价值理念,初期奉行"无为而治""休养生息"的黄老学说,并且放松了对文教领域的钳制。秦朝中后期随着王朝统治的逐步巩固与国家的日渐强盛,逐渐采纳董仲舒"罢黜百家,独尊儒术"的思想主张,以"有为"代替"无为",儒家思想学说逐渐获得了意识形态领域的主导权,并且也因此影响了道德教育思想的历史走向。

在汉王朝,最早提出以儒家道德教育思想教化百姓的是陆贾。② 他认为,道德教育可以促使"道唱而德和,仁立而义兴,王者行之于朝廷,匹夫行之于田"(《新语·术事》)。贾谊依循陆贾的道德教育思想,进一步丰富了以儒家思想为基础的伦理教化学说。贾谊认为,"教者,政之本也""有教,然后政治也"。道德教育可以使人"日迁善远罪而不自知"(《贾谊集·治安策》),然后"立君臣,等上下,使纲纪有序,六亲和睦",进而"移风易俗,使天下回心而乡道"(《汉书·礼乐志》)。在此之后,董仲舒也十分倡导以儒家思想为基础的道德教育。董仲舒明确提出:"任德教而不任刑。"(《汉书·董仲舒传》)之所以如此,是因为他认为上天赋予人以"圣人之性""中民之性""斗筲之性"。其中,"中民之性"是绝大部分人所具有的,并且是道德教育的主要对象。这是因为,"'圣人之性'是善的,'斗筲

---

① 王仕民.德育功能论[M].广州:中山大学出版社,2005:44-45.
② 事实上,陆贾是汉高祖时期的一位儒道兼修的学者,他在汉王朝建立初期因向刘邦进言而得到赏识。后刘邦命其著书阐明"秦亡汉兴"的原因,于是他便潜心撰写了《新语》一书。该书明确提出了以黄老学说为基调的道德教育思想。与此同时,陆贾也是汉代第一位力倡儒学的思想家,他针对汉初特定的时代和政治需要,以儒家为本、融汇黄老道家及法家思想,提出"行仁义、法先圣,礼法结合、无为而治",为西汉前期的统治思想奠定了一个基本模式。为此,他也提出了诸多富有儒家意蕴的道德教育思想。

之性'是恶的,'圣人之性'是不用教育的,'斗筲之性'是教化不了的"①。中民可以为善,也可以为恶,道德教育是中民为善的重要途径。对此,道德教育需要"循三纲五纪,循八端之理,忠信而博爱,敦厚而好礼,乃可谓善"(《春秋繁露·余序》)。"三纲"即是指"君为臣纲,父为子纲,夫为妻纲";"八端"是指"孝、悌、忠、信、礼、义、廉、耻"。这两者都是汉王朝所奉行的儒家道德伦理,道德教育即是对儒家伦理思想的切近。并且,道德教育在教育内容上要遵循人伦顺序,也就是说,受教育者面对自我时,要有八端之理;面对他者时,要学会遵循"三纲"。在这里,道德教育具有伦理序位之别,先从"个体",再到"家",最后到"国"。这是一种以儒家思想为支撑的伦理秩序。

东汉末年至魏晋南北朝时期,时局动乱,战争频仍,政权林立,对社会生产造成了极大的破坏,道德教育的相关理论与实践探索也基本上处于偏废状态。进入隋唐时期,科举制逐步确立,学校教育空前发展,教育体系日渐完善,虽然道家和佛教教育思想也产生了很大影响,但是儒家道德教育思想仍然居于主流地位。"儒、道、佛的融通,缔造了新的宇宙观;从儒家的学说,百姓学会了敬天;从道家的学说,则学习到了生命情调;从佛学则学会了修身。"②

可以说,以儒家学说为主流的道德教育思想在秦汉时期逐渐萌芽,在隋唐时期逐渐发展,这是封建王朝统治走向正规化的必然产物,因为前者有效捍卫了封建统治的合法性。并且,道德教育思想逐渐采取了封建儒家思想中的纲常伦理,这一伦理教化思想奠定了中华传统道德教育思想的基调,后世以儒家学说为基本理念的道德教育思想在此基础上得以不断丰富与发展。

---

① 董仲舒.春秋繁露新注[M].曾振宇,傅永聚,校注.北京:商务印书馆,2010:219.
② 苏振芳.道德教育论[M].北京:社会科学文献出版社,2006:56.

（三）宋元至明清时期的道德教育思想

进入宋朝以后，中国封建社会开始步入中后期发展阶段，并且至北宋时期发展至历史巅峰，中央集权统治已趋于成熟，也由此极大地推进了包括道德教育在内的文教领域的繁荣发展。

宋朝时期，统治者尊孔崇儒，儒家思想在吸收道家和佛教思想的基础上，形成了新的儒学思想体系——理学。宋初"三先生"胡瑗、孙复、石介的思想揭开了理学的序幕，至北宋中期的周敦颐、邵雍、张载，他们从不同方面探讨了宇宙、人生的根本问题，提出了理学的基本范畴，从而为理学理论体系的形成奠定了基础。可以说，理学是宋元时期意识形态领域的主流思想，也是这一时期道德教育的根本指导思想。理学的产生契合了统治阶级巩固封建王朝统治的价值需求，同时也是儒家道德伦理思想历史发展的必然结果。因为，理学思想的产生与封建王朝在统治逻辑上具有内在的一致性，由此，儒家学派所建构的道德形而上学思想体系在宋明时期最终得以完成，并且在政治作用的支撑下彰显了自身的实践能力。一般意义上而言，理学分两大流派。一是"程朱理学"，以"二程"（程颢、程颐兄弟）、朱熹为代表，强调"天理"高于一切，是一种客观唯心主义思想。"人之所以为人者，以有天理也。天理之不存，则与禽兽何异矣！"（《二程集·粹言》）二是"心学"，以陆九渊、陈献章、湛若水、王阳明为代表，强调"心"是宇宙万物的主宰，是一种主观唯心主义思想。[①] 概括而言，理学主要讨论的是世界的本原问题（本体论）、人性的来源和心性情的关系问题（人性论）、认识的来源和认识方法问题（方法论问题），等等。对这些问题的深入研究构成了理学思想的基本脉络，同时也构成了宋元至明清时期道德教育思想的主要智慧来源。

---

① 今人又有三派之说：气本论一派，以张载为代表；理本论一派，以程朱为代表；心本论一派，以陆王为代表。

在理学家看来，北宋范仲淹是"天地间第一流人物"，他十分重视道德教育："庠序者，俊乂所由出焉。三王有天下各数百年，并用此道以长养人材。材不乏而天下治，天下治而王室安，斯明著之效矣"（《范文正公文集》）。在此意义上，道德教育是培育政治人才和治理国家的重要依托。但是，培育政治人才的基础是以理学道德教育为内容，提升人的道德品格。由此，以理学为支撑的儒家道德教育思想十分注重从个体的道德修养出发，进而能够"齐家、治国、平天下"。作为南宋时期理学的集大成者，朱熹十分重视儒家大写教育中的伦理序位，同时也集中反映了中国古代道德教育思想的基本精神。[①] "立学校以教其民……必始于洒扫应对之间，礼乐射御书数之际，使之恭敬，朝夕修其孝悌忠信而无违也。然后从而教之格物致知以尽其道，使知所以自身、自家及国而达之天下者，盖无二理"（《龙溪县学记》）。也就是说，道德教育以"三纲五常"为主要内容，开始于"洒扫应对"与"礼乐射御书数"，经由格物、致知、修身、齐家，最终能够治国平天下。这样的道德教育过程是对儒家道德伦理关系格局的深入描述，由此，受教育者个人与国家集体是镶嵌在同一个伦理框架之中的（见图 2.1）。

"由图中可见，儒家伦理空间以自我为起点逐渐向外延展，包含自我、家、国、天下四个环环相扣的层次。天下是最大的格局，其次是国，再次是家，自我是最小的伦。在伦的内部，还有一些亚层次，如在修身至齐家之间，包含有兄弟、朋友、夫妻、父子和师徒五对亚层次。生活于儒家伦理空间中的个体，通过相应的道德规范（横向坐标中所示），在各种角色的他人（共同体）间建构起精神的统一性，实现自己整体的人间生活格局。每个

---

① 清圣祖康熙皇帝称："孔孟之后，有裨斯文者，朱子之功，最为弘巨。"见《清圣祖实录》卷二四九。

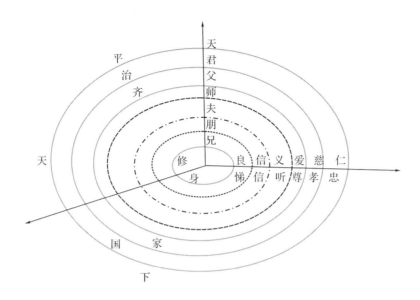

图 2.1　儒家道德伦理关系格局[1]

层次的伦可以自足,同时也是通达下一层次的必经之路。"[2]在此意义上,道德教育致力于提升人的伦理格局意识,增强其家国同构的价值情怀,促使其能够在接受道德教化的过程中完成对自我与共同体伦理关系的建构。

虽然理学思想在宋朝时期蓬勃发展,但是直至元朝时期才正式被确立为官方统治思想。

元朝统治者为了加强治理,巩固政权,在意识形态领域积极加强以儒家思想理念为支撑的道德教化,被官方所大力弘扬的"君臣大义"思想也已经超越"华夷之辩",成为当时社会的价值观。由此,作为"君臣大义"的载体,道德教育深受元朝统治者重视。"夫风俗,国家之元气;学校,王政

---

[1]　孙彩平.道德教育的空间思维——伦理空间视角下的道德教育[J].教育研究,2018(6):33-40.

[2]　孙彩平.道德教育的空间思维——伦理空间视角下的道德教育[J].教育研究,2018(6):33-40.

之大本"(《元遗山集·令旨重修真定庙学记》)。"礼义由贤者出。学校所在,风俗之所在也"(《元遗山集·寿阳县学记》)。

明朝政权建立以后,加强了理学及其教育,进而维护封建纲常道德,这是王朝统治者在文教领域的重要政策主张。对此,明太祖朱元璋在御制《大诰》中明确:"申明我中国先王之旧章,务必父子有亲,君臣有义,夫妇有别,长幼有序、朋友有信。"对此,明朝历代统治者和教育思想家也十分重视道德教育。心学大师王阳明认为,道德教育可以齐家、治国、平天下。"故于是有纪纲政事之设焉,有礼乐教化之施焉,凡以裁成辅相、成己成物,而求尽吾心焉耳。心尽而家以齐,国以治,天下以平。故圣人之学不出乎尽心"(《王文成公全书·告渝新民》)。在这里,道德教育思想深刻印证了儒家伦理的格序。伦理关系从个体的道德教化出发,探索出了一条"家国一体、由家及国"的文明道路。"家国一体的文明形态,本质上是伦理—政治一体的形态,由家及国,就是由伦理到政治。"①

清朝是中国两千多年封建王朝的最后朝代,文教领域的实学思潮在明末清初达到全盛,但是儒学仍然在意识形态领域占据统治地位,支配着人们的思想与行为,也对道德教育产生了深远影响。在清朝统治者看来,道德教育是治理国家的基础性工程。康熙皇帝认为:"教隆于上,化成于下;教不明于上,而欲化成于下,犹却行而求前也。教化者为治之本,学校者教化之原。"②总体而言,清朝的道德教育主要分为两类,即官方道德教育和民间道德教育。无论是官方的还是民间的,道德教育的目的"都是为了灌输清朝统治思想,塑造清代社会所需要的道德人格,维持清朝政府的统治"③。在此境遇下,道德教育以"六德""六行""六艺"④为主要内容,由

---

① 樊浩.道德形而上学体系的精神哲学基础[M].北京:中国社会科学出版社,2006:517.

② 李国钧.清代前期教育论著选(中册)[M].北京:人民教育出版社,1990:21.

③ 彭定光.论清代道德教育的两种实施方式[J].湖南师范大学教育科学学报,2010(2):55-59.

④ "六德"是指知、仁、圣、义、忠、和;"六行"是指孝、友、睦、姻、任、恤;"六艺"是指礼、乐、射、御、书、数。

此致力于培育人的儒家伦理意识,提升人的儒家伦理修养。

总而言之,中国传统道德教育思想是在几千年的历史发展过程中所提炼出来的文化结晶,它具有鲜明的民族特色,并且对于塑造中华民族的性格特质具有重要意义。一般意义上而言,中华民族的道德教育与政治统治具有深刻的勾连性,政治对道德教育的目标与内容具有强烈的制约作用。由于中国古代政治主要以儒家思想作为主流文化,故而道德教育也具有鲜明的儒家特色。以儒家思想理念为支撑的道德教育思想显著地体现了"家国一体、由家及国"的伦理格序,由此将个人、家庭、国家耦合在相互连贯、持续推进的伦理链条之中,个人道德是国家伦理的基础,国家伦理是个人道德的旨归。由此,儒家道德教育思想体系鲜明地呈现出"从自己推出去的和自己发生社会关系的那一群人里所发生的一轮轮波纹的差序"[①]的形象格局,进而绘出"自我—家—国—天下"的儒家伦理空间图示。

第三节　道德教育的精神品性

通过上文对西方与中国古代道德教育思想的历史梳理,我们能够较为清晰地领略到中西文化的差异以及道德教育思想的异同点,由此彰显出道德教育思想史上两条不同的主线索。其中,西方传统道德教育思想自古希腊至德国古典哲学家黑格尔,就十分注重培育受教育者的道德理性精神,强调唤醒受教育者内在的理性意识,涵养受教育者的理性能力,由此促使受教育者依循自身的理性确定相应的道德认知、道德情感、道德意志与道德行为。中国古代道德教育思想以儒家学派的基本观点为主要支撑,同时吸收道家、佛教、法家、墨家等各类学派思想观点,经孔子、孟

---

① 费孝通.乡土中国 生育制度[M].北京:北京大学出版社,1998:27.

子、董仲舒、朱熹、王阳明、王夫之等教育思想家以及历朝历代统治者的宣传与教化,形成了"由己推人、由家推国、家国一体"的道德形而上学体系和伦理精神体系。在此意义上,西方传统道德教育思想更多强调的是受教育者个体理性精神的培育,中国传统道德教育思想更多地倾向于涵养受教育者的伦理精神。理性形态与伦理形态,是伦理生命、道德生命的不同存在与建构方式,是中西方文明、中西方人的文化生命生动而具体的展现,因而与作为它们本体的人及其文化之间存在生命层面的生态关联。①这也就意味着,中西方道德教育具有各自的精神品性,这也是中西方传统道德教育思想生命力与合法性的基础。

一、理性精神:呈示意志自由的道德教育

自古希腊以来,西方文明十分崇尚个体的理性与自由。自由是依靠自身的存在,"我如果是依附他物而生存的,那我就同非我的外物相联,并且不能离开这个外物而独立生存。相反的,假如我是依靠自己而存在的,那我就是自由的。"②自由与理性密切相关,人的自由需要以人的理性为依托,不具有理性意识的人是无法真正获致自由的。

基于个体自由的理性精神是西方道德文明得以构筑的根基,也是西方传统道德教育思想最为显著的精神品性。"西方理性主义道德教育理论以个体的主观意志自由作为道德教育的逻辑起点,个体不再是潜在地与实体相统一,而是一种单一的存在。"③个人主观意志自由的合法性来源于人的理性意识,由此,"理性"成了西方传统道德教育的主线索。无论是道德教育的目的、道德教育的内容,或者是道德教育的方法,都镶嵌于理性所铸构的思想框架之中。在此境遇下,道德教育更多的是与个人相

---

① 樊浩.道德教育的"'精神'形态"与"中国形态"[J].教育研究,2013(2):44-53.

② 黑格尔.历史哲学[M].王造时,译.上海:上海书店出版社,2001:17.

③ 许敏.西方理性主义道德教育理论质疑[J].中国德育,2006(10):25-28,62.

关的事业。如此一来,道德教育的目的在于使个人获得客观伦理普遍性,以成为真正自由的人。这一论述鲜明地体现于苏格拉底、亚里士多德、笛卡尔、莱布尼兹、康德等人的道德教育思想之中。与此同时,道德教育的内容主要围绕节制、正义、勇敢、智慧等相关的道德品质,这些道德品质是与个体的理性意识、理性能力密切勾连在一起的。在道德教育方法上,主要是"对学生进行道德思维的直接教学和训练,使他们能根据一定的规则和标准思维,产生自己的价值观"[①]。由此,理性精神引领下的道德教育将受教育者视为自由的"单子化"个体,人与人之间是相互独立的,彼此之间的伦理关联性与共同体意识是较为薄弱的。

　　一方面,基于理性精神的道德教育思想有效凸显与捍卫了道德教育过程中受教育者的主体性,并且也十分有助于培育受教育者独立自主的个性品质和崇高的人格尊严。有学者指出:"西方的伦理、道德及教育注重个体的地位和尊严,强调个体独立性、自主性和主体能动性的发挥。这从古希腊时代就已经奠定了基础。从古希腊智者派的代表普罗塔哥拉提出'人是万物的尺度'以来,西方道德观在此基础上不断发展。在德育中,西方历来注重人的个性品质的培养。古哲学家提出的'四主德',即智慧、节制、勇敢、正义品德的教育,奠定了后世西方德育内容的基础。究其内涵,这些皆属于个性品质的范畴,为培养具有独立、自主、积极向上的人格奠定了基础。"[②]这也就意味着,蕴含理性精神的道德教育注重培养受教育者的个体本位价值,强调彰显道德本身对于个体发展的价值意义,并且致力于激发个体的道德理性。

　　与此同时,理性主义的道德教育理论与实践十分有助于激发受教育者内在的道德兴趣与道德动机。理性主要是面向受教育者个人的,理性

---

　　① 许敏.西方理性主义道德教育理论质疑[J].中国德育,2006(10):25-28,62.
　　② 李申申.中西方道德教育思想与实践之差异及其成因[J].教育理论与实践,1998(5):44-48.

诠释下的道德教育服务于受教育者的意志自由,促进受教育者意志自律与道德自由是西方传统道德教育思想的重要价值倾向。由此,道德教育不仅属于理性的领域,它同时也致力于唤醒受教育者的理性意识,理性意识在认知、情感与意志的作用下形成理性精神。基于理性精神的道德教育注重培养受教育者内在的道德动机与道德兴趣,强调涵养受教育者内在的道德自律心。

另一方面,基于理性精神的道德教育思想也存在一定的缺陷。在理性主义的规约下,道德教育中的受教育者是"原子式"的个体,彼此之间缺乏共同的伦理精神。个人与集体的关系是微弱的,由此,受教育者无法从根本上确立自身与共同体的伦理关联性。正如有学者所言:"理性主义道德教育理论以个体为价值的出发点和归宿,消解和祛除了伦理客观精神……也就是说,理性主义道德教育观所要培育的是个体的'形式的良心',而不是以伦理普遍性为客观依据的'真实的良心'。"①脱离了社会伦理文化的伦理镶嵌,个体的道德涵养势必是分裂的,也无法与共同体建构起真正的、持久的伦理关系。对此,黑格尔将这种现象批判为以道德取代伦理。②

二、伦理精神:彰显家国同构的道德教育

中华民族是一个拥有几千年发展历史的伟大民族,中华文明也是世界史上唯一未曾中断的古老文明。之所以如此,其重要原因在于中华儿女对中华民族具有深厚的民族归属感与文化认同感,这得益于中华民族自古以来就将个体与家族、家族与国家紧密联系在一起,由此塑造了以中华传统文化和中华民族精神为支撑的伦理道德观念。在这一观念的影响下,中华民族形成了以儒家思想为主干、道家和佛家思想为支干的道德文

---

① 许敏.西方理性主义道德教育理论质疑[J].中国德育,2006(10):25-28,62.
② 黑格尔.法哲学原理[M].范扬,张企泰,译.北京:商务印书馆,1961:42.

化结构,进而形成了"家国同构"这一具有中华文化意蕴的伦理精神。这一伦理精神也是中华传统道德教育思想的根本指针。

所谓"家国同构",是指"国"是"家"的延伸,国家伦理与家庭伦理具有同质性,个体作为家庭的主体,他需要将自身的道德判断与家庭、与国家联系起来,由此,个人的道德价值与家庭的道德价值、国家的伦理文化具有深沉的契合性。诚如《大学》中所指出的:"古之欲明明德于天下者,先治其国;欲治其国者,先齐其家;欲齐其家者,先修其身。""家国同构"的伦理理念深刻地影响了道德教育的理论发展,也由此形成了以"家国同构"伦理精神为核心指向的道德教育发展脉络。在此意义上,"中国传统的德育思想史,就是人伦道德的不断嬗变及其传递的历史。它始自儒家的开山祖孔子,其内容十分丰富,一方面强调个人的修身养性,在此基础上,另一方面更论述了端亲、睦邻、敬长、尊师、父慈、子孝、兄友、弟恭、朋信等人际关系的基本准则。"①

由此来看,注重家国同构的中华民族伦理精神本质上是道德教育发展的主线索、主脉络,个体内在的道德自省是道德教育的出发点,家庭伦理是道德教育的中介,国家共同体的历史伦理是道德教育的旨归,由此而形成"个体—家庭—国家"三位一体的道德教育思想理论体系。例如,"孔子创立以'仁'为核心、以'孝悌'为基础的德育思想体系;孟子在'性善论'的基础上提出'四德''五伦'说;董仲舒在'天人感应'的神学目的论的前提下建立'三纲五常'的道德规范体系;以朱熹为代表的宋代理学家,以其'理气学'的哲学思想为根据,提出用'居敬穷理''致知格物'的方法来发挥从'理'中产生的'仁、义、礼、智、信'等'天命之性'。这些思想的聚焦点均是'家'与'国',所强调的都是培养善于调节个人行为,及个人与他人的

---

① 李申申.中西方道德教育思想与实践之差异及其成因[J].教育理论与实践,1998(5):44-48.

关系，乐于并善于事奉家、国的君子。"①鉴于此，中华传统道德教育思想的基点在于培育受教育者的伦理精神，这样一种伦理精神的物质承担者正是儒家学派所倡导的"君子人格"。"君子"在道德伦理上讲求"内圣外王"与"修己达人"，个体的道德是外在指向的，也是镶嵌于国家伦理实体之中的。

可以认为，注重伦理精神的中国传统道德教育思想奠定了整个中华民族的文化脉络，也在很大程度上塑造了无数中华儿女的道德认知。从历史发展与现实状况来看，中国传统道德教育既有其有利的一面，同时也存在一定的不足。就其利处而言，传统道德教育基于伦理精神的涵养，能够提升受教育者对共同体的价值认同感、文化归属感与情感依恋感，由此确立个体与集体之间的同一性关系，也能够将作为特殊性的个体道德与作为普遍性的共同体道德紧密关联起来，并促进两者之间的相互转换。在此意义上，传统道德教育为中华民族道德伦理的延展与教化提供了渠道，中华民族共同体精神也经由道德教育而成了个体公共本质的根本遵循。就其不利处而言，基于伦理精神的传统道德教育淡化了个体的实践理性与道德自由，寻求普遍的伦理规范，规训个体的道德价值判断，这对于保障受教育者的道德自由与道德理性是不利的。

通过对中西方不同道德教育思想传统的梳理与分析，我们认为，中西方道德教育思想各具特色，同时也各具利弊。中国传统道德教育思想的优点在于十分注重培育受教育者的"人伦"意识，"'伦'即人伦，在形而上的意义上是指人的实体，它既是人的公共本质，也是人的共体；在现实性意义上则是人生活于其中的伦理实体或伦理世界。'伦'是个体与他的公共本质、个体与社会同一的世界及其真理，是人的存在论根据。"②在此意

---

① 李申申.中西方道德教育思想与实践之差异及其成因[J].教育理论与实践,1998(5):44-48.
② 樊浩.道德教育的"'精神'形态"与"中国形态"[J].教育研究,2013(2):44-53.

义上,中华传统道德教育强调受教育者道德建构与中华民族共同体伦理建构之间的内在关系。不足之处在于中国传统道德教育思想缺乏对个体理性意识与理性精神的充分关注,受教育者个体道德容易在集体论题的裹挟下丧失自身的相对独立性与特殊性。与此相反,西方传统道德教育思想的优点在于强调个体理性精神的涵养,强调道德的个体属性和受教育者道德判断能力的生成;不足之处在于注重个体的理性精神势必会淡化伦理精神的涵养。有学者指出:"理性主义道德教育的最大特点,是基于个人主义或个体主义的原子式'集合并列',它消解道德的伦理前提,建构的是知识论的教育传统。"①基于此,我们需要寻找共同点,共同点在于中西方道德教育思想都十分注重涵养受教育者的道德精神。在此境遇下,道德教育要汲取中西方道德教育思想的各自优点,克服各自存在的不足之处。对此,理想的道德教育需要在聚焦精神涵养的基础上,提升人的理性意识与伦理能力,实现中西方道德教育思想精髓的深度融合,由此创生出基于"理性—伦理"精神的新型道德教育理念与形态。

---

① 樊浩.道德教育的"'精神'形态"与"中国形态"[J].教育研究,2013(2):44-53.

第三章

道德教育的功能

　　道德教育功能研究是致力于对道德教育作用进行深层探讨与定位，它所揭示的是"道德教育本来能够做些什么"①。作为教育事业的重要组成部分，道德教育一方面具有教育功能的一般属性，另一方面又因自身与道德的内在关系而具有特殊的功能属性。具体而言，道德教育是一项"面向人"的教育实践活动，其功能在于促进受教育者精神生命的成长，与此同时，它能够在伦理社会的建构过程中发挥重要作用。

第一节　道德教育功能的三重性

　　一般而言，道德教育就其功能而言主要分为三大类，一是促进个体人的发展，二是促进社会各项子系统的发展，三是促进生态自然系统的平衡和可持续发展。其中，第一种功能是道德教育的本体功能，也是教育的直接性和根本性功能，因为道德教育的本质在于育人；后两者是道德教育的衍生功能。道德教育之所以具有上述三种功能，这是由道德教育的本质所决定的。一方面，道德教育的对象是人，人在道德层面的成长与进步是道德教育的存在基础和价值旨归，道德教育不能脱离人而独自存在；另一

---

① 檀传宝.学校道德教育原理[M].北京：教育科学出版社，2000：25.

方面,道德教育是经济社会发展的重要构成,自古以来皆是如此。一个健全的社会需要借助道德教育的力量维护和促进自身的良性发展;并且,随着时代的发展,道德教育与生态伦理之间具有的内在相关性逐渐被挖掘出来,它能够通过提升人的生态伦理素养而促进人与自然的可持续发展。总而言之,道德教育的三重功能既凸显了道德教育的相对独立性,又体现了道德教育与社会发展、生态平衡之间的内在耦合关系。唯有在人的发展、社会进步以及生态平衡三者之间阐释道德教育的功能,才能全面地理解和释放道德教育的实践功能。

一、道德教育的个体性功能

道德教育的个体性功能也就是道德教育的本体功能。"本体"是一个重要的哲学术语,在西方哲学史上,人们将探索事物的本体作为哲学研究最为根本的追求,从孔子到朱熹再到王阳明,从苏格拉底到尼采再到海德格尔,古今中外概莫如是。综合来看,在西方哲学史上,出现了"存在""理念""实体""物质""精神"等众多本体形态,中国哲学史上则出现了"仁""理""心""良知""生命"等若干本体形态。这些本体形态集中反映了中外先哲们关于事物本源的探索。对此,英国哲学家大卫·休谟对人类关于本体的研究进行了归类。世间一切本体都无外乎由"事实"与"价值"两个部分组成。其中,由事实之"是"无法推演出价值之"应该",故而"本体"总是显现为"事实"或者显示为"价值"。[①]

根据上述关于本体的归类,我们可以认为,道德教育的本体功能一方面致力于根据道德和道德教育产生的来源彰显道德教育的存在理由;另一方面,道德教育的本体功能在于依循道德教育本质内涵的基础上明确道德教育的根本价值使命。前文已经阐释,教育在本质上是一项关乎人

---

① 休谟.人性论[M].关文运,译.郑之骧,校.北京:商务印书馆,1980:509-510.

的事业,育人是教育的根本使命。"人是教育的对象和原点,也是教育存在的目的和旨归。一切好的、善的教育在终极意义上都应该'以人为本'。"①由此,作为教育的重要组成部分,道德教育也需要时刻将促进人的发展作为自身最为基础的价值追求。诚如鲁洁教授所言:"道德教育的根本使命是'成人'。"②所谓"成人",是指道德教育的本体功能在于为受教育者道德品格的养成不断开拓和创造有利于人心向善的境遇环境,进而引导受教育者自觉地占有自己的本质和切近自己的良心。

"'成人之道',是使道德从远离人的存在和生活世界的抽象理性的规范体系重新回归为人类生存的自觉意识,它所关注的是怎样使人活得更像一个人,它所确立的是人的生活原则和根本方向。走上道德所铺设的成人之道,偶然的人才可能转化为必然的人。"③在此意义上,道德教育的本体功能实际上就是道德教育促进人的发展的功能,它旨在描述道德教育对受教育者品德养成所能够产生的实际影响。反思当前学校道德教育实践,最大的问题是"忽视人"与"搁置人",不关注人内心真正的需求,这是对道德教育本体功能的最为直接的忽视和背离。

之所以说促进人的品德发展是道德教育的本体功能,是因为"育人"与"成人"是道德教育之所以存在的"第一理由"与"首要根据"。一切不以育人为出发点的道德教育都是虚妄的。道德教育唯有从育人出发,才能够也才可能实现其所蕴含的其他功能。基于此,促进人的道德品质的提升是道德教育的本体功能,也是道德教育实现其他功能的基础。也就是说,道德教育其他功能的实现是建立在道德教育育人功能基础之上的。在此意义上,从道德教育的功能上来讲,"促进人的发展"具有逻辑先在性。

---

① 糜海波.教育"合目的性"的伦理学视野[J].教育理论与实践,2016(13):3-6.
② 鲁洁.道德教育的根本作为:引导生活的建构[J].教育研究,2010(6):3-8,29.
③ 鲁洁.做成一个人——道德教育的根本指向[J].教育研究,2007(11):11-15.

二、道德教育的社会性功能

道德教育与经济社会发展具有内在的相关性。因为道德教育所培养的人是面向社会现实的,也是服务于政治经济社会发展的。诚如马克思所言:"人的本质不是单个人所固有的抽象物,在其现实性上,它是一切社会关系的总和。"①人的社会现实性决定了道德教育要通过人的道德品质的提升服务社会发展,在此意义上,服务社会发展和促进社会进步是道德教育的衍生功能,也是道德教育的社会性功能。

道德教育的社会性功能在本质上所指涉的是道德教育在何种程度上能够对政治、经济、文化、科技、生态、人口等社会子系统产生作用。自古以来,统治阶层十分重视通过道德教化的方式维护自身的统治合法性。在当前中国特色社会主义建设的伟大征程中,党和国家高度重视道德教育的社会性功能。因为道德教育是"全面贯彻党和国家的教育方针、实现教育目的的根本保证,是为社会主义现代化建设、实现中华民族伟大复兴的中国梦提供道德支撑的重要条件"②。也就是说,道德教育的社会性功能既彰显了道德教育的社会属性,也有效呈现了道德教育与社会发展之间的内在关联性。道德教育如果脱离了服务社会的价值意识,那么它就势必如同一个封闭的牢笼,进而失去了存在的活力;社会如果缺乏道德教育基于德行能力提升的"价值供给",那么它也会逐渐陷入一种无序状态。总而言之,道德教育的社会功能是蕴含在其本真意蕴之中的,也是诠释道德教育本质规定性的重要基础。

道德教育的社会功能是道德教育与社会诸要素之间相互作用所表现出来的能力,它主要是通过提升人的道德品质来实现其社会功能的,这也

---

① 中共中央马克思恩格斯列宁斯大林著作编译局.马克思恩格斯选集(第1卷)[M].北京:人民出版社,2012:135.

② 《教育学原理》编写组.教育学原理[M].北京:高等教育出版社,2019:159.

就决定了道德教育社会功能的全面性、间接性、迟效性、超前性等特点。其中,全面性是指道德教育不仅为政治服务,同时也能够对经济、文化、科技等其他诸多社会子系统产生重要作用;间接性是指道德教育的社会性功能是其衍生功能。"衍生"的本义是指由演变而从母体物质产生得到的新物质。道德教育的衍生功能是指道德教育通过提升受教育者的道德品质而衍生或派生出来的价值功能。道德教育并不能直接作用于经济社会的发展,而是通过塑造好道德教育对象的品德或道德人格来间接影响社会的发展;迟效性与超前性是指道德教育塑造的道德人格可能会领先或者滞后于特定时代的道德要求,这也与道德教育的间接性密切相关。

总而言之,道德教育的社会性功能是道德教育的一项重要衍生功能,它集中反映了"道德教育能够为社会做些什么"的问题。并且,道德教育这一功能的实现以人的道德品质提升为基础。

三、道德教育的生态性功能

从功能上看,道德教育不仅面向人、面向社会,也面向生态自然。在传统的道德哲学视野中,道德仅仅发生于人与人之间,不存在人与非人之间的伦理关系。这是一种人类中心主义视野下的道德界说,它消解了人对自然生命的敬畏之心,致使人类将我们赖以生存的自然家园对象化,并肆意地对万物生命加以伤害与摧残。与传统的道德哲学观念不同,生态型道德伦理观坚持以人与自然和谐共处为基础,要求人们将道德关怀的视野从人类自身延伸至整个生态系统。这是一场"伦理学的革命"。通过对伦理内涵的深度挖掘与广度延伸,受教育者自然也就能够对宇宙自然界的一切生命体怀有敬畏之心。敬畏他者生命,意味着人类自觉主动地对宇宙自然界的一切生命体担负起无限的责任。"就对人类的行为而言,敬畏生命的伦理要求我们承担起直至无限的责任,不再有关于被许可的自我保存范围的理论。敬畏生命的伦理告诉我们,在任何情况下都要坚持奉献的绝对伦理。"①我们之所以能够将保存与救助生命奉为真理,是因为我们真诚地对生命怀有敬畏之心,我们深刻认识到一切生命的价值与地位是平等的。②

依循生态道德哲学的相关理论,道德教育具有培育受教育者关爱动植物生命、保护生态平衡和敬畏自然的功能。在道德教育的作用下,受教育者能够认识到人与自然休戚与共的相互关系,能够认识到动植物生命自身所具有的内在价值并给予其充分的尊重,也能够认识到生态自然系统与人类社会系统的内在镶嵌性,进而对生态自然产生伦理关怀的道德意识与道德行为。

道德教育的生态功能也是道德教育的衍生功能之一,因为道德教育与生态自然的关系是以受教育者的道德品质提升为中介的。诚如有学者所言:"道德教育能够以生态伦理为学理依据,运用新的'生态道德规范',通过一系列实实在在的教育活动,诱发和唤醒受教育者的生态意识、生态智慧和生态能力。"③在此意义上,道德教育能够有效提升受教育者的生态意识,涵养受教育者的生态能力,继而促使其产生保护生态自然的行为。

第二节　道德教育与人的发展

促进受教育者的发展是道德教育的本体功能,那么,道德教育是如何促进受教育者发展的呢? 并且,受教育者经由道德教育,能够在哪些方面获得发展呢? 简而言之,道德教育能够为人的发展做些什么呢? 一般意

---

① 施韦泽. 对生命的敬畏:阿尔贝特·施韦泽自述[M]. 陈泽环,译. 上海:上海人民出版社,2006:129.

② 徐洁. 论生态人格的内涵及其培育[J]. 当代教育科学,2020(1):19-23.

③ 朱国芬,李俊奎. 生态德育:生态文明建设的价值支点[J]. 河南师范大学学报(哲学社会科学版),2009(3):252-255.

义上而言,道德教育促进人的发展在功能上主要表现为"个体生存功能"
"个体发展功能""个体享用功能"三个层面。其中,前两个层面主要关注
的是道德教育如何在物质层面满足受教育者的生活需求,第三个层面主
要关注的是道德教育如何在精神层面促进受教育者的成长。依循物质与
精神这两条线索,以及对道德本质的理解,我们认为新时代道德教育在功
能上应该更加关注受教育者的精神诉求。具体而言,新时代道德教育的
个体性功能主要体现为以下四个层面。

一、道德教育与幸福生活的建构

追求个人幸福生活具有永恒的正当性,同时也是道德教育的价值始
点。因为促进人的幸福生活是建构实践道德教育的重要基础,也是道德
教育人学取向的显著体现。诚如有学者所言:"站在人本的角度,道德、生
活、幸福具有内在的一致性。道德是幸福的源泉,幸福是道德的结果。生
活论视域中的道德教育,当以引导人的幸福生活建构为根本,建构一种既
基于物质生活又超越物质生活的精神生活、意义生活和道德生活。为此,
道德教育必须使学生认识幸福、体验幸福和创造幸福,培养他们追求幸
福、体验幸福和创造幸福的能力。道德教育建构人的幸福生活,既是道德
教育的本质所在,也是当代社会发展的要求。"①

虽然,道德本身并不一定与幸福直接勾连,幸福也不一定是道德教
育的直接目的,但是道德教育具有促进个体实现或建构幸福生活的可能。
甚至可以说,一个拥有幸福生活的人不一定具有优良的道德品质,但是一
个不道德的人一定不会拥有幸福生活。"对于真正善良的人来说,对于意
志完全由德性支配的人来说,有德性的行为始终是最大的幸福和喜
悦。"②在此意义上,道德是幸福的必要而不充分条件。道德教育通过提

---

① 冯建军.道德教育:引导幸福生活的建构[J].高等教育研究,2011(5):15-21.
② 包尔生.伦理学体系[M].何怀宏,廖申白,译.北京:中国社会科学出版社,1988:347.

升受教育者的道德品质,唤醒受教育者对美善事物或价值范畴的追求,驱促受教育者在内心之中将道德法则作为自身的实践准则,继而实现个体幸福和道德建构的内在统一。因为经由道德教育,能够有效激发起受教育者内心之中的善良意志,使其在与自我、他者乃至生态自然和谐相处的过程中,产生对自我生命与他者生命的道德意识与伦理责任感。

　　道德教育促进受教育者建构幸福生活本质上是指向受教育者的精神世界的。虽然,关于幸福的理解众说纷纭,但不置可否的是,幸福本质上是人的一种精神体验,它在根源处关乎人的价值、思想与灵魂。物质上的享受虽然构成了人获得幸福的基础,但是它无法切近真正的幸福。亚里士多德说:"对于人而言,这个最好的和最富于享受的东西就是按灵智生活,因为这种生活最多地属于人。因而这种生活也就是最幸福的。"①在这里,"他所说的'灵智'指的是人的灵魂、理智,即人的精神因素。"②唯有人的精神才能给予人长久持续的幸福。基于此,道德教育帮助受教育者建构幸福生活,首先面向的是受教育者的精神世界。通过建构受教育者的精神世界,道德教育能够为受教育者提供一种生活方式,一种切近以德性为基础的幸福生活方式。诚如斯宾诺莎所言:"幸福不是德性的报酬,而是德性自身。"③斯宾诺莎将幸福与常驻不变的善、最高的善联系起来,即精神幸福。他对精神幸福不遗余力的追求和对物质利益的鄙视,使得"斯宾诺莎的幸福"成为精神幸福的代名词,通过对形而上的对象的思辨而获得的心灵上的快乐,这样的快乐是持续的、平和的、求诸自己的。

　　幸福生活是一种与至善相关的道德生活。"在亚里士多德看来,幸福本质上不是一种品质或属性,是本身具有自足性而且也值得加以追求的一种活动。他把这种活动称作'灵魂合乎德性的活动'。也就是说,幸福

---

①　亚里士多德.尼各马可伦理学[M].邓安庆,译.北京:人民出版社,2010:345.

②　俞吾金.幸福三论[J].上海师范大学学报(哲学社会科学版),2013(2):5-14.

③　斯宾诺莎.伦理学[M].2版.贺麟,译.北京:商务印书馆,1983:267.

的本质是合乎德性的活动。"①由此观之,幸福在特定意义上与道德具有同源性,因为不道德的人势必无法获得真正的幸福,幸福本质上与基于内在精神的道德建构具有密切关联性。须知,作为精神存在的幸福是一个内在的标准,个体在他存在的时间和空间维度中,找到并且实现了自身的价值,这种精神上的满足就是"精神幸福"。所以,如何帮助人类寻找到自身的本质,实现"精神幸福"就是教师的任务。② 依循于此,道德教育是帮助受教育者追求精神生活的过程,也即帮助受教育者追求幸福生活的过程。

二、道德教育与伦理精神的生成

如果说,建构幸福生活是道德教育个体性功能的内在性状的话,那么,促进受教育者伦理精神的生成则是道德教育个体性功能的外在性状。前者指向的是受教育者作为生命个体的内在精神,后者指的是受教育者作为生命个体的外在精神,亦即与他者、与集体在相互交往中所彰显出来的伦理精神。并且,幸福生活的建构暗含了道德教育的物质生产功能,具有显性的现实利益属性,将此作为道德教育的唯一目的是功利主义伦理学及其道德教育思想理念的典型做法。这一典型做法不仅消解了道德教育的伦理属性,而且也淡化了道德本身的崇高性。鉴于此,释放道德教育的伦理精神功能是完整诠释道德的本质内涵与阐明道德教育的价值本真的题中之义。

道德教育促进受教育者伦理精神的生成是指道德教育能够激发受教育者以伦理的姿态与他者相处的意愿,并且使之将自我与人类社会整体有机地关联起来,由此实现个体道德境遇与集体伦理精神的辩证统一。这是因为,"伦理行为所关涉的只能是整个的个体,或者说,只能是其本身

---

① 俞吾金.幸福三论[J].上海师范大学学报(哲学社会科学版),2013(2):5-14.
② 俞吾金.幸福三论[J].上海师范大学学报(哲学社会科学版),2013(2):5-14.

是普遍物的那种个体"①。"伦理"抽象性地绘制了个体性的人及其所依存群体之间的关系本质,是个体与群体之间精神相连的价值载体。并且,"伦理"基于人的理性,面向人的内在精神。因为伦理是"人伦之理",它依托于"人际之理",却又对后者有所超越,后者是碎片化、单子性的,前者则是浑然一体并且无限绵延的实体性、总体性的。"人际之理"关乎人的理性,"人伦之理"则是对人之精神的切近。伦理精神建构基于人际理性,却又在精神层面要求理性体现道德准则的普遍性,这也是一种由主体精神所生发出来的普遍性。基于此,促进受教育者伦理精神的生成是道德教育的重要功能,也是对道德教育本质内涵中"向他属性"的有效呈示和彰显。

道德教育之所以能够激发受教育者的伦理精神,主要是因为"道德教育的基本意义在于增进人的道德自由,培育人的道德智慧,提升人的道德福祉"②。从人的禀赋上来看,受教育者具有与他者相互交往的意愿,因为根据马克思主义的观点,人在本质上是社会关系的总和。只有生活于现实生活中的人,才能最为彻底地释放自身的本质力量,也才能证成人的道德性存在。经由道德教育,受教育者逐渐走出自我的特殊道德意识,转而寻求与他者伦理意志的交往与凝聚。在道德教育的参与和作用下,受教育者的伦理意识被唤醒,伦理意志被激发,伦理精神被塑构,由此推进良序社会的生成与发展。有学者指出:"道德是维持社会性存在的重要基石。因此,道德教育的本质在于使个人完成道德上的社会化……文化学派将教育的本质视为社会客观文化与个体文化之间的一种互动,因而道德教育也就是社会伦理与个体精神的相互影响。"③

道德教育促进受教育者伦理精神的生成不是无条件的,它需要教育

---

① 黑格尔.精神现象学(下卷)[M].贺麟,王玖兴,译.北京:商务印书馆,1979:9.
② 戴岳.道德自我的德育价值研究[M].北京:北京师范大学出版社,2013:总序.
③ 檀传宝.学校道德教育原理[M].北京:教育科学出版社,2000:31.

者正确理解道德及道德教育的内涵,不能将道德涵养与个人的利益得失直接关联起来。因为,仅仅在利益价值视域下诠释与实践道德教育是十分粗鄙的,也是对道德教育精神秉性的异化。须知,道德教育本质上是一种与受教育者精神建构相联系的实践活动,受教育者唯有在秉承纯正道德动机的前提下,其所生成的道德认识与道德行为才具有真正的德育意蕴。由此,我们认为,道德教育是关乎精神的事业,它在个体层面必然是非功利的。在此意义上,道德教育促进受教育者伦理精神的生成,内在地要求其具有纯正的道德动机与精神建构的价值倾向,以及关怀他者生存与发展的伦理意识。唯有如此,道德教育才能涵养受教育者的伦理精神,也才能真正促进受教育者的伦理化生存。

三、道德教育与生命意义的澄明

追寻生命的意义是一切哲学问题产生的根源,并且对这一问题,国内外学者始终众说纷纭。任何人都希望明晰自己生命的意义,因为生命意义能够为人的现实生活和精神灵魂提供栖居之所。没有生命意义的支撑,生活就会是灰白的、荒诞的、索然无趣的。

生命意义直面我们每一个个体的人生追求,主要回答的是"我为了什么而存在?我为了什么而奋斗?我的人生有什么样的终极追求?"等问题。很多人可能会回答"为了生存、为了梦想、为了下一代、为了父母亲人、为了名利……"这些回答都具有一定程度的合理性与正当性,也直接反映了人作为自然存在和社会存在的物质与文化需求。在美国心理学家马斯洛看来,人的需要由生理的需要、安全的需要、归属与爱的需要、尊重的需要、自我实现的需要五个等级构成。其中,生理的需要、安全的需要属于人的生物追求,归属与爱的需要、尊重的需要属于人的社会追求,自我实现的需要则属于人的精神追求。人是生物属性、社会属性与精神属性相统一的存在,并且从文化学的意义来看,人的生物追求、社会追求与精神追求对于人生命意义的效用而言是递增的。也就是说，相对于生物追求和社会追求而言，精神追求能够赋予人更为重要的价值意义。

人的精神追求源自何处？根据古今中外无数哲人的思考与判断，人的精神追求复杂多样，但是大多数人的精神追求都离不开道德的介入。"道德，抑或精神价值取向似乎可以作为有意义人生的试金石。"①虽然道德并不一定与幸福具有对等关系，但是，"有了道德的保障与呵护，意义世界的创造才会促进人生幸福。因而随着人的道德境界的提高，必要时就会自然选择以道德的超越建构意义世界，因为只有这样才能感到幸福。"②在此意义上，道德是人生命意义的重要构成，缺乏以道德为支撑的人生是无法真正切近幸福的。道德是人生获得意义和走向幸福的基础。

"对主体的人而言，道德是人以价值认定、评价、辩护、选择的形式认识并把握世界的一种方式，鉴于此，人的心灵境界得以层层提升，人的心灵秩序得以条理、井然。这就是说，人的生命不能脱离道德——这是人之为人之根由；而道德又贯通于作为生灵的人的生命全程——生命的道德决定性或道德的生命性……道德教育倘若不立足学生的生命意义并促动其寻觅道德的生命价值，那么必将丧失道德的真确性和道德教育上的可靠性。"③基于此，澄明人的生命意义是道德教育的重要使命，也是道德教育对于个体发展而言所具有的重要功能。这是因为，道德教育与人的生命意义的找寻具有内在一致性，解决道德教育的实践困境也必须从最根本处着手进行形而上的思考，需要对人所追求的文化理念、生存方式与价值世界进行深度剖析。须知，道德教育最终面向的是作为个体的人，它与人的生存理念、生活方式、价值世界密切相关。因此，道德教育最为根本

①　科廷汉.生活有意义吗[M].王楠,译.桂林:广西师范大学出版社,2007:9.
②　韩玉,易连云.德育的关怀:让道德和意义与生命相遇[J].高等教育研究,2010(2):79-82,109.
③　唐爱民.道德教育的范畴论[M].北京:北京师范大学出版社,2012:147-148.

的出发点应是帮助受教育者去探问当代人到底应追寻什么样的精神境遇与理念图景。换言之，只有明晰人的价值经纬与生存意蕴，才有可能触碰到道德教育功能的本质，而忽略人的生命意义去谈道德教育的功能则终究是徒劳的。"道德是人性中最光彩的一面，同时，人也是动物界中唯一能够追求意义，以意义世界的创造慰藉自己有限存在的自为存在物，道德和意义相融相契凝成了生命的驱动力和升华力，润泽、舒展了生命，诗化了生活。德育作为启迪人建构精神世界的活动，必然要促进道德和意义与生命相遇，关怀人的存在。"①

对于个体而言，追寻生命的意义是私人的、属己的。道德教育引导受教育者澄明生命的意义，即是引导受教育者将德性生成与生命本真融合在一起，继而在成事、成人与成己过程中渐入生命意义的澄明之境。与建构幸福生活、培育伦理精神相比，澄明生命意义更为高阶、更具超越性，它直指受教育者的灵魂本心，并且将自身的伦理化生存视为安身立命之本。

第三节　道德教育与社会的发展

从发生学的意义上来看，道德产生的初衷在于维护人与人之间的社会关系，使人与人之间能够以和谐的方式进行生产与生活。"道德的产生是由于人类的需要，由于认识到以合作的和有意义的方式共同生活的重要性……坚守道德原则，能使人们尽可能生活得和平、幸福、充满创造性和富有意义。"②由此看来，"道德是一种主要以非正式、非成文形式表现出来的'隐性制度'，它在现代社会生活中发挥着广泛、普遍和持久的社会

---

① 韩玉，易连云.德育的关怀：让道德和意义与生命相遇[J].高等教育研究，2010(2)：79-82，109.
② 蒂洛.伦理学[M].孟庆时，程立显，刘建，等译.北京：北京大学出版社，1985：30.

治理作用。"①这一作用的有效发挥离不开道德教育的深度介入和参与。

一、道德教育的政治功能

历史地看,道德自发轫以来,就与社会政治牵扯在一起,并且服务于政治的现实诉求。须知,在中国古代,一切教化本质上是与政治和道德勾连在一起的。"道德与政治是教化的两个部分,它们有机结合而又相对独立。教化既可以提升个体境界,又可以统整社会,更是个体和国家共同的理想表达。"②西方古代社会亦是如此。依循王朝皇权的统治逻辑,道德教化的本质在于培育适应封建统治需求的政治人才与臣民,在此意义上,道德教化的权力始终是掌握在王朝统治者手中的。诚然,道德教育与政治具有千丝万缕的联系,但是不能否认道德教育的相对独立性,更不能将道德教育视作政治统治的工具与奴仆。封建社会企图将道德教育驯化为政治统治的工具,是对道德教育政治功能的异化与悖离。

从本质上讲,道德教育的政治功能即是指道德教育对整个社会政治系统的维持和发展所产生的作用与影响,具体表现为再生产一定的政治关系,巩固一定的政治制度,形成一定的政治意识,发展一定的政治机构以及引导一定的政治行为等。③ 众所周知,政治在社会治理层面具有主导性,这一主导性对教育特别是道德教育具有干涉性。由此,政治总是对道德教育提出自身的价值诉求,道德教育作为社会存在与发展的子系统,其不可避免地受到政治因素的影响,并且道德教育在功能上本身就与政治具有交叉性。

具体来说,道德教育的政治功能主要有两点。第一,道德教育能够提

---

① 朱辉宇.道德在社会治理中的现实作用:基于道德作为"隐性制度"的分析[J].哲学动态,2015(4):75-80.

② 章猎,雷月荣.传承与转化:论中国古代教化及其当代德育价值[J].江苏高教,2020(2):96-101.

③ 顾明远.教育大辞典(增订合编本)[M].上海:上海教育出版社,1998:25.

升公民的道德素养，培育出良性政治发展所需求的社会公民。"道德教育就是培养公民的积极参与精神和公共责任感，使其不仅要对自己的发展承担责任，同时也要对社会乃至人类的和谐发展承担责任。"[①]具有良好公共素养的公民是一个良序社会得以建立的基础，也是政治清明的重要支撑。道德教育能够有效涵养社会民众的公共理性精神，提升社会民众的民主意识、公正意识和共同体意识，增加社会民众的政治责任感，由此为实现民主政治构筑坚实的基础。第二，道德教育能够增加社会民众的政治意识，为政治改革与革命提供人才保障。通过道德教育，能够培养出适应政治发展需求的高素质人才，增强其服务政治的意识与能力。例如，社会主义核心价值观就是道德教育发挥政治功能的显著体现。在此意义上，道德教育能够为维护一定的生产关系以及建立或巩固一定的政治制度培育大量与之相匹配的人才，推动政治的改革与进步。

值得一提的是，道德教育政治功能的实现是有条件的，条件之一在于政治制度本身具有道德正当性和科学合理性。"一个邪恶、暴虐、腐败、虚伪的国家本身，就是对国民最坏的道德教唆；反之，一个民主、正义、公正的国家本身，就是对国民最好的道德教育。"[②]道德教育政治功能实现的基础前提首先在于作为政治载体的国家机器具有民主正义性；其次在于道德教育的内容与方法是科学有效的。道德教育在内容上需要在一定程度上契合政治的价值取向与发展诉求，因为不存在完全脱离政治导向的道德教育。与此同时，道德教育方法也应该具有充分的人文属性，注重调动受教育者的内在主动性与道德理性。唯有如此，才能真正释放道德教育的政治功能。

---

① 王啸. 人在社会中生活：道德教育的三重功能[J]. 教育研究, 2010(6): 9-14.
② 杜时忠, 张敏. 国家道德即德育[J]. 教育研究与实验, 2013(1): 7-10.

二、道德教育的经济功能

根据辩证唯物主义的基本观点,道德属于精神生产的范畴,经济则属于物质生产领域,物质生产与精神生产是辩证统一的。作为物质生产的经济发展为作为精神生产的道德进步提供了基础。同样,一种新型的、合理的道德观念的形成和推广也深刻影响着经济质量的提升与经济规模的扩大。正如有学者所言:"道德意识形态作为'有用'的意识存在,历史和现实都告诉我们,它实实在在地帮助人类社会节约了各类成本,实现了较大的'效益'。"[①]此外,德国学者米歇尔·鲍曼也在《道德的市场》一书中提出"道德生产力"[②]一词,借以表明道德在经济发展过程中的重要作用。可以说,道德是社会经济良性运行的基础。

那么,道德是如何促进经济发展的呢?对此,有学者指出:"道德的经济意义主要是通过道德教育工作去影响社会经济活动中的人这一主体而发生作用的……通过道德教育,把一定社会的道德规范、道德观念转化为社会个体的思想品德……社会个体究竟把自己的智力、体力发挥到什么程度,单靠智力、体力是本身是无法解决的,必须依赖于社会个体头脑中的思想品德。"[③]在此意义上,道德教育是经由人力资源提升以及人的道德品质的提升来促进经济良序发展的,也由此释放了道德教育的经济功能。

所谓道德教育的经济功能,即指道德教育在促进生产力形成、发展、巩固一定经济关系方面所发挥的作用,在物质资料生产、分配、交换、消费等人类最基本的活动中,需要通过道德教育调节这类活动和人际关系的

---

① 陈彩虹.道德与功利——现代经济学的一种理解和现代经济学面临的选择[J].东南学术,2001(6):88-92.
② 鲍曼.道德的市场[M].肖君,黄承业,译.北京:中国社会科学出版社,2003:27.
③ 邓云洲.论道德教育的经济意义[J].求实,1990(12):27-29.

道德观念及准则。① 诚如前文所述,道德教育的本体性功能在于提升人的道德理性,涵养人的伦理精神,由此使受教育者产生道德自觉的意识与意志。在经济发展领域,道德教育将自身的育人本体功能延展到高素质劳动者的培育上,致力于通过提升受教育者的劳动素养、公平互利的意识、勤俭节约的品格等促进经济关系的生成,通过创造良好的经济文化、经济精神、经济道德,实现良序经济秩序的营造。

对于经济发展而言,道德教育直接面向受教育者经济素养的提升以及经济文化的生成,但是究其深层根源,道德教育的经济功能主要体现为道德教育对受教育者道德精神的教化作用。这是因为,基于经济学的价值视域,道德是一种可以带来经济价值的"生产性"精神资源。"道德作为一种意识借影响劳动者这一生产力要素以何种态度投入生产过程,调节生产力要素间的联结方式,节约生活劳动和生产资料,并最终提高劳动生产率。"②也就是说,道德教育一方面能够通过提高劳动者的素养影响经济效率,提升道德素养,增强劳动者的责任意识;另一方面,道德教育可以协调经济生产过程中的人际关系,促进经济分工与合作,推动良性的经济互动与竞争。并且,通过培育具有生态意识的经济人才,能够优化产业结构,保持经济长远可持续健康发展。总而言之,道德教育在促进经济发展过程中具有重要作用,它通过引导受教育者凝聚伦理规则意识与伦理精神,促使道德成为一种可以带来经济价值的精神生产力。

三、道德教育的文化功能

法国哲学家阿尔贝特·施韦泽认为:"个人在精神和道德上的完善,即文化的最终目的。"③那么,什么是文化? 广义上认为,文化是人类在历

---

① 顾明远.教育大辞典(增订合编本)[M].上海:上海教育出版社,1998:22.
② 王小锡.论道德的经济价值[J].中国社会科学,2011(4):55-66,221.
③ 施韦泽.文化哲学[M].陈泽环,译.上海:上海人民出版社,2013:6.

史发展过程中所创造的一切物质文明和精神文明成果的总和，主要包括物质文化、精神文化与制度文化等；狭义的文化是指在物质生产方式的基础上发生和发展的社会精神与意识形态的总和，它是包括知识、信仰、艺术、道德、法律、习俗等在内的复杂整体。根据这一理解，我们可以看出，道德属于文化的重要组成部分，并且是文化的核心构成。因为"文化的内涵是人类内在的精神道德……考察人类文化建设和发展过程就会发现……无论是古希腊罗马文化还是中华文化，都将文化定义在人的内在精神道德性上，而中华文化因其在精神道德建设上更具有整体性、系统性、国家推动性、群体学习修养与传承性、先于法治性等优势，因此能够绵延数千年而不断绝"①。

道德属于文化，但是道德又具有自身的文化特质，它一方面不断汲取文化发展过程中的营养，另一方面又为文化的存续与创新提供动力来源。也就是说，道德具有促进文化发展的价值功能，并且，这一功能主要是通过道德教育实现的。道德教育的文化功能主要来源于道德与文化的本质性联系，它既是文化持续演化的必然需求，也是道德教育整全性释放自身价值的题中之义。

在此意义上，道德教育是一种文化性存在，文化是道德教育的精神寓所。所谓道德教育的文化功能，是指道德教育在社会文化发展历程中的作用（如文化选择、文化传播、文化融合、文化变迁等方面的作用）和道德教育在不同文化形态中所起的作用（即教育在文化传统、文化构成中所起的作用）。② 换言之，在道德教育的作用下，社会文化得以不断传承、变迁、交流与创新。具体来说，道德教育的文化功能主要体现为道德教育以自己独有的方式追问、延展、传承和开拓文化命脉。"首先，道德教育通过

---

① 贾应生.内在精神道德与现代文化建设[J].甘肃社会科学,2019(6):98-105.
② 檀传宝.德育功能简论[J].中国教育学刊,1999(5):8-12.

对社会个体与群体的塑造，实现文化的传承及再生，保持一个民族独有的精神特质……其次，道德教育并非只能被动地适应文化，它也以自己特有的方式对时代文化问题作出应答。"①由此观之，道德教育总是能够依循特定的价值导向，有所选择地对文化进行传承与发展。与此相伴随的是，道德教育的文化功能实质上不仅是一种价值理念的传递，更是一种道德精神的延展。道德教育对文化的促进作用，本质上就是在重塑一种道德精神。例如，中国古代的道德教育始终是以中华文明的核心精髓为载体的，并且其历史逻辑的终点也指向了中华民族精神的建构。

概而言之，道德教育的文化功能一方面体现为道德教育本身具有文化选择、传承与传播的功能，另一方面体现为道德教育能够通过培育人的方式，实现文化的创新发展与绵延不绝。并且，道德教育的文化功能最终指向的是受教育者的精神建构。唯有以精神建构为基点的道德教育才能真正彰显道德教育文化功能的独特魅力。

第四节 道德教育与生态的保护

一、培育生态人格

道德教育具有生态保护的功能，并且这一功能的实现是通过培育生态人格来实现的。面对生态危机的日益加剧，党的十八大报告以"大力推进生态文明建设"为专题，在系统论述生态文明建设的过程中将其提高到前所未有的战略高度。报告指出，要将生态文明建设与经济建设、政治建设、文化建设、社会建设一同纳入到"五位一体"的战略布局之中，使之成为全面建成小康社会的重要工作之一。这一举措充分表明，我国已经逐

---

① 董海霞.当代中国道德教育的文化自觉[J].山东社会科学，2012(1)：58-62.

步迈入建设生态文明社会的时代进程。社会文明的生态转型必然要对人的发展提出新的要求,要求变革传统社会特别是工业文明社会中人的思维方式、价值理念、审美情趣以及行为品质等,进而构建出一种与生态文明社会相适应、相匹配的新型人格模式——生态人格。道德教育作为指引人类未来的重要因素,它与人的发展和社会文明的进步具有密不可分的内在联系。培育生态人格,建设生态文明社会,必须重视和发挥道德教育的生态性功能。

培育生态人格是建设生态文明社会的时代要求与必然选择,也是新时代道德教育的重要使命。因为培育生态人格不仅是摆脱当前生态危机的唯一选择,同时也是建设生态文明社会的时代呼唤,只有通过培育生态人格,才能实现"人—社会—自然"和谐共生的生动局面。概而言之,生态人格是摒弃了一切异化之后的自觉自为的人的存在形态,它寄托了生态文明建设的社会理想与价值追求。

二、生态人格的人格样态

生态人格是一种建基于生态文明价值理念的新型伦理型人格样态,它要求作为德性主体的人类在检视与批判占有式人格的基础上,对人与自身、人与他人的道德伦理关系进行创造性的更新,并将道德伦理范围从人类自己延伸至整个自然界,进而实现人与自身、人与他人、人与自然之间的和谐。

首先,生态人格是一种鼓励人体验生命本真与释放其仁慈之心的人格样态。莱斯利·史蒂文森认为:"许多其他问题的解决都取决于我们对人性的看法。人生的意义和目的何在?我们应当做什么?我们可以期望达到什么目标?所有这一切,都从根本上受着我们心目中的人之'真实'

或'真正'之本性所影响。"①从本质上说,占有式人格所引发的人类生存危机根源于人之自我本性的迷失与异化。为了对抗精神世界的迷茫、虚无与恐惧,占有式人格主体将生命意义与人生幸福寄托于物质生活的极大化丰富和消费心理的肤浅化满足,从而忘却了对自身生命的真实体验,感受不到生命的充盈与丰沛。这些不但造成了人与人之间关系的冷漠与疏远,引发了动植物生命的无辜死亡与自然资源的巨大浪费,同时也进一步虚化了现代人的精神世界与生命价值。正如贝塔朗菲所言:"我们已经征服了世界,但是却在征途中的某个地方失去了灵魂。"②

危机以悲剧的牺牲给人们以震撼,人性的迷失与异化促使人重新去拷问自我生命的本真面目。唯有如此,人才能进入一种存在的澄明之境,实现生命自由,彰显生命灵性。与占有式人格相区别,生态人格体现了一种"自性开悟"的精神境遇,这种精神境遇意味着人的生命潜能得到充分释放。在此意义上,生态人格诠释着一种致力于唤醒与激励人体验生命本真的价值取向。体验生命本真意味着舍弃占有与贪婪,认真倾听自我内在的声音,意味着觉解生命的本性。只有这样,我们才能免于疯狂或畸形,摆脱不合理的价值观念、伦理制度和行为方式对人性的压力,把蕴藏和蓄积在我们本性中所固有的智慧与仁慈之心都尽情地发挥出来,进而在尊重和呵护万物生命的过程中体验人生的幸福与美好。在通达与体验生命本性之后,生态人格主体将能够主动自愿地向他人、向世界敞开自我,并给予他者生命以真诚的关注与呵护,使人与物、人与我进入一种和谐状态。因为,通过对生命本性的觉解,生态人格主体将会意识到"我"并不是孤立于世的,而是与他人、与万物处于相遇之中的。届时,他便不会继续迷恋于"我执""法执"等封闭性和孤独性的思维方式,转而以一种同

---

① 史蒂文森.人性七论[M].袁荣生,张桌生,译.北京:商务印书馆,1994:4.
② 贝塔朗菲,拉威奥莱特.人的系统观[M].张志伟,等译.北京:华夏出版社,1989:19.

情的伦理视野看待他人与自然界的生命万物。

其次,生态人格是一种唤醒人与人之间的关爱精神与消解彼此相互倾轧的人格样态。在占有式人格看来,个人独立与个人中心具有至高无上的价值,社会可以被理解为由无数个人为达到某种目的而有意识地结合起来的聚合体。在此意义上,自我与他人便很难建立起超越利益和利用之外的任何内在性联系。换句话说,在工具理性的裹挟下,人们之间的关爱精神与责任意识日渐消解,剩下的只是相互利用与理性算计。这一现象我们可称之为内在交往的阙如。生态文明作为继原始文明、农业文明、工业文明之后的一种新型文明,它是对传统文明,特别是对工业文明所造成的日益严重的社会危机、生态危机等问题的理论反思与实践应答,其核心的价值理念是确立人与人、人与社会、人与自然之间的和谐共生关系。基于这一理解,我们认为,生态人格亟须克服人与人之间的疏远与倾轧,唤醒自我与他者之间的尊重意识,培养彼此之间关怀的意识、兴趣与能力。

尊重与关怀他人是人积极能动的表现,是人之本性力量的释放,它打破了人与人之间的藩篱,使人与人共同伫立于和谐相融之中。因为,关爱他人并不是一种超越于人之上的现象,也不是强加于人身上的外在责任,而是某些内在于人之中并且从人心中迸发出来的人自己的力量,凭借这种力量,人使自己和世界联系在一起。[①] 换句话说,只有通过给予他人充分的关爱,生态人格主体才能在关爱他人的过程中克服人与人之间的冷漠和分离,才能切实领略到自身生命的无限潜能与盎然生机,体验到自身生命的意义与丰盈。当且仅当"爱"成为人与人之间的关系桥梁,个人才会自觉地作出有利于他人的行为选择,才会认真考虑自己对生态自然资源的消费是不是妨碍了他人生命的成长,进而确立一种"生态良性"的消

---

① 弗洛姆.弗洛姆文集[M].冯川,等译.北京:改革出版社,1997:141.

费方式。在此意义上,生态人格主体必将会自觉地对他人的可持续性生存与发展担负起无限的责任。届时,人的内心将得以幸福安宁,人与人之间得以克服分离与倾轧,人与自然之间也将走向和谐。

最后,生态人格是一种延展人的伦理视野与激发其敬畏万物生命的人格样态。生态人格是一种寻求人与自然和谐共生的新型人格,它通过对伦理内涵的深度挖掘与广度延伸来倡导我们对宇宙自然界的一切生命体怀有敬畏之心,让我们在顺从命运时体验内在精神的自我肯定,在对"外我"生命的人道援助中感悟生命的自由与幸福,实现人与自然同生息、共繁荣的美好图景。

敬畏生命不仅要求作为德性主体的人类对我们自己的自然与精神生命心生敬畏之心,也对敬畏自我之外的一切宇宙自然生命体提出了道德伦理要求,呼吁我们保存生命、救助生命,努力实现所有生命意志的休戚与共。为此,敬畏生命伦理学创始人施韦泽对"敬畏生命"这一概念作出了富有韵味的概括:"有思想的人必须像敬畏自己的生命意志一样敬畏所有的生命意志,他在自己的生命意志中体验到其他生命。对他来说,善是保存生命,促进生命,使可发展的生命实现其最高价值。恶则是毁灭生命,伤害生命,压制生命的发展。这是思想必然的、绝对的伦理原理。"[①]敬畏人类自我生命需要我们善于倾听自己内在的神秘声音,忠于自己的内心世界,在寻求自我本性的真诚表达中与外我生命和谐共存。同时,敬畏自我之外的一切生命个体与敬畏人类自我不应有差异,在敬畏生命的视界中,生命价值的高级与低级的区分是非人道的,任何生命都具有独特的价值与生存的权利,"谁习惯于把随便哪种生命看作没有价值的,他就

---

① 施韦泽.敬畏生命:五十年来的基本论述[M].2版.陈泽环,译.上海:上海社会科学院出版社,2002:9.

会陷于认为人的生命也没有价值的危险之中。"①

敬畏生命要求人类对宇宙自然界的一切生命体负有无限的责任。"就对人类的行为而言,敬畏生命的伦理要求我们承担起直至无限的责任,不再有关于被许可的保存的范围的理论。敬畏生命的伦理告诉我们,在任何情况下都要坚持奉献的绝对伦理。"②自然界不懂得敬畏生命,它自发而又不间断地生产着无数有意义的生命个体,却又无情地摧毁它们的存在,使它们在无知中苦陷于相互摧残与"自我分裂"。而人类,并且只有人类能够自觉意识到对生命的敬畏,从而摆脱无知和相互摧残,人类在敬畏生命中的主体地位要求人类尽一切努力去帮助和拯救其他生命个体。对其他生命的拯救出于我们对自然生命的敬畏,我们深刻认识到一切生命的价值与地位是平等的,我们对生命责任的认知与情感源于对敬畏生命伦理情怀的深刻悟解。在敬畏生命的过程中,人类与宇宙自然建立起一种精神关系,它让我们领悟到了生命的自由与幸福。我们与其他生命个体相互帮助、休戚与共,共同体验生命的辛甜与甘苦,如果我们体验不到其他生命的苦楚,也将很难享受到其他生命的幸福,在与其他生命的同甘共苦中,我们表达出内心神秘的声音,解放自己的本性,走向真正的内心自由。

由于敬畏一切生命意志,我们在内心深处才能真正地、深刻地顺从命运与肯定人生。顺从并不意味着我们无思想、无关注地纯粹消极生存,而是在尊重生命的自然发展中体验与思考自己,从而摆脱决定我之外存在的命运的束缚,充分领悟内在精神自我肯定的奥秘,在真正的自由与幸福中发现解决各种困难的力量,内心因此变得宁静、深刻、丰富和温和。在

---

① 佩西.未来的一百页——罗马俱乐部总裁的报告[M].汪帼君,译.北京:中国展望出版社,1984:237.

② 施韦泽.对生命的敬畏:阿尔贝特·施韦泽自述[M].陈泽环,译.上海:上海人民出版社,2006:129.

受动性地服从命运的同时,帮助和拯救外我生命,担负起对外我生命的无限责任是敬畏生命的能动性表现。此外,敬畏生命并不意味着绝对性地阻止一切伤害生命的行为,我们需要认识到生命生存与生命牺牲具有同一性,我们所反对的是无辜性地伤害包括动植物在内的一切生命。"如果借口保护一切生物存在权利,不去牺牲任何一种生物,就会犯古代寓言'农夫与蛇'中'农夫'的愚蠢错误。"①这种为了保存生命而牺牲生命的必然性更是要求我们努力承担起保存和爱护生命的责任。

总之,生态人格是与生态文明社会相匹配的人格图式,其所追求的生活方式理应是一种"诗意的栖居"。"诗意的栖居"要求把人带向大地,使人归属于大地,从而使人进入栖居之中。② 把人带向大地并不是要求我们全然放弃社会与文明,而是告诉我们只有"在心灵中"才可诗意栖居。"在心灵中"的人如其本然地生活在宇宙自然中,人与万物各自有分,人与自然圆融无碍。生态人格的心灵转向最终实现了人类对人与自身、人与人、人与自然的和谐共生境界的体认。

---

① 李承宗.和谐生态伦理学[M].长沙:湖南大学出版社,2008:46.
② 海德格尔.海德格尔存在哲学[M].孙周兴,等译.北京:九州出版社,2004:262.

第四章

道德教育的目的

　　道德教育需要培养什么样的人？这是拷问道德教育理论研究和实践探索的基本性问题，它决定了道德教育的方向，也决定了道德教育的终极关怀。对这一问题的回答不仅需要基于教育学的视角，同时也需要从哲学视角来对此进行深入探索，它直接关系着我们如何理解人以及道德教育的人学追求。如果仅仅从教育学的视角理解道德教育的目的，势必会陷入经验主义的泥淖，由此而无法对个体生命的意义发展和精神追求进行深层探寻。鉴于此，理解和阐释道德教育的目的首先需要对人的本质和发展进行形而上的研究与分析，然后依循道德教育的实践品性，引导受教育者自觉唤醒内在的道德动机，教化受教育者主动生成崇高的内在精神境界。

第一节　道德教育目的的内涵与价值

　　教育是一项有目的的实践活动，离开了目的，一切教育实践活动也就失去了方向，道德教育亦是如此。那么，道德教育的目的是什么？古往今来，人们对此众说纷纭，莫衷一是。事实上，关于什么是道德教育的目的非常重要，因为道德教育的目的直接体现着人们对道德教育及其本质的理解，也直接影响着道德教育内容的确立、道德教育方法的选择、道德教育评价体系的建构,等等。在此意义上,道德教育的目的是道德教育理论建构和实践探索的枢纽。研究道德教育的目的,旨在回答道德教育"培养什么样的人、为谁培养人的问题"。由此,我们首先要明确道德教育目的的本质内涵。德国著名教育家赫尔巴特认为,道德教育的目的与教育目的具有一致性:"教育的唯一工作与全部工作可以总结在这一概念之中——道德。道德普遍地被认为是人类的最高目的,因此也是教育的最高目的。"①在这里,我们可以看出,道德教育目的在教育生态系统中的地位与作用是十分重要的。一般意义上而言,道德教育的目的即是指特定主体对道德教育所要培养的受教育者在道德方面的质量和规格的总体设想或规定,它是在进行道德教育之前人们已在观念中形成的关于要把受教育者培养成具有何种品德的人的理想形象。② 关于人的理想形象的想象也就意味着,分析和研究道德教育目的的前提基础是理解道德教育的人学追求,亦即对"人的生命价值是什么?""道德教育在人的生命价值实现过程中发挥什么作用?"等问题进行形而上的审思。唯有在此基础上,我们才能对道德教育目的的本质内涵进行深入细致的阐述与分析。

一、道德教育目的的哲学审思

人的生命价值、生命意义是什么? 这是对生命本质的深层追问。人与一般动物最为本质的区别在于人对追寻生命意义的渴望,也就是说,人的生存和发展需要生命意义的支撑。唯有知道为何活着,"我"才能找寻到生命生存的价值与动力,也才能够明晰生命的意义经纬。对此,赫舍尔认为:"人的存在从来就不是纯粹的存在,它总是牵涉意义。意义的向度是做人所固有的……人甚至在尚未意识到意义之前就同意义有牵连。他可能创造意义,也可能破坏意义,但他不能脱离意义而生存。对意义的关

---

① 张焕庭.西方资产阶级教育论著选[M].北京:人民教育出版社,1964:249-250.
② 檀传宝.学校道德教育原理[M].北京:教育科学出版社,2000:57.

注,即全部创造性活动的目的,不是自我输入的,它是人的存在的必然性。"①道德教育之所以需要对人的生命价值和意义进行反思与探索,主要是因为人的存在方式、人的生命意义以及对人的生命本质的追问深刻影响着道德教育目的的确立。

事实上,自古以来,对人的生命价值意义的探索是哲学研究的永恒话题,关于这一永恒话题的探索也时刻影响着道德教育中人的培养。对此,马克思主义认为,人的本质属性可以概括为自然属性、社会属性和精神属性的内在统一,故而人的终极意义就是个体生命的自由全面发展。马斯洛提出了人的需要层次理论,分别为生理需要、安全需要、归属与爱的需要、尊重需要以及自我实现的需要。诚然,自然属性和生理需求是人的最为基本的生命追求,"人来源于动物界这一事实已经决定了人永远不能完全摆脱兽性,所以问题永远只能在摆脱得多些或少些,在于兽性或人性的程度上的差异。"②但是,仅仅满足于生理需求则无疑诠释不了人的价值追求。"人类揖别动物世界,成为真正的人,必须获得超越于自然本性的智慧和精神力量,因此,人性的发展必定是一个由自然本性走向完美德性的过程。"③对此,上述分别从哲学和心理学的视角对人之本质属性和需求发展进行了概述与分析,并且两者具有内在的同一性,因为它们都尝试从人的生命发展和意义视角去理解人的存在,由此为人的生命意义的探索勾勒出一条层次清晰、依次递进的线索。此外,从马克思主义和马斯洛的相关理论可以看出,两者皆将人的精神追求(马克思主义的"精神属性"和马斯洛的"自我实现的需求")作为个体发展最为高阶的需求。由此可见,人的发展可以是多方面的,包括生理属性的发展、社会属性的发展,但

---

① 赫舍尔.人是谁[M].隗仁莲,译.贵阳:贵州人民出版社,1994:46-47.

② 中共中央马克思恩格斯列宁斯大林著作编译局.马克思恩格斯选集(第3卷)[M].北京:人民出版社,2012:478.

③ 王东莉.德育人文关怀论[M].北京:中国社会科学出版社,2005:42.

是最根本与最为重要的还是人的精神属性的发展,也就是说,精神建构的追求是人的价值意义体系中最为核心的部分。

人不能没有精神家园,精神家园需要以生命意义的追求与探索为根基,因为"意义追寻是人类精神活动的本质,人正是通过精神的建构活动来超越给定的现实,修正无目的的世界,确立自身在历史中的生存意义"①。依循于此,道德教育需要将人的精神建构作为其重要的价值旨归,这也是回答道德教育在人的生命价值实现过程中发挥何种作用的最为直接有效的方式。换言之,促进受教育者建构自我的内在精神世界、提升受教育者精神生活的质量是道德教育的核心目的,这是由人的生命本质及其价值意义所决定的。经由对生命意义的探索与澄明,道德教育能够丰盈受教育者的内在精神世界,进而促使其产生良性的道德动机。

诚然,从道德结构上来看,帮助受教育者提升道德认知、涵养道德情感、养炼道德意志和践履道德行为是对道德教育目的的一般性诠释,但是上述四者都可以汇聚于人的道德精神的建构。离开了道德精神的建构,受教育者就不会在真正意义上产生道德认知、道德情感、道德意志和道德行为。有学者指出:"精神是道德需要的内在动机和道德行为的情感纽带……道德教育离不开对人的精神因素的培养……道德教育的成功实施,也是整体的人的精神发展的一部分,甚至是非常重要的一部分。人的道德水准的提升就是精神的进化。"②在此意义上,道德精神是一切道德教育的灵魂,也是受教育者道德学习的根本旨归,这主要是由对人的生命意义探索所决定的。因为唯有受教育者将自我的生命意义与道德建构联系起来,才能在内心深处真正地产生"善良意志"和道德动机,也才能持久

---

① 刘丙元.自觉为人——道德教育的人性本体目的[J].辽宁师范大学学报(社会科学版),2008(1):61-64.

② 王坤庆.精神与教育——一种教育哲学视角的当代教育反思与建构[M].武汉:华中师范大学出版社,2008:180.

地、积极地践行道德行为。换言之,"德育作为塑造人类灵魂的伟大工程,在人的精神建构中发挥着不可替代的作用"①。

那么,道德教育如何作用于受教育者的精神世界的建构? 就其教育功能而言,道德教育旨在唤醒人对生命意义的自觉追求,帮助受教育者澄明自我的生命价值和建构自我的内在精神世界,让受教育者不在意义世界的探索过程中迷失自我。就其教育机制而言,道德教育致力于通过提升受教育者的道德认知、涵养受教育者的道德情感、磨砺受教育者的道德意志以及养炼受教育者的道德行为,来帮助其净化和提升内在的精神世界。在此意义上,道德教育本质上是具有深度人文关怀价值的,并且,这一价值的实现首先体现在道德教育目的的建构与呈示之中。这是因为,道德教育的目的是对受教育者生命意义和精神世界建构的直接性体现,也是生命哲学与道德教育相互贯通的"拱心石"。经由道德教育目的,我们既能够从哲学存在论意义上明晰受教育者的生命意义和精神世界的价值经纬,也能够从教育实践论意义上了解道德教育如何引导受教育者唤醒生命意义和建构内在精神世界的具体举措。

二、道德教育目的的理念内涵

依循受教育者生命意义的澄明和精神世界的建构,道德教育在实践过程中应该确立何种具体的目的? 这得从道德教育的本质说起。

前文已经论述,道德究其本质而言是一种特殊的文化精神,精神是阐释道德本质最为基础的出发点与立足点。作为一种精神的道德既具有内在向我的一面,也具有外在向他的一面。其中,道德的"向我"属性凸显了个体性的内在道德向度,它所面对的是主体内部的自由意志和实践理性,旨在回答"人应该如何幸福生活"的问题;道德的"向他"属性彰显了群体

---

① 王东莉.德育人文关怀论[M].北京:中国社会科学出版社,2005:42.

性的外在伦理向度,它所面对的是人与人之间的社会规范与互动准则,致力于阐释"我们应该如何在一起"的问题。根据对道德本质的一般性理解,我们可以尝试去进一步阐释道德教育的本质,即道德教育本质上是一项关乎人道德自律精神的事业,精神自律既指向了受教育者内在的道德自我如何规范自己的伦理意志,也指向了其外在的道德自我如何调整自己的伦理准则。

作为道德与教育发生关联的中介性范畴,道德教育一方面具有道德哲学的"形而上"属性,另一方面也具有教育实践的"形而下"属性。依循于此,基于精神建构的道德教育目的作为道德教育价值意义的凝结,它一方面要凸显个体性的内在道德向度,另一方面要彰显群体性的外在伦理向度,由此回应受教育者"应该如何幸福生活"和"应该如何与他者在一起"的问题,对这两个问题的有效回应既体现了道德教育本质的内在要求,也是规范道德教育内容、实施及其评价的必要前提。这是因为,道德教育的目的规定了道德教育实践活动全过程的价值取向,整个道德教育实践活动过程是在道德教育目的的观照下进行的。

作为一种对实践活动结果的期望或预设,道德教育的目的具有前瞻性、整全性、生成性等特征。其中,前瞻性是指道德教育的目的能够为道德教育内容的设计、方法的选择以及评价的实施提供价值导向。整全性一方面是指道德教育的目的要兼顾受教育者的道德认知、道德情感、道德意志和道德行为等各个要素;另一方面是指人的德行的提升关涉其生命的整全性发展,因为它能够为人的全面发展提供一个普遍性的价值坐标,也能够为人的全面发展创设一种高远的人生理想境界,在此意义上,道德教育"是实现人的全面发展的一种具有根本性意义的方式或途径,它为人的全面发展提供了根本原则、方向和基本的价值取向"①。道德教育目的

---

① 张澍军.德育哲学引论[M].北京:中国社会科学出版社,2008:131.

的生成性是指道德教育的目的并不是抽象的、普遍的,而是具有特定的情境性与个体性,并且在道德教育实践过程中可能会发生变化,因为人的德性的提升是一个循序渐进的过程,在这一过程中,受教育者需要不断根据教育者的引导,建构自己独特的内在精神世界。

三、道德教育目的的价值意义

"目的"是人们从事某种活动所期望达到的结果,它蕴含着主体对活动所创造的特定价值的期待,故而它能够有效呈示主体依循某种认知判断所生成的价值意向性。道德教育作为人类社会的一项重要实践活动,它被赋予了道德教育者乃至更高教育主体的特定价值期待。从意义哲学的视角来看,道德教育的意义存在于对道德教育目的的选择和对道德教育目的的追求过程中,经由道德教育目的,我们才能有效地从中摸索出道德教育的本质内涵与价值初衷,进而为深层次地将道德教育付诸实践提供根本性的方向。在此意义上,道德教育的目的是内在地镶嵌于道德教育的本质之中的。具体而言,我们之所以需要对道德教育的目的进行深入研究,主要基于以下两点缘由。

首先,研究道德教育的目的有助于为道德教育理论与道德教育实践提供沟通的"桥梁"。因为从特定意义上来讲,道德教育的目的是沟通道德教育理论建构和实践探索的"拱心石"。一方面,道德教育的目的是对道德教育本质内涵的具体实践呈示,并且后者往往对前者具有决定性作用;另一方面,道德教育的目的又深刻制约着道德教育的内容、道德教育的方法与过程以及道德教育的评价等。在此意义上,道德教育的目的是道德教育理论与实践体系的中枢,故而深入研究道德教育的目的对于理解、阐释和实践道德教育,进而从纵向上构建道德教育的理念与实践体系具有深远意义。

其次,研究道德教育的目的有助于明晰道德教育的精神与文化精髓。

从精神哲学的视角来看，道德教育本质上就是一种文化，并且它也关乎着人类精神与文化的传承和建构。古往今来，不同的思想家基于自身的价值立场对道德教育进行了理论研究和实践探索，由此产生了关于道德教育的不同论述与实践。究其根由，主要在于不同思想家在道德教育目的的理解上大相径庭。这是因为，道德教育目的是道德的教育精神与文化内核的外在呈现，也是阐明特定道德教育和道德教育实践特色的核心抓手。须知，道德教育的目的所传达的是对受教育者伦理精神和生命价值的维护、关切和追问，它是对理想德性人格的肯定与描绘，也是对人类精神和文化脉象的伦理想象。因此，研究道德教育的目的有助于我们深入理解道德教育的精神与文化精髓，进而为探索道德教育实践构筑精神脊梁。

第二节　道德教育目的的古今流变

中西方道德教育的目的不是一成不变的，它一直是随着人类社会历史文化的变化而不断变化的，并且在演变过程中呈现出自身独特的历史文化逻辑。具体而言，关注个人发展或者是社会进步，抑或是对两者的兼相关注，是中西方道德教育目的古今流变的"主线索"，但是在如何促进个人发展和社会进步的问题上又因文化差异而展现出各自的特色。

一、中国道德教育目的的古今流变

由于道德教育的目的是其自身前提性条件的整合统一，也是道德教育实践活动的价值枢纽，故自古以来，中华民族十分重视道德教育的教化作用，关于道德教育目的的研究与论述颇为丰富。

在古代中国，诸多教育思想家依循自身的哲学与教育理念，对道德教育进行了深刻且详细的论述。在先秦时期,儒家教育思想的代表人物孔丘认为,道德教育的目的在于培养具有"仁义礼智信"品德的君子人格。在《论语》一书中,谈到君子人格及其培育达107次之多,其中孔丘对学生子夏明确提出培养要求:"女为君子儒,毋为小人儒。""君子儒"的具体文化特质主要体现为"修己""安人"以至"安百姓"。"孟氏之儒"的代表人物孟轲认为道德教育的目的在于扩充人所固有的"善性",使人"明人伦",最后能够成为具有浩然之气的大丈夫。与儒家主张"学而优则仕"的入世风格不同,道家主张"出世",亦即"举世誉之而不加劝,举世非之而不加沮"。其中,道家教育思想代表人物庄周认为,"至人""神人""圣人"是道德教育的理想人格图式,"若夫乘天地之正,而御六气之辩,以游无穷者,彼且恶乎待哉?故曰:至人无己,神人无功,圣人无名"(《庄子·逍遥游》)。墨家教育思想代表人物墨翟认为,道德教育的目的在于培育具有厚乎德性的"贤士"或者"兼士",他能够以"兴天下之利,除天下之害"为己任,不分亲疏贵贱,能够做到"为身之所恶,以成人之所急"(《墨子·经说上》)。战国后期,中国古代第一本专门论述教育的著作《学记》中也对道德教育的目的进行了阐释:"玉不琢,不成器。人不学,不知义。""君子如欲化民成俗,其必有学乎!"在此意义上,个人层面的"学为圣贤"和国家层面的"化民成俗"是道德教育的两个重要目的。

在秦汉时期,秦朝奉行"以法为教""以吏为师"的教育政策,道德教化的目的与法治教育具有同一性,即形成"尊卑贵贱,不逾次行""奸邪不容,皆务贞良"的道德习俗。汉朝大儒董仲舒高扬道德教育在政治教化和国家治理中的重要作用,认为道德教育的目的在于明确封建社会儒家伦理秩序体系,使受教育者将"三纲五常"内化于心、外化于行,最终形成重义轻利、必仁且智的理想人格。魏晋南北朝时期的儒学家傅玄认为,道德教育的目的在于修其心灵,成就君子之德,如此才能"上安下顺""而无争夺",以至"常治四夷"。颜之推在承袭儒家以孝悌仁义等思想为主要内容的伦理传统的基础上,提出道德教育的目的在于"实践仁义""行诚孝而见贼,履仁义而得罪,丧身以全家,泯躯而济国,君子不咎也"(《颜氏家训·养生篇》)。隋唐时期道统学说的提出者韩愈基于"人性三品",认为道德教育的目的在于促使人习得"仁、义、礼、智、信"等道德原则,进而捍卫儒家伦理思想和封建王朝的政治统治。宋元时期的理学集大成者朱熹十分重视道德教育的作用:"德行之于人大矣……士诚知用力于此,则不惟可以修身,而推之可以治人,又可以及夫天下国家。故古之教者,莫不以是为先。"(《朱文公文集》卷六十九)在他看来,道德教育的根本任务是"明天理,灭人欲":"修德之实,在乎去人欲,存天理"(《朱文公文集》卷五十九)。"天理"是以"三纲五常"为核心的封建伦理道德思想;"人欲"是指"人心的问题",是为"嗜欲所迷"的人心。明朝大儒王守仁根据自己的"心学"思想体系,认为道德教育的目的在于"明人伦":"夫三代之学,皆所以明人伦"(《王文成公全书》卷七)。所谓"人伦",即"'父子有亲,君臣有义,夫妇有别,长幼有序,朋友有信'五者而已"。

鸦片战争以后,中国步入近现代历史时期,"西学东渐"成为这一时期教育改革与发展的重要特点,人们关于道德教育目的的认识也发生了很大转变。维新派的代表人物梁启超认为,道德教育的目的在于培育具有国家意识、公民权利意识、合群意识等品质的"新民"。严复在吸收英国教育家斯宾塞教育观点的基础上,提出"三育论",认为道德教育的目的在于"新民德",亦即"用西方的民主自由平等取代封建伦理道德,培养人民忠爱国家的观念意识"[1]。

民国初年,时任民国第一任教育总长蔡元培提出军国民教育、实利主义教育、公民道德教育、世界观教育和美感教育"五育并举"的教育思想,试图"养成共和国民健全之人格"。其中,在"公民道德教育"中提出,道德

---

[1] 孙培青.中国教育史[M].4版.武汉:华中师范大学出版社,2019:345.

教育的目的在于"教之以公民道德",即自由、平等和博爱。中国共产党自成立之初就十分注重对党员和群众的道德教育,但是由于政治革命需求等原因,中国共产党的道德教育与思想政治教育始终镶嵌在一起,故而道德教育的目的也具有深刻的思想政治教育特质,即要求对多数无产阶级青年,宣传社会主义,启发并培养他们的政治觉悟及批判能力。马克思主义教育家杨贤江认为,道德教育的总目标在于实现"众善","因此,中学训育的目标,无论学生与否,终不当仅希望学生做各个的好人,乃应培养学生做社会的好人"①,具体体现为一是要做一个有觉悟的青年,二是要有坚定的马克思主义信仰和远大的理想志向。

新中国成立初期,道德教育的目的延续了中国共产党革命时期的思想政治教育传统,同时也由于时局变化而增加了一些新的时代内涵。在改革开放以前,道德教育直接服务于国家政治经济制度的巩固与稳定。例如,1952 年 3 月,教育部颁布《小学暂行规程(草案)》,提出中小学道德教育的目标在于"使儿童具有爱国思想、国民公德和诚实、勇敢、团结、互助、遵守纪律等优良品质"。

改革开放后,道德教育思想政治化的倾向开始转变,道德教育的目的相应地从强调政治意义的接班人转向了有理想、有道德、有文化、有纪律的一代新人。道德教育在目的的确立上将焦点聚焦于"人"本身,肯定人的本性、自我意志和自我完善,关注个人生活及其生命意义的建构。总体上来讲,其中比较有代表性的德育目的论主要可以分为以下三类。

第一类观点认为道德教育的目的在于让受教育者过上幸福生活,代表人物主要有鲁洁、高德胜、冯建军等。生活与道德具有内在的契合性,并且,生活是道德教育的出发点,也是道德教育的归宿点。"生活论意义中的'成人之道'是使道德从远离人的存在和生活世界的抽象理性的规范

---

① 潘懋元,等.杨贤江论"全人生指导"文选[M].北京:光明日报出版社,2005:120.

体系重新回归为人类生存的自觉意识,它呵护人的实践的、自由的本性,为人的生成发展的可能生活提供终极关怀和安身立命的精神。"①回到生活实际是道德教育的目的,道德教育的目的不在其本身,而在于生活,即美而善的生活。② 这是因为,生活是道德存在的根据与形态,整体性、实践性、生成性是生活世界道德的主要特征;回归生活世界的道德教育要走进方方面面的生活、生活的方方面面。③ 并且,道德教育所建构的幸福生活,不仅仅局限于现实的生活世界,同时也需要在超越现实生活的基础上面向有意义的可能生活,它在根本上就是要引导人走向人性的光辉,建构崇高的道德理想、崇高的精神生活。④

第二类观点认为道德教育的目的在于培养具有自由、平等、民主意识的现代社会公民,代表人物有班华、杜时忠、戚万学、严从根、叶飞、程红艳等。班华认为,在社会主义新时代,道德教育要将培育"有大爱大德大情怀"的社会公民作为其目的。⑤ 现代社会的公民一方面具有个人发展属性,另一方面也具有社会责任属性,在文化多元和价值多元的背景下,道德教育的目的就在于培育出在道德普遍主义和伦理多元主义之间能作出合理判断与合理行动的公民。⑥

第三类观点认为道德教育的目的在于培育主体性人格。代表人物主要有檀传宝、肖川、王华兴等。在改革开放以前,道德教育的目的过于要求培育受教育者的集体意识和集体能力,强调受教育者的共同体身份,对受教育者的主体性和个性发展关注不足,由此使得受教育者的自主性和

① 鲁洁.做成一个人——道德教育的根本指向[J].教育研究,2007(11):11-15.
② 高德胜.生活德育简论[J].教育研究与实验,2002(3):1-5,72.
③ 鲁洁.生活·道德·道德教育[J].教育研究,2006(10):3-7.
④ 冯建军.道德教育:引导幸福生活的建构[J].高等教育研究,2011(5):15-21.
⑤ 班华.做"有大爱大德大情怀"的人——全球视野下的心理—道德教育[J].人民教育,2018(24):50-51.
⑥ 程红艳.道德相对主义时代的公民道德教育[J].高等教育研究,2015(8):20-27.

创造性受到了压制。在此境遇下,凸显人的地位和价值的主体性教育思潮逐渐弥漫于整个教育学领域,并引发教育理论研究和实践探索的"热潮",道德教育及其目的的确立也深受此影响。对此,有学者认为,社会发展的最终目标应该是个人自由全面的发展,而主体性道德人格的确立是现时代个人自由全面发展的核心。[1] 道德教育过程的本质是价值引导情境中道德学习主体的自主建构。[2] 依循于此,道德教育的根本目的在于唤醒、激活与弘扬个体潜能中积极的、建设性的因素,不断提高自我感受、选择和判断的能力,提高受教育者的主体意识、主体能力,提高受教育者自育的能力和水平,并成为自我教育、自我管理的道德主体。

二、西方道德教育目的的古今流变

同样,西方教育思想家也十分重视对道德教育目的的研究。在古希腊,荷马时代的道德教育通过史诗和戏剧模仿神或塑造英雄形象,试图让人通过崇拜英雄与神,并通过效仿而获得英勇善战的品质。在《荷马史诗》中,其"所歌颂的英雄都是品行高尚、人格健全的道德典范。在他们身上,集中了各种为社会所肯定的美德:勇敢、正义、忠诚、大公无私、热爱集体、智慧,等等。从中可以看出,在对青年人的教育中,道德教育所占据的地位"[3]。由此可见,这一时代也可以被视为以培育英雄为道德教育目的的时代。进入古风时代,古希腊的道德教育主要以雅典和斯巴达最为典型。其中,在雅典,培育具有理智、聪慧和公正等品质的城邦公民是道德教育的主要目的;与此不同,培育具有勇敢、坚韧、顺从和爱国等品质的战士则是斯巴达道德教育的主要目的。

---

① 肖川.主体性道德人格教育[M].北京:北京师范大学出版社,2002:31.
② 檀传宝.主体性德育——欣赏型德育模式论要[J].深圳教育学院学报(综合版),1999(1):13-17,120.
③ 吴式颖.外国教育史教程[M].北京:人民教育出版社,1999:30.

　　随着古希腊城邦奴隶制经济的进一步发展,奴隶制进入以剩余价值生产为目的的阶段,奴隶制民主政治制度得以最终确立,并且由此迎来了古典时代的文化与教育大繁荣时期。在这一阶段,也诞生了西方哲学与教育思想史上伟大的古希腊三哲——苏格拉底、柏拉图和亚里士多德。其中,苏格拉底认为道德教育的目的在于引导人们"努力成为有德行的人",亦即培养具有智慧、勇敢、节制和正义品德的人。① 柏拉图认为道德教育的目的具有两个方面:一方面是使受教育者的灵魂达到正义与和谐,实现个人的"善生";另一方面是使全体公民各司其职,实现城邦的正义与和谐。亚里士多德认为道德教育的目的是培养具有"中道"德性的人,"若是在应该的时间,据应该的情况,对应该的人,为应该的目的,以应该的方式来感受这些情感,那就是中道。"②并且,亚里士多德十分重视道德的内在性,即培育人内在的道德精神。"合乎德行的行为,本身具有某种品质还不行,只有当行为者在行动时也处于某种心灵状态,才能说它们是公正的或节制的。第一,他必须是有知的、自觉的;第二,他必须是有意识地选择行为的,而且是为了行为自身而选择的;第三,他必须在行动中勉力地坚持到底。"③

　　古罗马是继古希腊之后的西方第二个奴隶制典型国家,它在继承古希腊文化和教育思想的基础上又保留着自己的特色,其中,在道德教育目的的论述上以西塞罗、昆体良最具典范意义。西塞罗以培育雄辩家而著称,因此他认为道德教育的目的在于培养人优雅的举止和文雅的风度:"演说是由身体、手势、眼神以及声音的调节及变化等加以控制的,它们对于演说本身所产生的作用是巨大的。"④昆体良认为美德是雄辩家最重要

---

① 色诺芬.回忆苏格拉底[M].吴永泉,译.北京:商务印书馆,1986:25.
② 亚里士多德.尼各马科伦理学[M].苗力田,译.北京:中国社会科学出版社,1990:33.
③ 亚里士多德.尼各马科伦理学[M].苗力田,译.北京:中国社会科学出版社,1990:30.
④ 吴式颖.外国教育史教程[M].北京:人民教育出版社,1999:93.

的品质:"美德虽然也能从自然获得一定的动力,它仍需要教育使之成为现实的东西。"①因此,他认为培养善良、具有识别善恶能力和遵守国家法律以及坚持正义的人是道德教育的目的。

古罗马帝国衰落以后,欧洲进入了长达一千年的中世纪"神性时代",以信仰宗教和传播教义为核心的基督教神学世界观、儿童观、知识观占据了教育的整个领域。基督教宗教哲学思想体系创立者、著名神学家奥古斯丁,提出了大量的基督教教育理念,主张道德教育的目的是感受上帝的"智慧之光",认识上帝的至真、至善、至美。此外,中世纪基督教神学集大成者托马斯·阿奎那,借助亚里士多德形而上学实在论,提出了"上帝存在的宇宙论证明",在他看来,道德教育的目的是培养人的"德性",其中"尘世的德性"包括"道德德性"和"理智德性";"神圣的德性"是对上帝的"信""望""爱"。②

中世纪以后,西欧进入文艺复兴和宗教改革时代,人文主义教育思想逐渐取代了宗教神学教育思想,这一时期也产生了一大批卓越的教育思想家,例如弗吉里奥、维多利诺、拉伯雷、伊拉思诺、蒙田、马丁·路德、加尔文等。总体而言,他们在关于道德教育目的上的论述比较人性化,强调道德教育要促进受教育者的个性发展与思想自由。与此同时,他们认为道德教育也不能完全放弃对上帝的虔敬之心。随着人文主义运动的深入推进,欧洲逐渐从封建社会过渡到资本主义社会,也因此产生了诸如夸美纽斯、洛克、卢梭、裴斯泰洛齐、赫尔巴特、乌申斯基等一大批著名教育思想家。其中,捷克教育家夸美纽斯认为教育要"把道德教育放在首位",道德教育的目的在于培育人具有"谨慎、节制、刚毅、正义"这四种基本德行。其中,谨慎是指"健全的判断",因为"对事实的健全判断是一切德行的真

---

① 昆体良.昆体良教育论著选[M].任钟印,选译.北京:人民教育出版社,2001:154.
② 单中惠.西方教育思想史[M].北京:中国人民大学出版社,2017:44-45.

正基础"①;节制是指在生活和学习方面具有节制的能力,"凡事不过分"就是学习的金科玉律②;刚毅是指"坦率和忍劳耐苦"③;正义是指"不伤害人、公平待人、避免虚伪和欺骗、乐于助人"④。英国绅士教育的杰出代表约翰·洛克认为,道德教育是绅士教育的灵魂,道德教育旨在使人"精神保持正常,使他的一切举止措施都合乎一个理性动物的高贵完美的身份"⑤,进而能够成为一个有教养、懂世故、有德行的优秀绅士。法国自然主义教育的典型代表、"教育史上的哥白尼"让·雅克·卢梭认为:"道德教育的任务主要是:激发善良的感情,养成正确的判断力,培养坚强的意志。在道德教育中,应该使青年的心中产生善良、博爱、怜悯、仁慈以及所有一切自然而然使人感到喜悦的温柔动人的情感,并防止产生妒忌、贪婪、仇恨以及所有一切有毒害的欲念。"⑥享誉世界的 19 世纪瑞士教育家约翰·亨利希·裴斯泰洛齐认为:"整个基本道德教育包括下面三个基点:用纯感情来培养一种道德情感;用自我克制和力求正确与完美来进行道德训练;最后,让孩子们对他们所处的法律和道德环境进行思考和比较,从而培养对道德的理解力。"⑦由此可见,唤醒人纯粹的善良情感和道德判断能力是道德教育的核心目的。德国主知主义教育思想家、科学教育学的奠基人赫尔巴特认为:"使绝对明确、绝对纯洁的正义与善的观念成为意志的真正对象,以使性格内在的、真正的成分——个性的核心——按照这些观念来决定性格本身,放弃其他所有的意向,这就是德育的目标。"⑧可以说,关注道德意志和道德观念的纯粹性是包括康德、费希

---

① 夸美纽斯.大教学论·教学法解析[M].任钟印,译.北京:人民教育出版社,2006:191.
② 夸美纽斯.大教学论·教学法解析[M].任钟印,译.北京:人民教育出版社,2006:192.
③ 夸美纽斯.大教学论·教学法解析[M].任钟印,译.北京:人民教育出版社,2006:193.
④ 夸美纽斯.大教学论·教学法解析[M].任钟印,译.北京:人民教育出版社,2006:192.
⑤ 洛克.教育漫话[M].傅任敢,译.北京:教育科学出版社,1999:42.
⑥ 单中惠.西方教育思想史[M].北京:中国人民大学出版社,2017:131.
⑦ 布律迈尔.裴斯泰洛齐选集(第一卷)[M].尹德新,组译.北京:教育科学出版社,1994:323.
⑧ 赫尔巴特.普通教育学·教育学讲授纲要[M].李其龙,译.北京:人民教育出版社,1989:40.

特以及黑格尔在内的德国教育学家的共同特质。被称为"俄国教育科学的创始人""俄国教师的教师"的乌申斯基认为,道德教育是培育个人具有爱国主义、人道主义情感,形成追求公正、诚实、谦逊、尊重他人、信仰上帝等道德品格的教育实践。①

进入现代以后,德国哲学家尼采对西方传统的道德观和道德教育进行了颠覆性批判,认为传统道德教育压制了受教育者的生命热情和生命意志,故而是一种"奴隶式的道德教育",在此境遇下,道德与生命构成了"二律背反":只要我们信仰道德,我们就是在谴责生命。② 基于此,他认为道德教育的目的在于唤醒人的生命意志并使之变得强大、充盈,让每一个人"成为你自己",立足自己的生命本然去赋予内在精神以独特的价值意义。可以说,尼采的道德教育目的观超越了传统理性主义视域下道德教育目的的基本框架,试图在肯定生命意志的过程中彰显道德教育的实践活力。

与传统不同,19世纪末以后的西方道德教育目的论更为丰富多元,一方面是因为起源于英国的"新教育"思想在西方各国广泛传播,并形成了盛极一时的新教育运动;另一方面是因为西方各国教育实践的快速发展,推动了道德教育理论思想研究的多元化,并且朝着体系化、学派化的方向发展。功能主义教育思想的集大成者爱埃米尔•涂尔干认为,"唯理"③的道德教育目的在于培养人们对国家的共同价值观念和情感,尊重公共的道德规范。"凡是能减少道德教育的效能,或者使它变得不确定的

---

① 乌申斯基.乌申斯基教育文选[M].张佩珍,冯天向,郑文樾,译.北京:人民教育出版社,2007:83.

② 尼采.权力意志:重估一切价值的尝试[M].张念东,凌素心,译.北京:中央编译出版社,2000:131.

③ 涂尔干认为,道德教育应该是一种"唯理"教育,即道德教育应该以理性所承认的理念、情感和实践为基础。

东西,无不同时在破坏公共道德。"①实用主义教育学的代表人物约翰·杜威认为,帮助受教育者协调个人与社会的关系是道德教育的主要任务,亦即培育具有个性的同时也能够符合国家和社会现实需要的社会公民,这种社会公民一方面具有独立性、创造性,另一方面也能够"在和别人的共同生活中能生活得像一个社会成员"②,具有参与民主政治生活的能力和服务社会发展的精神。文化教育学的代表人物斯普朗格认为,教育是一种唤醒人的心灵的文化过程,道德教育的目的是在学生心中确立自由、平等和博爱的价值信念。其中,自由是指"个人在国家和社会中广泛权利的承认"③,平等是指学生多元个性的平等化发展,博爱是指通过学校集体生活培育一种集体精神。因为"学校由一个教与学的集体转变为一个包括整个青少年生活的集体"④。集体主义教育的代表人物马卡连科认为,道德教育目的是培育集体主义者,因为每一个人都离不开集体而独立存在,集体为个人的创造力发展提供了条件,道德教育只有"在集体中、通过集体"才能实现。永恒主义教育的代表人物罗伯特·梅纳德·赫钦斯认为,"人生是一种道德的、理性的、精神的存在"⑤,全部教育问题的答案源自对"人性"问题的阐述,故而道德教育的目的在于"改善人",这"意味着他们理性、道德和精神诸力量的最充分的发展"⑥。存在主义教育的代表人物马丁·布伯认为,道德教育的目的"非是告知后人存在什么或必会存在什么,而是晓喻他们如何让精神充盈人生,如何与'你'相遇"⑦。言

---

① 涂尔干.道德教育论[M]//张人杰.国外教育社会学基本文选(修订版).上海:华东师范大学出版社,2008:322-323.

② 杜威.学校与社会·明日之学校[M].赵祥麟,任钟印,吴志宏,译.北京:人民教育出版社,2004:122.

③ 瞿葆奎.联邦德国教育改革[M].北京:人民教育出版社,1994:132.

④ 斯普朗格.学校改革的三个主题[M]//瞿葆奎.联邦德国教育改革.北京:人民教育出版社,1991:91.

⑤ 赫钦斯.乌托邦的大学[M].陈秉逵,译.台北:韦伯文化国际出版有限公司,2011:135.

⑥ 王承绪,赵祥麟.西方现代教育论著选[M].北京:人民教育出版社,2001:224.

⑦ 布伯.我与你[M].陈维纲,译.北京:生活·读书·新知三联书店,1986:60-61.

下之意是,道德教育致力于促进受教育者精神生活能力的养成,塑造其人格。马克思主义教育的代表人物苏霍姆林斯基认为,教育的本质目的是"促进人的个性全面发展",依循于此,道德教育的目的在于培育受教育者良好的道德行为习惯、丰富的道德情感和坚定的道德信念,并且,道德信念是最高的道德教育目的,因为"个人道德信念是道德教育的最终结果,是说明一个人的精神面貌及其品性中思想和行为一致,言论和行动一致的主要标志"[①]。可以说,关于道德教育的论述贯穿了整个西方教育思想史,而关于道德教育目的的论述则是论述道德教育的基础性工作。

三、中外道德教育目的的价值取向及其反思

通过对中西方道德教育目的的一般性梳理,我们发现,中西方道德教育目的的确立虽然因历史文化、政治制度、宗教信仰等原因而表现出一定程度的差异,但是我们仍然能够在两者之间挖掘出共同的价值取向,这一方面是由受教育者身心发展规律所决定的,另一方面也依循于道德品格的内在发展逻辑。

(一)中外道德教育目的的价值取向

通过上述对中西方道德教育目的的历史梳理,我们可以发现道德教育的目的具有两种价值取向,一是关注受教育者个体的德性提升,二是关注社会、民族国家或者说人类社会的伦理发展。其中,第一点对应道德教育的本体功能,第二点则对应道德教育的衍生功能。随着道德教育理论研究的进一步深化和道德教育实践探索的进一步丰富,道德教育目的的两种价值取向表现出了整合融汇的发展趋势。但是,需要反思的是,目前我们关于道德教育目的的论述与阐释较少从个体和社会伦理道德精神的视角去切入与展开,由此可能会引发道德教育目的的庸俗化与肤浅化,甚

---

① 苏霍姆林斯基.帕夫雷什中学[M].赵玮,等译.北京:教育科学出版社,1983:199.

至可能无法从深层次涵养受教育者的道德品性和优化人类社会的道德风俗。在此意义上，道德教育的目的唯有植入个体精神、社会精神、国家精神和人类精神，才有可能促进道德教育和人类伦理社会的深层次发展和建构。

1. 关注受教育者个体的德性提升

纵观中外道德教育目的论的古今流变可以看出，受教育者个体生命意义、幸福生活、伦理精神是道德教育目的的重要聚焦点，这也是道德教育个体个性化功能的显著体现。

道德教育关注受教育者个体的德性提升主要体现在修身养性、理性能力和道德情感培育、生命意义建构等方面。其中，中国道德教育目的倾向于从人的"本性"出发，强调通过道德教育促进人的"德性涵养"。西方道德教育目的则倾向于培育人的善良意志、道德情感、实践理性、勇敢正义、心灵自由、道德信念等。相比而言，中华民族的道德教育目的从本质上而言是一种基于儒家"圣人"思想体系的由内而外的"君子之学"，致力于培育持守圣人之道的"仁义中正"之人，也因此，其道德教育方法十分重视受教育者"诚意立志""学思并重""慎言力行""自省自克"；而西方的道德教育目的虽然也十分重视受教育者内在的道德良心和善良禀赋，但是从总体上来看，西方道德教育所倡导的个性发展是基于受教育者的理性意识与理性能力的，并且基于理性意识和理性能力的德性提升与受教育者的生命意义、价值的实现具有直接的关联性，而与国家、社会的发展则关联较弱。在这一点上，中国则不同，中国虽然也倡导道德教育应促进受教育者的个性发展，但是受教育者的个性发展与社会发展、国家发展是耦合在一起的。尽管在促进个体发展上有所不同，但是总体而言，关注受教育者个体的德性提升是中西方道德教育目的的共同旨归，只不过由于历史文化等因素而在具体倾向上有所不同。可以说，中西方道德教育在目的上关注受教育者个体的德性提升无疑具有充分的伦理正当性。因为促进个人德性提升是道德教育的基础性功能,其他一切则是由此而衍生出来的。

2. 关注社会、国家和人类世界的伦理发展

关注社会、国家和人类世界的伦理发展同样是道德教育的重要价值目的,因为一方面促进社会、国家和人类世界的伦理进步与良序建构需要道德教育的参与;另一方面,这也是道德教育本体功能在社群领域的延续,故而关注社会、国家或者说人类世界的伦理发展即道德教育与生俱来的目的属性,这一点也为古今中外的道德教育目的所验证。在古代中国,如何将封建宗法思想和儒家纲常伦理"化民成俗"便是道德教育的重要目的。例如,西汉时期的贾谊认为,道德教育可以安国富民,使民风淳朴,"绝恶于未萌,而起教于微妙,使民迁善远罪而不自知",继而使得"德教洽而民气乐"(《贾谊·治安策》)。北宋时期的张载更是提出了"民吾同胞,物吾与也"的教化思想,由此将道德教育的关注主体从个人延伸到国家、社会,再延伸到宇宙万物的整全视域中来。在近现代中国,特别是新中国成立以后,道德教育对国家和社会的功能更加凸显,如何经由道德教育促进个人与社会的发展、国家建设以及人类命运共同体的形成,便成了道德教育的重要价值旨归。在西方,关注社会发展和国家的进步同样是道德教育的重要价值旨归。例如,新托马斯主义教育学派认为,道德教育的目的主要是使人能在宗教的影响下,以上帝为其生活理想;进步主义教育学派、新教育学派等主张道德教育需要将"以儿童活动为中心"逐步转移到"以社会文化为中心";改造主义教育学派面对"进步教育"的失势提出了改造社会的主张,把"社会同意"作为道德教育的主要价值目标。由此可见,促进社会和国家乃至人类世界的发展,是道德教育从古至今的一项重要价值目标。但是,深入来讲,中国和西方道德教育目的中关于关注社

会、国家或者说人类世界伦理发展的论述具有根本性的不同。中国自古以来倡导政治伦理合一的教化传统，而西方则是倡导宗教伦理合一的教化传统，由此而使得中国的传统道德教育在目的上更加具有世俗性，并且中国传统文化中"家国同构"的文化模式也决定了道德教育虽然是从个人出发，但是"国家伦理构序"则是个人德性提升的终极旨归。然而，在西方道德教育传统中，个人的德性提升往往是优先于社群和国家的，并且常常与宗教信仰紧密联系在一起，由此使得西方道德教育在促进个人道德和社群伦理建构上缺乏类似于中国传统道德教育中的"家国一体性"。

（二）对中外道德教育目的的评价与反思

综上可知，关注个人德性发展与关注社会、国家以及世界的伦理进步是中西方道德教育自古以来的重要价值指向，由此而形成了"个人本位论"和"社会本位论"两大派别。前者主张从人的本性、本能出发，对受教育者施以教育影响，使人固有的"本性"得以发展和完善，并进一步强调应服从人的需要，由此确立了"本体论"的道德教育目的；后者则主张根据社会或国家对人的思想行为规范的需要确立道德教育的目的，道德教育除了社会或国家目的以外无其他目的，道德教育的效果也只能以其社会功能发挥得如何加以衡量。可以说，这两个派别分别仅仅从受教育者的个人发展和社会或国家发展的层面来论述道德教育的目的，忽视了受教育者个人德性提升与社群伦理进步之间的内在统一性。须知，道德教育在本质上关注的是受教育者个人"向我道德"与"向他道德"的德性发展，在这一过程中，它也能够促进"良序社会"的建构，并且这同时需要以具有充分伦理意蕴的"良序社会"来支撑。在此境遇下，道德教育如何实现个人德性提升和良序社会建构是道德教育目的的应然价值追求。对此，美国教育家杜威在道德教育目的论述上具有将两者相统一的倾向性，他要求道德教育"使个人特性与社会目的和价值协调起来"①。另外,在当代中国,道德教育将幸福生活的建构也作为实现这一目的的重要体现。

诚然,关注受教育者个人、社会、国家乃至整个人类世界是道德教育的重要价值目的,但是需要指出的是,对上述主体的关注需要以受教育者的精神建构为基础前提,而对精神建构的淡化、遗忘甚至忽视是当前道德教育理论研究和实践探索的重要困境。

在古代,中西方哲学家和教育家都十分重视人的道德精神的建构,但是随着时间的推移,人们越来越重视道德教育的一些功用性,强调道德教育的目的要服务社会和国家的发展,由此而导致了道德教育的"精神遗忘"。须知,基于受教育者个人的道德认知、道德情感、道德意志和道德行为本质上都根源于道德精神,因此道德精神是道德品性的内在灵魂。精神作为人的本质存在,是道德教育对人的根本作用点和主要着力点。②道德教育理应将促进受教育者的精神建构作为其本质目的和核心旨向,这也是道德教育的"文化之根"。如果不将道德精神视作道德教育的根本目的,一切关于道德教育目的的论述势必会陷入一种"无根"的尴尬窘境。在此境遇下,理解和阐释道德教育目的,需要将受教育者的精神建构放在核心位置,并以此统摄道德教育的理论与实践体系。

第三节 涵养人的自律精神:道德教育目的新释

"人的本质与其说是实践性的'活动',还不如说通过'活动'去超越必然,获得自由的追求。其形式是实践,其内核却是精神。"③精神是人的生

---

① 赵祥麟,王承绪.杜威教育论著选[M].上海:华东师范大学出版社,1981:320.
② 胡倩,孙峰.内卷视域下道德教育的精神失落与本心回归[J].中小学德育,2021(9):5-9.
③ 王东莉.论德育人文关怀的真善美价值体现[J].中国德育,2010(1):14-18.

命内核,因为它关涉人的一切实践活动的根本性价值意义。据此,作为个体生命发展的重要支撑,教育尤其是道德教育理应在人的精神生命的建构过程中发挥其应有的作用。艾·阿德勒在《理解人性》一书中指出:"学校是每个儿童在其精神发展过程中所必然要经历的一个场景。因此,它必须能够满足健康的精神成长的要求。只有当学校与健康的精神发展的必要性保持和谐,我们才说这是一个好的学校。"①在此意义上,道德教育需要重点关注人的精神生命,唯有如此,才能真正切近教育的本质,也才能让受教育者自觉占有生命的本真。

一、作为道德教育目的的自律精神

从前文论述中可以看出,从古至今关于道德教育目的的阐释主要集中于受教育者个体的发展、国家的进步以及人类社会的完善等几个维度,由此可以窥探出道德教育目的演化的一般规律及其价值本体性。但是,需要明确的是,道德教育目的的确立首先是指向作为个体的"人",教育场域中的"人"是道德教育的出发点与归宿点。唯有以促进人的成长为核心旨要,道德教育才能发挥其应有的价值作用。据此,道德教育的目的首先要关注"人"。

什么是"人"? 这是对人之本质的深层追问。石中英教授指出:"人对自身的理解是人生的一项重要任务,决定着人对自己与他人、自己与社会、自己与自然、自己与大千世界关系的理解。人对自己理解得越正确和越全面,就越能够建立起与他人、社会、自然及整个宇宙之间的和谐关系。"②在这里,这几层关系正是对人之伦理观念的描绘,因此,理解道德教育的目的首先要理解"人"。事实上,关于人的本质的探讨已然十分丰富,例如苏格拉底认为"理性"是人的本质,"人是一个能提出理性问题并

---

① 阿德勒.理解人性[M].陈刚,陈旭,译.贵阳:贵州人民出版社,1991:209.
② 石中英.知识转型与教育改革[M].北京:教育科学出版社,2001:296.

给予理性回答的存在",由此奠定了西方两千多年来理性主义哲学的发展脉络。德国哲学家卡西尔认为,"人是符号动物"。神话、语言、艺术、历史和科学等作为不同的人类文化形态都是对人的"符号"属性的确证,人类的全部文化都是人自身以他自己的符号化活动所创造出来的。① 此外,荷兰文化史学家约翰·赫伊津哈认为人的本质属性是"游戏者"。诚然,从理性的视角和从符号的视角分析人的存在及其本质固然很深刻,但是,无论是理性、符号,抑或是其他,这些分析背后都离不开对人的精神属性的确证。人的理性建构需要以精神为基础,人作为一种社会关系的存在也需要以精神为基础,将人理解为符号的存在、理解为游戏者的存在,同样都需要以精神为基础。在此意义上,人的本质及其存在是一种"精神",精神是人的根本存在方式,也是人最为基础的在世追求。

依循人的精神属性,道德教育理应将促进受教育者的精神建构作为自身的根本目的。在这里,受教育者的精神建构是一种"自律精神"的建构,因为"无论从伦理学还是从德育学的角度来看,只有当'善'真正成为一种内在尺度的时候,人们才会更自觉地去追求它、遵循它"②。自律精神与受教育者的内在道德在本质上是相互契合的,因为自律精神的基础是"人对他人、人对人类的认同所产生的道德责任感。这种责任感要求把他人作为目的而不是手段,要求人际的和谐而不是对抗,要求由内及外、由我及人的道德实践"③。由此,道德教育促进受教育者自律精神的建构即是激发受教育者内在的道德兴趣和道德动力,唤醒受教育者内心之中主动自觉的道德意识和道德行为。

一方面,自律精神是道德教育的核心使命,也是对道德教育本质最为

---

① 卡西尔.人论:人类文化哲学导引[M].甘阳,译.上海:上海译文出版社,2013:114-116.

② 王坤庆.精神与教育——一种教育哲学视角的当代教育反思与建构[M].武汉:华中师范大学出版社,2009:179.

③ 杨清荣.孟轲性善论:一个自律伦理学体系[J].江汉论坛,2001(10):51-53.

原始的诠释。康德认为，自律精神"不是别的东西，而是这种意念为理性存在者争得的对普遍立法的参与权，通过这种参与权使理性存在者适合于成为一个可能的目的王国中的成员……正是因为这一点，规定一切价值的立法本身必须具有一种尊严，亦即无条件的、无与伦比的价值"①。在此意义上，"自律就是人的本性和任何有理性的本性的尊严的根据"②，责成精神自律便是每一位理性存在者理性本性的内在要求，也是理性存在者经由目的王国的立法参与权而获得绝对价值与无上尊严的根本源泉。在精神自律的激励与鼓舞下，受教育者能够超越非道德欲念的桎梏，自觉地承认与重视自我和他者的理性存在本质及绝对价值，并且以严格的责任意识去恪守与遵循以"人是目的"为旨要的先验性道德律令。

　　另一方面，将培育人的自律精神作为自身的根本目的，能够有效彰显人的价值与尊严。人是道德教育的终极旨归，捍卫人的绝对价值和人格尊严是道德教育的重要使命，在此意义上，道德教育不应将人当作表现道德的工具，也不应将人视为实现其他目的的手段，而是在任何条件下都始终如一地以人的价值、人的尊严以及人的道德性人格的培育为道德教育的核心要旨，而其他一切形式的道德教育目标、道德教育内容、道德教育过程、道德教育方法等都是这一核心要旨的具体展开。以自律精神建构为基础的道德教育构成了人获致绝对价值与人格尊严的重要来源，通过自律精神的建构，人确立了自己对普遍他者的责任与义务意识，而履行自己的责任与义务意识的人便具有特定的价值与尊严。将自律精神作为道德教育的目的，是对"人是目的"的一种道德关切与文化实现，它关乎着人的价值与尊严。经由自律精神的建构，受教育者的道德行为所依循的便

---

① 康德.康德道德哲学文集：注释版（上卷）[M].李秋零，等译.北京：中国人民大学出版社，2016：50.
② 康德.康德道德哲学文集：注释版（上卷）[M].李秋零，等译.北京：中国人民大学出版社，2016：50.

是"出于责任"的准则,而非"合乎责任"。所谓出于责任,即指道德行为的动机源自人内心之中的善良意志;所谓合乎责任,即是指实践行为在效果上要体现道德法则的表象要求。前者是道德意向导向的,后者是行为结果导向的。从义务论伦理学的视角来看,前者更具道德价值,而基于自律精神建构的道德教育目的正是对"出于责任"的典型证成。

二、理性精神与伦理精神:自律精神的双重意蕴

道德教育将培育受教育者的自律精神作为自身的根本目的,一方面取决于对道德本质的理解。须知,道德本质上是一种文化精神,精神是诠释道德本质及其建构的核心线索,并且这一建构过程主要依循于人内在的心理动机,鉴于此,培育受教育者自律精神是道德教育的内在要求。另一方面取决于受教育者道德生成的实践机理。受教育者唯有从内心之中真正确立起对自己、对他人的责任与关怀意识,才能具有充分的道德意识与道德能力。在此过程中,受教育者需要在教育者的引导下,不断唤醒和激发自身的道德自觉意识,增强自身的道德责任感和道德义务感,进而建构出基于内在自律的道德精神。

自律精神并不是一个空洞的词汇,它蕴含着丰富的文化意蕴。依循前文对道德教育本质的理解,以及对中西方传统道德教育精神的历史考察,笔者认为,道德教育所要培育的自律精神主要体现在两个方面,亦即受教育者如何以道德的方式面向自我以及受教育者如何以道德的方式面向他者。这两个问题本质上具有一体两面性,即受教育者在道德教育的作用下,如何"从伦理自我走向伦理他者"的问题。

自苏格拉底以来,西方的道德教育就十分重视对人的理性精神的培养。古希腊哲学显现了人类理性精神概念体系或系统的始端,它从苏格拉底的哲学出发,经过小苏格拉底学派、麦加拉学派、昔兰尼学派与犬儒学派等过渡而来,直至两千年以后的道德哲学体系,都渗透着理性主义精

神的文化色彩,道德教育也因此将理性精神的培育作为重要的价值目的。[①] 理性是道德建构的前提,它蕴含着受教育者冷静的、充分的、深思熟虑的道德判断与道德思考,是受教育者道德抉择的充分条件。

---

① 冯玉珍.理性—非理性批判:精神和哲学的历史逻辑考察[M].北京:人民出版社,2013:63.

第五章

道德教育的内容

一般而言,道德教育的内容是指用以提升受教育者道德认知和培育受教育者道德品行的规范性体系,也是教育实践过程中一切对受教育者德性产生积极影响的诸多方面的总和。在道德教育理论建构与实践探索过程中,道德教育内容具有举足轻重的作用。一方面,道德教育内容是道德教育目的的具体抓手;另一方面,道德教育内容又在特定意义上影响着道德教育的过程与方法,也影响着道德教育评价体系的建构。鉴于此,本章将在分析道德教育内容本质和文化特质的基础上,寻求从精神哲学的视角解析道德教育内容的生产方式与证成逻辑,进而为进一步确定道德教育的内容提供基本思路。

第一节 道德教育内容的内涵、结构与特质

培育具有完美德性的理想人格既是受教育者追求人生幸福的前提,也是构建良序社会的基础,而道德教育内容在培育德性人格中具有重要意义。那么,什么是道德教育内容? 道德教育内容又具有何种内在结构和文化特质? 我们将围绕这几个问题展开讨论。

一、道德教育内容的理念内涵

道德教育内容致力于回应道德教育在实施过程中"教师教什么"与"受教育者学什么"的问题，它是道德教育实践活动能够发生、展开的起点，也是学校道德教育根本任务和现实目标得以实现的核心基础。① 依循于此，我们认为，道德教育的内容有效传达了道德教育实践活动所要传授的具体道德规范及其价值体系，明确了道德教育实践活动的载体与依据。

从规范的意义来讲，理解道德教育的内容需要把握以下三个方面。

第一，道德教育的内容是道德教育目标从理论走向实践的重要依托。一般意义而言，道德教育目标是抽象性的价值设计，它明晰了道德教育的内在价值诉求。但是，道德教育目标不能直接性地转化为受教育者的道德品质，它需要道德教育内容的中介性参与。经由道德教育内容的实践转化，受教育者具有依循道德教育目标建构自身道德品质的基础与载体。有学者指出："德育目标能否实现，在相当程度上依赖于德育内容的确定是否科学、有序。"②道德教育内容在道德教育实践过程中彰显了道德教育目标的精神追求，强调以伦理秩序的实践法则规范受教育者个体的生命感觉，由此完成个体的道德教化。

第二，道德教育内容是彰显道德教育精神实质的现实载体。道德教育内容本质上是对道德文化及其内在精神的呈示。每一种道德教育内容都内在地蕴含着特定的道德文化精神。例如，以"四书五经"为主要道德教育内容的中国传统道德教育，旨在培育受教育者家国同构的伦理精神意识；而以"七艺"和宗教知识等为主要内容的西方传统道德教育内容倾

① 易连云.德育原理[M].上海：华东师范大学出版社，2017：157.
② 冯文全.论德育内容的结构及其优化[J].西华师范大学学报（哲学社会科学版），2005（4）：121-124.

向于养炼受教育者的理性精神与信仰精神。基于此,精神是道德教育及其内容建构的文化精髓。换言之,道德教育内容的生产是对文化精神的无意识蕴含,受教育者学习道德教育内容的过程则是对文化精神的有意识建构。由此推论,学习道德教育内容的过程,本质上即是在建构一种文化精神。

第三,道德教育内容是规约道德教育体系化建设与发展的核心枢纽。道德教育的内容是承载道德教育目标和道德教育实施及其评价的中介与枢纽,也是道德教育体系化建设的重要支撑。"德育内容是德育工作的中介环节和基本要素,是德育目标的具体体现。要通过德育使德育对象建立什么样的道德理念、道德价值和道德规范,这都取决于用什么样的德育内容去塑造他。"①作为道德教育体系化建设的核心构成,道德教育内容是道德教育实践活动所要传授的道德价值和道德规范的总和,它一方面是对道德教育目标的阐释与具体化,另一方面又是道德教育实施所必须依循的文化载体。经由道德教育内容,道德教育的体系化建设才最终得以完成。

二、道德教育内容的内在结构

道德教育内容并不是无序存在的,它拥有属己的内在逻辑结构,这是由道德教育的本质内涵与价值目的所决定的。所谓道德教育内容的内在结构,即指道德教育内容致力于通过哪些方面进行自身的体系建构,并且,这一体系建构背后又蕴含着怎样的逻辑理路。依循这一思路,我们将道德教育内容的内在结构划分为以下四个方面。

(一)基于个体道德的道德教育内容

道德教育的首要出发点是培育受教育者对自我的内在伦理意识。所

---

① 刘希明.论德育内容的时代特征[J].清华大学教育研究,1999(3):11-14.

谓基于个体伦理的道德教育内容,是指道德教育要面向受教育者的内在灵魂,不断唤醒受教育者内在的道德意识。英国哲学家莱斯利·史蒂文森认为,"许多其他问题都取决于我们对人性的看法。人生的意义和目的何在? 我们应当做什么? 我们可以期望达到什么目标? 所有这一切,都从根本上受着我们心目中的人之'真实'或'真正'之本性的影响。"①为了对抗精神世界的迷茫、虚无与恐惧,现代人将生命意义与人生幸福寄托于物质生活的极大化丰富和消费心理的肤浅化满足,从而忘却了对自身生命的真实体验,感受不到生命的充盈与丰沛。这些不但造成了人与人之间关系的冷漠与疏远,同时也进一步虚化了现代人的精神世界与生命价值。正如贝塔朗菲所言:"我们已经征服了世界,但是却在征途中的某个地方失去了灵魂。"②在此境遇下,道德教育要求唤醒与激励人体验生命本真的意向与信念。体验生命本真意味着舍弃占有与贪婪,认真倾听自我内在的声音意味着觉解生命的本性。只有这样,我们才能免于疯狂或畸形,摆脱不合理的价值观念、伦理制度和行为方式带给人性的压力,把蕴藏和蓄积在我们本性中所固有的智慧与仁慈之心都尽情地发挥出来,进而在尊重与关怀他者生命的过程中体验人生的幸福与美好。在通达与体验生命本性之后,受教育者将能够主动自愿地向他人、向世界敞开自我,并给予他者生命以真诚的关注与呵护,使自我与他者进入一种和谐状态。因为,通过对生命本性的觉解,受教育者将会意识到"我"并不是孤立于世的,而是与他者处于相遇之中的。

(二)基于社会伦理的道德教育内容

关怀他者的社会伦理是道德教育内容的"第二重结构"。从特定社会交往的层面上看,道德是维系人与人之间正常交往与联系的文化纽带。

---

① 史蒂文森.人性七论[M].袁荣生,张臬生,译.北京:商务印书馆,1994:4.
② 贝塔朗菲,拉威奥莱特.人的系统观[M].张志伟,等译.北京:华夏出版社,1989:19.

经由道德,社会交往与社会联系得以正常开展。有学者指出:从社会关系看,德育内容隐含在人际关系之中。道德本质上是规范人际关系的准则,其范围涉及人类生活和交往的各个方面。① 鉴于此,道德教育需要将关心他者的社会伦理纳入自身的结构范畴之中。在工具理性的裹挟下,人们之间的关爱精神与责任意识日渐消解,剩下的只是相互利用与理性算计。这一现象我们可称之为内在交往的阙如。为了重建人与人之间的社会交往伦理,道德教育亟须克服人与人之间的疏远与倾轧,唤醒自我与他者之间的尊重意识,培养彼此之间的关怀意识、兴趣与能力。尊重与关怀他人是人积极能动的表现,是人之本性力量的释放,它打破了人与人之间的藩篱,使人与人共同伫立于和谐相融之中。因为,关爱他人并不是一种超越人之上的现象,也不是强加于人身上的外在责任,而是某些内在于人之中并且从人心中迸发出来的人自己的力量,凭借这种力量,人使自己和世界联系在一起。② 换句话说,只有通过给予他人充分的关爱,受教育者才能在关爱他人的过程中克服人与人之间的冷漠与分离,才能切实领略到自身生命的无限潜能与盎然生机,体验到自身生命的意义与丰盈。当且仅当"爱"成为人与人之间关系的桥梁,个人才会自觉地作出有利于他人的行为选择。在此意义上,受教育者必将会自觉地对他人的生命发展担负起无限的责任。届时,人的内心将得以幸福安宁,人与人之间得以克服分离与倾轧,人类社会也将走向和谐。

(三)基于全球伦理的道德教育内容

道德教育不仅要求受教育者学会关心自己、关心他者,也要求受教育者学会关心全球人类本身。在此意义上,道德教育的重要任务,即是"要让少年对他人有仁爱之心,并要有世界公民的胸怀。在我们的心灵中有

---

① 程建平.论现代德育内容的构成及其趋势[J].黑龙江社会科学,2004(4):125-129.
② 弗洛姆.弗洛姆文集[M].冯川,等译.北京:改革出版社,1997:141.

某些我们关切的东西:①我们自己;②同我们一起成长的人;③世界之至善。必须让儿童了解这种关切,以便他们使自己的心灵热衷于此。他们必须对世界之至善感到快乐,即使这并不对他们的祖国有好处,或者对他们自己有收益"①。对世界至善的关切与人类的永久和平有关,也与人类的历史文化发展有关,培育受教育者对世界至善的关切也就意味着培育其对人类历史命运的关切,由此教诲受教育者对整个人类负有仁爱与博爱之心(亦即"实践之爱")。在此意义上,道德教育的视野不再局限于一域之内,而是涵盖整个人类社会,故而这种道德教育重在培育孩子对人类产生实践之爱的道德义务,继而使之具有世界公民的博大胸襟。"善意的准则(实践上的以人为友)是所有人们彼此间的义务,不论人们认为这些人是否值得爱,所依据的是伦理学的完善法则:爱你的邻人如爱你自己。因为对人们的一切道德实践关系都是人们在纯粹理性的表象中的一种关系,亦即遵循准则的自由行动的一种关系,这些准则获得了普遍立法的资格。"②在此意义上,培育受教育者对人类的仁爱之心所依据的是伦理学的完善和发展,亦即一种纯粹的道德实践原理,它能够让受教育者在关切整个人类的过程中获得自立法与自守法的资格和地位。康德从"为将来人可能改良到的一种境界"着眼,提出教育的目的是"使人类得以成为最好的人类",而最好的人类就是践行社会普遍伦理的"世界公民"。③ 概言之,道德教育思想是具有全球视野的,道德教育应当并且能够培育公民的仁爱之心,继而实现人类社会的永久和平。

(四)基于生态伦理的道德教育内容

在传统的伦理视野中,伦理仅仅发生于人与人之间,不存在人与非人

---

① 康德.康德论教育[M].李其龙,彭正梅,译.北京:人民教育出版社,2017:60.

② 康德.康德道德哲学文集:注释版(下卷)[M].李秋零,等译.北京:中国人民大学出版社,2016:602.

③ 姜元涛."世界公民"教育思想研究[D].大连:辽宁师范大学,2012:38.

之间的伦理关系。这是一种人类中心主义视野下的伦理界说,它消解了人对自然生命的敬畏之心,致使我们将人类赖以生存的自然家园对象化,并肆意地对万物生命加以伤害与摧残。与传统伦理观不同,新时代道德教育致力于培育能够促进人与自然和谐共生的受教育者,它要求受教育者将伦理关怀的视野从人类自身延伸至整个生态系统。这是一场"伦理学的革命"。通过对伦理内涵的深度挖掘与广度延伸,受教育者自然也就能够对宇宙自然界的一切生命体怀有敬畏之心。敬畏他者生命,意味着人类自觉主动地对宇宙自然界的一切生命体担负起无限的责任。"就对人类的行为而言,敬畏生命的伦理要求我们承担起直至无限的责任,不再有关于被许可的保存的范围的理论。敬畏生命的伦理告诉我们,在任何情况下都要坚持奉献的绝对伦理。"①我们之所以能够将保存与救助生命奉为真理,是因为我们真诚地对生命怀有敬畏之心,我们深刻地认识到一切生命的价值与地位都是平等的。

由于敬畏一切生命意志,我们在内心深处才能真正地、深刻地顺从命运与肯定人生。顺从命运与肯定人生是一种对待社会生活的乐观主义态度,它意味着不放弃对自我与世界的关怀,并且始终激励与要求个人去承担起对一切生命的伦理责任。换句话说,在受动性地服从命运的同时,帮助和拯救他者生命,担负起对他者生命的无限责任是敬畏生命的能动性表现。当然,顺从并不意味着我们无思想、无关注地纯粹消极性生存,相反,我们总是能够在尊重生命的自然发展中体验与思考自己,从而摆脱决定我之外在存在的命运的束缚,充分领悟内在精神自我肯定的奥秘,在真正的自由与幸福中发现解决各种困难的力量,内心由此变得宁静、深刻、丰富与温和。

---

① 施韦泽.对生命的敬畏:阿尔贝特·施韦泽自述[M].陈泽环,译.上海:上海人民出版社,2006:129.

三、道德教育内容的文化特质

通过以上对道德教育内容的内涵和结构的分析与阐释,我们可以看出,道德教育内容在文化特质上遵循着个体性与社会性、历史性与地域性、民族性与世界性等多个方面的辩证统一。

（一）道德教育内容具有个体性与社会性

道德教育既具有促进受教育者个性发展与社会性发展的价值功能,也能够在促进受教育者精神成长的基础上,实现其内在价值意义的自我建构。鉴于道德教育的这一价值功能,我们认为,道德教育在内容上需要坚持个体性与社会性的辩证统一,这也是道德教育内容所必须彰显与呈示的文化气质。道德教育内容具有个体性与社会性主要是指道德教育内容一方面需要关注受教育者的个性成长,促进受教育者内在道德自觉精神的养成,进而使受教育者感受到接受道德教育、进行德性修养、塑造健全的德性人格是个体发展的内在需要,"即可使个体在接受德育、进行德性修养的过程中,体验到满足、快乐、幸福,获得一种精神上的享受"①。经由这种享受,受教育者的精神世界得以充实。在此意义上,道德教育在内容设计上一方面要不断切近受教育者内在的精神世界,唯有如此,才能使其在追求崇高理想的过程中感受到精神的愉悦,不断发展和完善自身的各种德行,进而得到一种自我肯定和超越现实的崇高感、价值感和幸福感。② 另一方面,道德教育内容在设计与组织上需要关注受教育者的社会性成长。受教育者是生活在共同体之中的,这就对其共同体意识的形成提出了要求。寻求与自己共同体之间的文化关联性,是受教育者理性意识觉醒的实践表征。个体只有依存于社会关系的实体性表达中,才能

---

① 王东莉.德育人文关怀论[M].北京:中国社会科学出版社,2005:86.
② 王东莉.德育人文关怀论[M].北京:中国社会科学出版社,2005:86.

完成对自我关系完整性的确证。"因为一个人作为公民才是有实体的,所以他如果不是一个公民而是属于家庭的,他就仅只是一个非现实的无实体的阴影。"①为此,道德教育内容需要关注受教育者的他者伦理意识,注重选择与编制能够促进受教育者社会性成长的道德教育内容。

（二）道德教育内容具有历史性与地域性

时间与空间是制约道德教育内容的两个重要因素。其中,时间彰显了道德教育内容的历史性特质,空间呈现出道德教育内容的地域性特质。道德教育内容是不同时代、不同地域的人们根据特定社会交往诉求和道德教育目标而设置与选择的特定内容,它蕴含了教育者所期许的道德理念、道德价值与道德规范。有学者指出:"一个社会所产生和肯定的道德内容,决定于其生产力发展水平,同时又是其生产关系的反映……因而德育内容,从根本上说,它源于被社会所肯定的道德内容。不同社会形态、不同社会阶段其所产生和肯定的道德内容是不同的,具有强烈的时代性,这就从本质上决定了德育内容的时代特征。"②这也意味着,道德教育的内容是随着时代的发展而不断变化的,古时候的道德教育内容一方面为现时代所继承,另一方面又由于时代更替而逐渐失去了一定的历史适用性,并且在新的历史环境下获得新的内容。例如,中国古代道德教育十分重视将"孝"③作为道德教育的内容,这一点在当今时代仍然需要继承与推广;相反,具有鲜明封建等级特征的"三纲"（君为臣纲、父为子纲、夫为

---

① 黑格尔.精神现象学(下卷)[M].贺麟,王玖兴,译.北京:商务印书馆,1979:10.

② 刘希明.论德育内容的时代特征[J].清华大学教育研究,1999(3):11-14.

③ 中华民族历朝历代的道德教育都十分注重培育受教育者的"孝"的意识。其中,《孝经》是一部述论孝德文化的经典。《孝经》有言:"夫孝,德之本也,教之所由生也。身体发肤,受之父母,不敢毁伤,孝之始也。立身行道,扬名于后世,以显父母,孝之终也。"

妻纲）①思想无疑已经不适合成为当前时代的道德教育内容。另外，道德教育内容也具有地域性特质，不同地域由于文化、历史等方面的原因，在道德教育内容的选择上往往表现出较大的差异。在西方，道德教育内容的选择习惯于与宗教联系在一起，而中华传统文化中的道德教育内容往往与"忠君"具有莫大的关联性。不同地域的道德教育内容具有一定的差异性，但是又具有诸多共性之处。总而言之，历史性与地域性是道德教育内容的重要文化特质，也由此决定了道德教育内容的丰富性与绵延性。

（三）道德教育内容具有民族性与世界性

道德教育内容的选择与编制一方面反映了本民族的文化特质，另一方面又能够体现世界公民的人类情怀。不反映本民族文化特质的道德教育内容是虚妄的，因为脱离了本民族的文化特质，道德教育内容势必会淡化受教育者与本民族的历史性联系，消解民族文化基因的历史性传递；不体现世界公民胸怀的道德教育内容是狭隘的，因为局限于本民族文化的道德教育内容无法拓展受教育者的价值视野，影响受教育者类本质、类伦理的生成与培育。在此意义上，道德教育内容是民族性与世界性辩证统一的文化表征。道德教育内容蕴含特定民族的文化特质，就是蕴含特定民族的文化精神，因为构成一个民族的文化本质即是这个民族的精神。受教育者个体意识与本民族文化精神发生勾连性的载体正是道德教育内容本身。个体经由道德教育的濡染，能够将自己的意识与民族的伦理意识联系起来，进而实现民族伦理精神的历史延续。但是，民族性的伦理精神与世界性的伦理精神又是特殊与一般的关系，受教育者经由道德教育，

---

① "三纲"思想是西汉大儒董仲舒提出的，来源于其所撰写的《春秋繁露》："君臣、父子、夫妇之义，皆取诸阴阳之道。君为阳，臣为阴，父为阳，子为阴，夫为阳，妻为阴，阴阳无所独行，其始也不得专起，其终也不得分功，有所兼之义。"在这里，董仲舒认可了君臣、父子、夫妇之间的尊卑从属关系，作为君权社会的文化产物，这种封建社会的伦理准则已不适用于现代社会，更不应该成为当下时代的道德教育内容。

在卸载自身民族伦理特质的基础上，不断切近、接纳与融合世界性的伦理精神，由此最终实现个体意志、民族精神与世界伦理的整全性统一。"生活于这种统一中的个人，有一种道德的生活，他具有一种价值，这价值只存在于这种实体性之中。"①

第二节　道德教育内容的精神生产

精神生产是马克思关于人的全面发展理论中的一个重要组成部分。② 根据马克思撰写的《1844 年经济学哲学手稿》和《德意志意识形态》的相关论述，精神生产与物质生产是相对立的。其中，前者主要是指人们为满足精神文化生活的需要而进行的生产活动，它是社会生产体系的重要内容，致力于探索人的内部精神世界，关注人的内心和社会的精神生活层面，以满足人的求知、审美、娱乐、情感等精神需求为根本目的，生产过程具有抽象性、创新性、传承性等特点。由此观之，精神生产是人与动植物区分开来的重要标志，它能够有效彰显与诠释人的内在本质力量，是人将自身本质力量对象化与客观化的过程，同时也是人类持续建构与创生自身精神世界的必要支撑。

道德教育内容是道德教育得以设计与实施的重要载体，它潜在地传达了人类历史文化的精神诉求，寄托了道德教育者的价值期许。在此意义上，道德教育内容建构的过程，即人类精神生产与再制的过程。因为在

---

① 黑格尔.历史哲学[M].王造时，译.上海：上海书店出版社，1999：40.

② "精神生产"这一概念是马克思和恩格斯在《德意志意识形态》一书中首次作为历史唯物主义的重要范畴提出来的。他们认为："思想、观念、意识的生产最初是直接与人们的物质活动，与人们的物质交往，与现实生活的语言交织在一起的。人们的想象、思维、精神交往在这里还是人们物质行动的直接产物。表现在某一民族的政治、法律、道德、宗教、形而上学等的语言中的精神生产也是这样。"(参见中共中央马克思恩格斯列宁斯大林著作编译局.马克思恩格斯选集(第 1 卷)[M].北京：人民出版社，2012：151-152)。

道德教育内容的设计与实施中,教育者与受教育者的教育交往和德性教化本质上是一种精神互动,道德教育内容是教育者与受教育者精神互动的中介和枢纽。由此来看,道德教育内容的设计与实施本质上也是一种精神生产的过程。那么,道德教育内容是以何种具体方式进行生产的呢?从人类道德教育发展的历史规律来看,道德教育内容的精神生产主要有以下三种方式。

一、作为意识形态的道德教育内容

"意识形态"(ideology)一词是由 18 世纪法国哲学家德斯图·德·特拉西在其著作《意识形态的要素》中率先提出来的,旨在表达一种中性的、与政治无涉的为一切观念产生提供一个哲学基础的"观念科学"。这一概念力图通过抑制人的认知偏见,寻求在促使人运用自己理性的基础上真实地认识世界。在此意义上,特拉西把"意识形态"规定为研究人的心灵、意识和认识的发生发展规律与普遍原则的学说。① 依循于此,《简明大不列颠百科全书》提出,意识形态是社会科学或政治哲学的一种形式,是指以理性为基础的观念体系。

"意识形态"获得政治意义滥觞于法国政治家拿破仑。"由于拿破仑时期的一些观念学家宣传的自由启蒙思想同拿破仑的专制独裁的对立,拿破仑把'意识形态'称为'有毒的学说'和一种具有否定意义的存在。"② 马克思与恩格斯也使用过"意识形态"一词。只不过,"马克思的意识形态概念已经包含了某些中性的成分,如,在《〈政治经济学批判〉序言》中意识形态是中义的,意识形态等于社会意识。恩格斯的贡献是将这种成分扩大了。"③由此来看,马克思与恩格斯比较关注意识形态背后所蕴含的阶

① 俞吾金.意识意识形态:哲学之谜的解答[J].求是学刊,1993(1):3-7.
② 郭凤志.德育文化论[M].北京:中国社会科学出版社,2008:70
③ 姚大志.现代意识形态理论[M].哈尔滨:黑龙江人民出版社,1993:35.

级性与政治性。"马克思强调：意识形态是由政治思想、宗教、道德、哲学所构成的文化价值体系，意识形态的现实基础是交往、生产力、生产关系。"①此后，马克思主义的践行者列宁更是直面意识形态的政治学意义，将意识形态与政治、道德等直接关联起来。

道德作为一种意识形态，传达了道德与政治的显著关联性，也由此进一步确证了道德的政治功能与意识形态意蕴。究其根源，意识形态是一种以人的理性意识为基础的观念体系，即使掺杂了政治学的价值诉求，也不能由此将意识形态的文化意义洗刷殆尽。作为一种理性观念的意识形态本质上也是一种精神文化，它传达了人类的特定精神向往。

道德教育内容的设计与组织过程是特定文化观念和精神价值绵延的过程，也是特定意识形态生产的过程。这是因为，道德教育内容并不是价值无涉的，它总是蕴隐着特定的价值观念，镌刻与携载着特定的文化取向。并且这一价值观念与文化取向往往和特定的政治阶级密切关联。由此，道德教育内容成了意识形态的客观化产物，也成了政治在场的文化确证。

伴随着意识形态在道德教育领域的渗透，道德教育内容也自然会沾染意识形态的文化气息。因为"人类的历史证明，文化具有意识形态性，本身是人类社会生活的需要，曾经也是人的生活的直接需要，它体现了人类文化的价值性"②。在这里，需要指出的是，意识形态虽然在特定的环境下被赋予了政治属性，但是它本身是价值中立的，关键在于人们在何种意义上使用这一术语。

道德教育内容的生产是与意识形态的再制相伴随的，并且，这种相互关系依循于道德教育与意识形态之间的内在耦合性。在此意义上，特定

---

① 郭凤志.德育文化论［M］.北京：中国社会科学出版社，2008：71.
② 郭凤志.德育文化论［M］.北京：中国社会科学出版社，2008：72.

的道德教育需要经由特定的内容来彰显意识形态的文化在场，这种文化在场可能蕴含着某种政治理性。由此，政治理性凭借权力的相对优势，寻求将意识形态冠以特定的政治属性，由此规约道德教育内容的设计与组织。在此境遇下，道德教育内容的生产、意识形态以及政治权力被镶嵌在同一根锁链上。即使这根锁链可能在特定的话语环境下而不断地发生变化，但是这并不能从根源处切断三者之间经由权力关系所架构出来的关联性。

需要指出的是，意识形态所勾勒出的道德教育内容的设计与组织，其实质与灵魂所指向的是受教育者的精神建构。这也就意味着，作为意识形态的道德教育内容生产本质上也是人类精神生产的具体体现。因为精神生产是对道德教育内容意识形态属性的性状呈示与价值彰显，经由精神生产，道德教育内容才能与意识形态发生深度勾连。在这里，精神生产具有两种意涵。一者，道德教育内容中的意识形态渗透本质上是一种精神文化渗透，因为意识形态的再制就是精神文化生产的过程。由此，道德教育内容本身就是一种以特定精神蕴含为依托的文化呈现。二者，受教育者学习道德教育内容的过程与结果，本质上是一种以濡染特定意识形态为旨归的内在精神建构。基于意识形态的精神建构成为受教育者与道德教育内容交互性实践的产物，也因此确证了意识形态在道德教育场域中的在场性绵延。

二、作为社会规则的道德教育内容

前文已经提到，道德具有"向我"与"向他"两种价值属性，后者彰显了群体性的外在伦理向度，它所面对的是人与人之间的社会规范与互动准则，致力于阐释"我们应该如何在一起"的问题。对这一问题的阐释，意味着道德教育在内容上需要关注人与他者的互动性关系。在此意义上，道德教育内容势必也需要直面社会制度规则本身，并由此生发出道德教育内容的内在实践逻辑。

　　社会是由人所构成的,"人的本质不是单个人所固有的抽象物,在其现实性上,它是一切社会关系的总和。"①"人的存在形式是一种社会关系存在,是社会性的存在,而支撑这种社会性的存在,使人类社会成为一个有秩序整体的是具有文化特性的社会规则的存在。"②社会规则为人与人之间的互动创设了前提条件。而人与人之间的互动关系("我们应该如何在一起")是一切道德哲学以及道德教育所必须回答的根本性问题。历史地看,良好人际互动关系的形成一方面依赖于社会成员具有较高的道德文化素养,另一方面则需要诉诸良好的社会规则制度。在有限的社会资源无法满足每一个人生存与发展需求的时代,后者往往具有现实性。鉴于此,道德哲学需要关注良好的社会规则的形成,道德教育及其内容也需要给予社会规则制度以关注。

　　社会规则的本质是什么? 它又在何种意义上被认为是道德教育内容的精神生产方式? 回答这两个问题,是我们将道德教育从理论推向实践的必经之路,也是具体阐释道德教育内容构成要素的前提条件。所谓社会规则,一般是指引导人们在社会中从事有关行为、维持社会秩序、给予受害者相应救济的基本性规定和要求的准则。③ 经由社会规则的规范性意义,良序社会得以建构与运作。从内容上来看,社会规则包含诸多方面,道德则属于其中的一个方面。这是因为,"道德从某种意义上来说更像是一种'软的法律'(soft law),它是通过对人们内心的拷问来加以内部约束的一种行为准则。"④在此意义上,道德的"向他"属性本质上与作为社会的道德规范具有内在的一致性,这也就意味着道德教育内容需要将

---

　　① 中共中央马克思恩格斯列宁斯大林著作编译局.马克思恩格斯选集(第1卷)[M].北京:人民出版社,1995:56.

　　② 郭凤志.德育文化论[M].北京:中国社会科学出版社,2008:61.

　　③ 李正华.社会规则论[J].政治与法律,2002(3):10-15.

　　④ 李正华.社会规则论[J].政治与法律,2002(3):10-15.

社会规则融入自身的建构框架中来。

接下来的问题是,道德教育内容与社会规则发生关系的连接点在何处?作为人类文化的产物,社会规则无疑是人类精神生产的结果,也是彰显人类精神智慧的载体,道德教育内容的精神生产需要以社会规则为价值依托。换句话说,社会规则是人类精神创新发展的实践产物,也是道德教育重新塑构人类精神的文化载体。道德教育内容关注社会规则既是关注人类精神,也是在塑造人类精神,塑造受教育者关心他者、关怀人类的伦理精神。有学者指出:"人的精神——思想与感情、信念与理想、个体意识与族类意识等等——是人在大地上合作进行的活动孕育、陶冶、砥砺出来的……人的精神的根系越是深扎在人们世俗的生产和生活中,它的枝干就越是能够指向自由的天空。人的精神自由不是精神自己的逍遥自在,而是必须落实为人的生命感觉的全面化和人类的社会解放。从人的尘世的生命活动中孕育出的精神,命定要承担普罗米修斯式的责任,眷顾、解救人类在尘世的灾难并借以实现自身。"①由此观之,受教育者的精神自由及其内在价值的实现与其对社会责任的承担是密切联系在一起的。脱离了对他者的伦理责任,个体的精神自由究其本质而言是无法实现的,因为人的社会属性不允许其将自身从共同体的关系网络中剥离出来。在此意义上,作为社会规则的道德教育内容生产本质上是人类精神制度化产物的代际绵延,故而其本质上是一种以道德教育为载体的精神存续。

三、作为理性自觉的道德教育内容

如果说,作为意识形态的道德教育内容生产是指向政治理性的,作为社会规则的道德教育内容生产是指向良序社会的,那么,作为理性自觉的

---

① 张曙光.论作为现实和理论问题的"精神"[J].哲学研究,2003(12):59-64,93.

道德教育内容生产则是指向受教育者的内在自由的。个体理性、社会规则、国家政治、全球伦理以及生态德性都是道德教育内容所关注的领域，也是道德教育以精神生产的方式作用于受教育者内在世界的。

理性自觉是人的精神内核，它在根本上表明人的精神发展水平，同时也规约着人的精神发展方向。

"理性的判断力将促进智慧与人生理想成为自觉的价值追求。"[①]"理性一般是指超越经验的独立判断、推理能力。每个人对于客观存在的善良意志、道德义务和美德现象是否认同，态度不尽相同。经过伦理思考认同其正当性、适当性与可行性，才把它们作为自觉的价值追求。"[②]

第三节　道德教育内容的基本体系

依循道德教育内容的内在结构、文化特质及其精神生产方式，笔者认为，道德教育内容理应在聚焦受教育者伦理精神建构的基础上，涵涉个人品德、社会公德、人类道德三个层面，这也是帮助受教育者有效处理人与自我、与他者、与整个人类以及与生态自然之间关系的整全性内容。

一、人生价值教育

德国哲学家弗罗姆认为："个人的整个一生只不过是使他自己诞生的过程：事实上，当我们死亡的时候，我们只是在充分地出生。"[③]作为一种具有理性自由意识的存在物，每个人都是非特定化的、未完成的。诚如有学者所言："人是一个未完成的存在，是一个被不断塑造的存在，人存在的

---

① 陈桂生.德育引论[M].上海：华东师范大学出版社，2018：22.
② 陈桂生.德育引论[M].上海：华东师范大学出版社，2018：22.
③ 联合国教科文组织国际教育发展委员会.学会生存：教育世界的今天和明天[M].北京：教育科学出版社，1996：197.

意义也就是一个敞开的问题,它向每一个时代、每一个人敞开。"①事实上,人终其一生都在找寻与实现自己的生命价值。这一过程是人确证自己本质力量的过程,也是人建构自我内在精神世界的过程。在此意义上,人不是被给定的,而是生成的。

人的生成性与生命的未完成性内在地激发人去探求自己的人生价值,人生价值由此成为支撑个体生命生存与发展的基石。"我"活着的价值意义是什么?"我"为何不选择死亡?对上述问题的叩问是个体自觉反思自我生命的开始。苏格拉底指出:"未经反省的人生是不值得过的。"在这里,反省的对象是个体自我的生命价值意义。通过对自我生命价值的反省、调整与确认,自我才能够点燃生命的希望灯塔。换言之,价值能够为人的生命编织出意义之网,并以此放置个体偶在的脆弱生命,使作为个体的人能够在茫茫大千世界中获致一份属己的价值关怀。这份价值关怀基于个体的理想信念,是牵引个体生命意志冲动和抚慰个体灵魂感性的那根细绳,经由它,才能够真正抚慰个体生命的欠然,实现个体内在精神世界的建构。在此意义上,人生价值的确证本质上需要通过个体的内在精神世界,并且它是属己的、私人的、面向自我的。

生活的蹉跎会让个体的人生价值变得迷失。道德教育能够澄清个体的生命价值。为此,从受教育者面向自我的角度出发,澄明人生的价值是道德教育首先需要选择的内容。道德教育帮助受教育者澄明人生价值的过程,就是唤醒受教育者内在生命自觉的过程,其实质就是建构一种自主、自由的精神世界。② 可以说,道德教育蕴含着对受教育者进行人生价值教育的本性。通过道德教育,能够"使具有天资的人,自己选择决定成为什么样的人以及自己把握安身立命之根"③。在此意义上,人生价值教

---

①　魏波.环境危机与文化重建[M].北京:北京大学出版社,2007:4-5.

②　李润洲.生成的人及其教育意蕴[J].南京社会科学,2020(3):143-149.

③　雅斯贝尔斯.什么是教育[M].邹进,译.北京:生活·读书·新知三联书店,1991:75.

育理应成为道德教育内容的重要组成部分,它要求受教育者面向自我的灵魂与内心。

那么,作为道德教育内容的人生价值教育何以作为呢? 一般来讲,人生价值教育是对"人的存在"的关注,主要诉诸价值引领,致力于在塑造人生价值观念、培育人生价值态度、提升人生价值理性与调控人生价值行为的过程中,唤醒受教育者自觉的价值追求,使之能够以自身的方式关注意义世界。① 在这里,唤醒受教育者的价值自觉是人生价值教育的根本使命。虽然,每个人的人生价值都是迥异的,但人生教育所关注的始终是从个性化的视角切近受教育者的独特灵魂与内在精神世界,张扬受教育者个人的生命热情,进而使之明晰个体生命的价值经纬。在此意义上,人生价值教育是受教育者作为人与自我存在之间的内在同构,"人的存在具有未完成性、自觉性、社会性、精神性和超越性,价值教育则能使人超越自然生命、本能生命,走向社会生命、精神生命。"②

二、理想信念教育

"理想是石,敲出星星之火;理想是火,点燃熄灭的灯;理想是灯,照亮夜行路;理想是路,引你走向黎明。"③

"理想信念"是个体面向自我的又一范畴。任何理性的人都有理想信念,也需要有理想信念。因为人是一种理想性存在,理想性是人的生命本质属性之一。并且,人的生命实践活动决定了人的理想属性。经由理想信念,人的物质生命才能向现实世界敞开,并由此不断使自我的精神世界变得丰沛与充盈,因为理想信念能够改变人的存在感觉。当个体感觉自我的生命若有若无时,当个体感觉自己的生命变得破碎不堪时,当个体的

① 邱琳.人的存在与价值教育[J].教育研究,2012(5):42-47.
② 邱琳.人的存在与价值教育[J].教育研究,2012(5):42-47.
③ 流沙河.流沙河诗集[M].上海:上海文艺出版社,1982:232.

生活想象遭到挫折时,理想信念能够让人重新找回自己的生命感觉,重返自己想象的生活空间,甚至重新拾回被生活中的无常抹去的自我。① 总而言之,理想信念在本质上是"思维"着的人的现实价值表征,也是支撑个体自我生命生存以及与他者生命和谐相处的基石,我们每个人的生活都需要理想信念的支撑。

人的理想信念是需要唤醒与教育的。因为"人的形而上学本性内在地规定和解释了'理想'的客观性和理想信念教育的必然性,并为理想信念教育提供哲学支撑。把人的形而上学本性和理想信念教育放在一起来思考是为了表明人的形而上学本性与理想信念教育有着密切关系,理想信念教育的哲学内蕴同人的形而上学本性具有一体性关系,这种关系直接表现在理想信念教育是人的形而上学本性的价值规定和现实表达"②。据此,我们认为,理想信念是人的形而上学本性,理想信念教育是道德教育的重要内容,它旨在通过引导受教育者在主动自觉地追求特定目标的过程中,实现其内在精神的建构与生命意义的安顿。诚如檀传宝教授所言:"只有树立了正确的人生理想,学生才可能有健康、自觉的价值生活,才能有真正合乎道德的行为,形成真正的文明行为习惯。"③

广义上认为,理念信念教育隶属于人生价值教育。但是,从狭义上来看,理想信念教育与人生价值教育又存在不同之处。虽然,两者都直接地面向受教育者内在精神世界的建构,但是,人生价值教育主要回应的是

---

① 刘小枫.沉重的肉身[M].8版.北京:华夏出版社,2020:3。需要指出的是,在此处引用中,本书用"理想信念"取代了原书中的"叙事"一词。因为根据原书的文本意境,"叙事"本质上就是在塑造一种个体的理想信念。诚如书中原文所言,与现实的个人遭遇不同,叙事中的遭遇是依照人的自由意志和价值意愿编织起来的,在叙事的呢喃中,"我"的时间和空间可以拒绝历史的夹带,整饬属己的生命经纬。叙述不仅讲述曾经有过的生活,也讲述想象的生活。想象的生活正是个体理想信念塑造需要构筑的。没有对理想信念的叙事与想象,生命的气息是晦暗的。

② 敬潇.理想信念教育的哲学之思——基于人的形而上学本性[J].成都理工大学学报(社会科学版),2019(4):30-35.

③ 檀传宝.学校道德教育原理[M].3版.北京:教育科学出版社,2015:117.

"'我'活着的意义是什么",强调从内在自我的视角确证生命续存的价值;而理想信念教育主要回应的是"'我'能够成为什么",或者是"'我'能够实现什么""'我'的存在对他者、对人类、对历史有何独特的价值"。因为理想信念是个体对内在自我与他者关系的想象与描述,它从内在自我出发,去想象自我与他者的可能关系。在此意义上,理想信念教育致力于从内在自我出发,寻求在建构自我与他者、与共同体的关系的基础上,完成对自我精神的建构。

那么,理想信念教育应该包括哪些内容?通常意义上而言,理想信念教育从引导受教育者树立正确的理想信念出发,激发其将个体的理想与他者的理想、社会的理想、民族国家的理想,乃至全人类的理想有机地关联起来,由此将个体性的道德建构镶嵌于实体性的伦理生产之中。具体来说,受教育者在确立理想信念的过程中,"既要遵循社会发展的客观规律,又要最大限度地满足个人与社会的合理价值需要,即要在理想信念教育实践中坚持原则和方法的科学性与价值性相统一,这是理想信念教育最基本的原则和方法。"①

三、社会公德教育

"道德教育必须重视个体对公共生活中的普遍性、实质性价值规范的认同,不仅要培育促进个体美善生活的道德价值观,更要培育增进社会公共福祉的道德价值观。"②

社会公德是社会公共生活的道德准则,是全体公民在社会交往和公共生活中应遵循的基本行为准则。一个缺乏公共道德准则的社会,必然

---

① 敬潇.理想信念教育的哲学之思——基于人的形而上学本性[J].成都理工大学学报(社会科学版),2019(4):30-35.

② 任少波,范宁宁.道德教育共同体:学校道德教育的公共性建构[J].教育研究,2021(5):66-76.

是无序的。社会公德是建构良序社会的道德基础，它在最为宽泛的意义上规范了人们思想与行为的实践准则。一般意义上来讲，"社会公德具有基础性、普遍性、群众性、公平性、公认性以及继承性的特点，是维系人们所希望的正常的秩序和稳定的社会环境的重要保证。社会公德是全社会精神文明状况的重要标志，具有相当广泛的调节作用。它维系着人们之间的正常交往和友好相处，使社会生活环境安定有序，人与人之间和谐融洽。"①由此可见，社会公德是特定时代与特定区域的社会公民在长期的历史发展过程中，所逐渐形成的具有广泛认同意义的伦理道德规范，它是规范社会交往和正常运转的润滑剂。

　　与法律不同，社会公德没有明确的规章条文，故而其在边界上具有延展性与模糊性，并且它对社会公民在道德素质上提出了更高的要求。有鉴于此，社会公德在个体身上往往表现出更多的主动性、自觉性与内在性。这三种特性直指个体的内在精神世界。在此意义上，社会公德本质上是人类精神的实践产物。社会公德的产生、发展、传播乃至学习，本质上都是特定社会群体精神的绵延与持续。

　　个人的社会公德并不是与生俱来的，而是在社会化过程中所逐渐习得的。为此，道德教育需要将社会公德教育作为道德教育内容的组成部分。这是因为，一个良序社会的运作需要依靠具有一定社会公德的公民来促成，而具有社会公德的公民需要通过道德教育来培养与塑造。具体来说，培育公民社会公德的道德教育，即社会公德教育，是任何具有文明素养的社会所必须具备的。

　　那么，什么是社会公德教育？"社会公德教育是要培育公民的公共道德精神，注重的是公民责任意识和利群精神的培养，是较高层次的教育活动。社会公德教育从整个社会宏观环境的视角出发，意在维护社会公共

---

① 马奇柯.社会公德、职业道德、家庭美德、个人品德关系论析[J].学术交流,2008(2):47-50.

秩序和提升全民的文明素质。公德教育要求人们自觉遵守公共场合的规范,它体现的是社会成员个人的道德修养,其直接目的是维护公共领域的规则、秩序和良好环境,实质上最终是为了维护公共场合中每个社会成员的根本权益和长远利益。就其思维路径而言,我们可以将之概括为:推动个人发展→实现社会和谐发展→实现个人的全面发展。"①根据这一理解,社会公德教育聚焦受教育者的公共伦理精神,注重在激发受教育者自觉遵循公共道德的规范中,维护公共领域的规则、秩序和良好环境。在这里,公共精神是社会公德教育的核心旨归,它所强调的是,"社会成员在公共生活中对人们共同生活及其行为的准则和规范的主观认可并体现于客观行动上的遵守、执行"②。依循公共精神,社会公德教育寻求通过对受教育者实践理性意识的激活与公共责任能力的培育,在诉诸民主、平等、自由、秩序、公共利益等价值序列中帮助受教育者建构自我与他者的伦理关联性。

具体到实施层面,社会公德教育需要以受教育者的公共精神建构为基点,以社会公共伦理道德规范为依托,致力于在提升受教育者公共伦理认知、陶冶公共伦理情感、养炼公共伦理意志的基础上,铸构受教育者的公共伦理行为,进而实现受教育者个体与社会他者之间的伦理和谐。

四、爱国主义教育

爱国主义教育是将受教育者与民族、国家相联系起来的教育样态,它属于道德教育的内容之一。因为民族、国家是个体所依存的共同体,个体唯有依存于民族、国家这一实体之中,才能进一步拓展自我与他者的交往关系,也才能将自我融贯于共同体之中,继而在伦理意义上整全性地建构

①　席彩云.当代社会公德教育的使命[J].道德与文明,2009(2):74-76.

②　袁祖社."公共精神":培育当代民族精神的核心理论维度[J].北京师范大学学报(社会科学版),2006(1):108-114.

自我的内在精神。

那么,何为爱国主义?何为爱国主义教育?在个体心理层面,爱国主义即个体对国家之爱及其所表现出来的稳定而持久的思想意识、价值观念和行为品质。因此,所谓爱国主义教育,就是培养人们对国家的归属感、认同感和使命感,并促进其转化为爱国行动的社会活动。[①] 作为道德教育内容的重要构成,爱国主义教育的重要价值与关键地位受到了整个教育系统的高度关注。在不同的时空与地域,爱国主义教育的内容与措施烦冗复杂,但是其核心线索与着眼点理应是受教育者的精神建构。具体来说,爱国主义教育应该以促使受教育者确立民族共同体精神为核心旨归。在此意义上,共同体精神理应深度渗透于爱国主义教育的起点、过程与结果。

什么是共同体精神?共同体精神是指特定人群在长期共同的生活环境和经历的基础上,所形成的在心理、意识、信仰、价值观念、风俗习惯、行为规范等方面具有相似性或共通性的精神文化意象。[②] 可以说,共同体精神是对社会共同体群体精神的历史记忆与沉淀,是维系共同体存在与发展的文化基础与精神纽带。它寄托了共同体成员对共同体的认同感、亲密感与归属感,也彰显了共同体成员在精神层面的凝聚力、向心力及依恋关系。也就是说,共同体精神是特定民族通过努力奋斗所积淀出来的精神结晶,它对于维系民族团结和实现民族发展无疑具有重要价值。在此意义上,基于民族共同体精神实施爱国主义教育是实现民族精神传承与弘扬的重要保障,同时也是提升爱国主义教育实效的根本基础。

爱国主义教育的内容是多元化的,我们可以从以下三个层面粗浅地描绘出爱国主义教育的大致脉络。

---

① 郑航.国家认同教育:培养理性的爱国者[J].教育研究与实验,2012(3):22-27.

② 滕尼斯.共同体与社会——纯粹社会学的基本概念[M].林荣远,译.北京:商务印书馆,1999:56.

　　第一，涵养受教育者对共同体的精神认同感是开展爱国主义教育的基础。个体对共同体的认同本质上是一种精神认同，即是在精神层面对共同体价值理念、文化结构、制度体系等方面的深度认可与高度肯定。但是，个体对共同体的精神认同感不是自发生成的，它需要教育特别是爱国主义教育的积极参与和介入。与此同时，爱国主义教育要想真正取得实效，就必须将涵养受教育者对共同体的精神认同感放在首要地位。这是因为，精神认同是受教育者在精神层面承认、接受并且确认自己的共同体身份，它源于受教育者对共同体内在价值的虔敬品性，故而具有丰沛的个体性、自觉性与稳定性。可以说，离开了受教育者对共同体的精神认同，爱国主义教育也就失去了方向。也就是说，爱国主义教育中一切认同本质上都需要以精神认同为根基，精神认同是对受教育者爱国认知与爱国情感的高度凝练和汇聚。在此意义上，爱国主义教育唯有牢牢地把握受教育者对共同体的精神认同，才能真正帮助受教育者完成爱国思想在认知、情感乃至行为领域的建构与践行。

　　第二，汇聚受教育者对共同体的精神依恋感是开展爱国主义教育的核心。德国古典哲学家黑格尔指出："一提到希腊这个名字，在有教养的欧洲人心中，尤其在我们德国人的心中，自然会引起一种家园之感。"[①]这种家园之感无疑是对古希腊这一西方精神家园的依恋和怀想，它根源于人们由于文化认同而引发的情感缠绕与精神依恋。并且，这种精神依恋感对于个体而言具有无穷的力量，它能够有效激发个体对共同体的认同、尊崇与追随，让个体找到"回家"的感觉。而这种"回家"的依恋之感正是爱国主义教育的核心与精髓。也就是说，爱国主义教育需要培育受教育者对共同体的精神依恋感，精神依恋感是爱国主义教育的灵魂。因为精神依恋感直接面向受教育者的内心情感，它朝向意义本身，是受教育者心

---

　　① 黑格尔.哲学史讲演录(第一卷)[M].贺麟，王太庆，译.北京：商务印书馆，1978：157.

中最为柔软、模糊却也最具爆发力与感染力的部分。爱国主义教育通过对精神依恋感的垦殖与构筑,能够高效率地激发起受教育者对共同体精神家园的文化想象,唤醒受教育者自觉关心祖国、热爱祖国的价值意愿与情感憧憬。

第三,唤醒受教育者对共同体的精神归属感是开展爱国主义教育的保障。精神归属感是共同体精神的重要组成部分,它旨在彰显主体回归精神家园的伦理意志,同时也呈示了主体将自身与共同体紧密联系起来的"思乡情结"。可以说,寻求精神归属感是主体对外找寻价值认同、对内探索心灵慰藉的根本存在方式,也是建构主体与共同体文化关系的关键线索,它以主体的主观意志为支撑。爱国主义教育需要通过作用于人的主观意志,唤醒受教育者对共同体的精神归属感,这是由爱国主义教育的性质所决定的。因为爱国主义教育是以培育受教育者对国家共同体的价值信奉与精神忠诚为基础的。须知,每一个国家共同体都拥有自己的价值理念与文化范式,精神则是共同体一切范畴与内容中最为核心的部分,受教育者对国家共同体的依附与认可本质上是一种精神归属。基于此,爱国主义教育唯有唤醒受教育者对国家共同体的精神归属感,才能激活受教育者自觉守护祖国家园的强烈意志,也才能以庄严肃穆的形式实现个体精神意志与国家精神意志的同一。

五、国际理解教育

在经济全球化时代,全球范围内不同肤色、不同种族、不同语言、不同文化、不同信仰的人们的相互交往日渐密切,由此一方面带来了人类经济社会的快速发展,另一方面也加剧了恐怖主义、种族主义、民族仇恨、战争冲突等一系列问题。这些问题的产生缘由复杂多样,但是,其中的一个重要原因在于国际范围内的人们相互之间缺乏对彼此的尊重、承认、理解与包容。在此历史境遇下,开展国际理解教育是以教育的方式应对时代挑战的必要举措,也是重新构筑人与人、人与世界伦理关系的可行性选择。国际理解教育是为了让受教育者理解、尊重和承认不同民族国家文化、价值观念及其政治制度体系,继而使得受教育者超越狭隘的民族主义观念局限,转而以"类主体"的视角去审思自己的价值存在。这是因为,按照马克思的观点,生命活动的性质包含着一个物种的全部特性,它的类的特性,而自由自觉的活动恰恰就是人的类的特性。[①]

国际理解教育属于道德教育内容的重要构成部分。因为,国际理解是拓展个体交往领域的必要前提,也是消解不同种族、不同地域人们之间矛盾与冲突的文化基础,它在本质上对个体与群体提出了伦理期待。换言之,国际理解教育能够有效凸显受教育者的"类主体"身份,进而将道德教育的关注视野从个人、社群和国家层面延展至整个人类世界,由此使得受教育者能够超越一己之域,转而在人类命运共同体的价值视域中关注自我与他者、与整个人类的伦理关系。鉴于此,经由国际理解教育,能够有效促进不同群体、不同个体之间的伦理和谐,促进不同地域之间人们的伦理交往。在此意义上,国际理解教育所切近的是受教育者的世界伦理视野,它试图在拓展受教育者伦理视野的基础上,促进国际社会的伦理和谐。依循于此,国际理解教育是一种以相互认同、相互尊重为基础,旨在促进国际社会伦理和谐的道德教育。

为了有效开展国际理解教育,时任国际 21 世纪教育委员会主席雅克·德洛尔于 1996 年向联合国教科文组织提交了《教育——财富蕴藏其中》的报告(也被称为"德洛尔报告")。该报告提出了由"学会认知""学会做事""学会生存""学会共存"四大理念所建构起来的终身教育体系。其中,"学会共存"强调,"教育应使每个人都能够通过对世界的进一步认识来了

---

　① 　马克思.1844 年经济学—哲学手稿[M].刘丕坤,译.北京:人民出版社,1979:50.

解自己和了解他人"①。"教育不但应致力于使个人意识到他的根基,从而使他掌握有助于他确定自己在这个世界中的位置的标准,而且应致力于使他学会尊重其他文化"②。"其途径是本着尊重多元性、相互了解及和平等价值观的精神,在开展共同项目和学习管理冲突的过程中,增进对他人的了解和对相互依存问题的认识"③。由此来看,国际理解教育致力于促使受教育者在认识异域文化价值取向的基础上,彼此之间相互尊重、平等交往,正确认识他者与自我的伦理关系。有学者所言,国际理解教育不仅包含着文化的自我认同,也包含着对异域文化的承认与尊重。因为"文化之间的相互承认和尊重是国际理解教育的基础,任何一个文化群体对自身文化的认同都包含着文化群体的相互理解和承认。因为我们的文化认同部分是以他人的理解和承认为基础的,如果得不到他人的承认,或者被他人误解,不仅会影响自身的认同,而且会造成彼此间的严重伤害"④。

国际理解教育的本质是培育受教育者对异域民族和异域文化的尊重、理解与承认,这种承认本质上源于受教育者内心深处对异域文化价值的精神认同。在此意义上,国际理解教育首先面向的是受教育者的精神世界,在建构自我精神世界的过程中,"我"完成了世界的伦理同一,也由此确证着世界他者与"我"的伦理联系。换句话说,"伦理世界、道德世界形成,并不意味着伦理精神已经完成了自己的建构。伦理精神要成为真正的自我,还必须完成另一个任务:建构自身的同一性。这个同一性……就是伦理精神的同一性,或伦理精神'预定的和谐'"⑤。

---

① 联合国教科文组织总部中文科.教育——财富蕴藏其中[M].北京:教育科学出版社,1996:34-35.

② 联合国教科文组织总部中文科.教育——财富蕴藏其中[M].北京:教育科学出版社,1996:35.

③ 联合国教科文组织总部中文科.教育——财富蕴藏其中[M].北京:教育科学出版社,1996:87.

④ 万明钢,李艳红."学会共存"的教育理想与实践——"德洛尔报告"的重新解读[J].教育研究,2006(12):17-21.

⑤ 樊浩.道德形而上学体系的精神哲学基础[M].北京:中国社会科学出版社,2006:529.

六、生态文明教育

生态文明教育是一项以科学发展观为指导,以变革人类文明发展方式为方向,紧紧围绕人的发展这一核心,培养受教育者的生态意识、生态伦理、生态审美与生态行为,进而促使其逐步成长为一个有益于促进"人—社会—自然"和谐共生的新型生态人的教育实践活动。依循于此,培育受教育者关心自然的意识与能力,进而使之养成人与自然和谐共生的道德意识,是生态文明教育的根本价值使命。在此意义上,生态文明教育理应是道德教育内容的组成部分。在这里,生态文明教育的对象十分广泛,不仅强调关爱自我、关爱他者,同时更为强调关爱自然、关爱一切动植物的生命。

生态文明教育重视受教育者与自然之间的共生关系,并且试图将人与人之间的伦理关系拓展至人与自然的关系中来,由此在更为广阔的价值视域内建构受教育者的精神世界。也就是说,生态文明教育所希冀的是重构人与生态自然之间的伦理关系,致力于在对人与自然关系性质进行整体性反思的基础上,实现受教育者伦理视野的延展与精神世界的重构。传统上认为,伦理道德是人类所特有的,它只存在于人与人、人与社会的关系之中,在人之外的生物界以及整个自然界是不可能存在伦理道德关系的。这是一种人类中心主义视野下的伦理界说,它消解了人对自然生命的敬畏之心,致使人类将我们赖以生存的自然家园对象化,并对万物生命肆意地加以伤害与摧残。生态文明教育要求改变人类中心主义的道德观念,教育受教育者将伦理关怀的视野从人类自身延伸至整个生态系统。这是因为,如果仅仅从延续人类生存的视野去开展生态文明教育,受教育者并不能对生物生命的生存价值产生道德认同。缺乏道德认同,受教育者自然也就不会尊重其他生命的生存权利,不会意识到自然生命也和我们人类一样,具有内在价值和自我实现的需要,更不会体验到在救助与关怀其他生命的过程中所收获的内心安宁和生命幸福。因此,生态文明教育要求所有受教育者摒弃狭隘的传统伦理观念,学会像敬畏人类自己的生命意志一样敬畏所有的生命意志。只有这样,受教育者才能从内心深处确立起与自然万物的精神联系,并且能够时刻以这种精神联系规范自己的行为。在此意义上,生态文明教育就不再是一种以维护人类生存为目的的功利性教育,而是以人的精神幸福与自由为制高点的伦理性教育。

生态文明教育关乎受教育者内在精神世界的建构与生命意义的澄明。为什么要上升到生命哲学、人生意义的高度去认识生态危机中的人的生存? 这是因为,生态危机与人生命意义的迷失具有内在一致性,解决人类面临着的生态困境也必须从最根本处着手进行形而上的批判,需要对人所追求的文化理念、生存方式与价值世界进行变革。须知,环境问题最终是人的问题,与人的追求和理念、文化及价值相关。环境问题只是具体的感性的实际问题,而在这背后一定是人的理念、生存方式、价值世界。[①] 因此,生态文明教育最为根本的出发点应是帮助受教育者去探问当代人到底应追寻什么样的精神境遇与理念图景。换言之,只有明晰人的价值经纬与生存意蕴,才有可能触碰生态文明教育的本质,而忽略人的生命意义去谈生态文明教育则终究是徒劳无功的。当前,环境教育实践并没有实现人们所预期的效果,甚至与预期相差甚远。其中的一个重要原因在于,环境教育没有站在生命意义的高度来认识和反思当前的生态危机问题,没有直面人之生命意义的迷失这一时代境遇。故而,在生态文明教育的具体实践中,学校教学目标的厘定和教学内容的选择都需要生命意义的牵引与整合,否则,生态文明教育就会像环境教育一样,很难取得实质性的教育效果。因此,澄明受教育者的生命意义是生态文明教育

---

① 魏波.环境危机与文化重建[M].北京:北京大学出版社,2007:6.

最为根本的价值追求,生态文明教育只有经过生命意义的浸润才能呈示出真实的价值。

作为道德教育的重要组成部分,生态文明教育在内容上主要包括生态文明观教育、生态伦理教育与生态审美教育。

首先,生态文明观强调,人类社会的生存与发展必须建立在尊重自然规律的基础之上,一切生产与生活行为都必须以生态系统的稳定与平衡为前提条件,不能将工业文明的社会发展方式等同于生态文明的社会发展方式。生态文明观教育是生态文明教育的重要组成部分,只有通过生态文明观教育,生态性的生产和生活理念才会逐步在全社会得到贯彻与落实。一般而言,生态文明观主要包括生态自然观、生态生产力观、生态科技观与生态消费观等内容,故而,生态文明观教育即帮助受教育者形成与生态文明社会相匹配的自然观、生产力观、科技观与消费观。

其次,生态文明需要变革传统的伦理观念,确立一种以人与自然和谐共生为伦理旨向的道德价值规范。为了适应生态文明建设这一要求,生态文明教育理应加强生态伦理教育,教育受教育者超越传统的伦理限度,将道德关怀的视野从人类自身延伸到整个自然界。由此,加强生态伦理教育便成为生态文明教育的一项重要内容。

最后,为了深层次地提升受教育者的生态素养,需要加强生态审美教育。生态审美教育的哲学基础是整体论生态观,即要求以一种人与自然和谐统一的存在论方式来审视审美对象和确立美的观念。因为,"生态审美呈现人的复合性生命体验形式。生态审美体验从人与自然生态的互动共生条件下活化生态性生命体验,以促发人的生态性生存,这既是对人的现实生存的关注,更是对未来生存的关怀。"①在此意义上,生态审美着眼于发现自然对象与审美主体之间和谐共在的机缘性关系,强调生态美

---

① 盖光.论生态审美体验[J].学术研究,2007(3):116-120.

并不存在于人之外的客观自然界，也不存在于人的抽象想象之中，而只产生于人与自然融为一体的关系之中。也就是说，人与自然是一种"此在与世界"的在世关系，两者并不是相互对立的实体要素，而是须臾难离的共生性存在，如果审美主体对自然对象形成一种积极的情感评价，那么两者就确立了一种审美的关系。生态审美只会发生在人与自然的共生关系之中，离开了共生关系，生态审美也就失去了依寓与逗留的场域。因此，我们认为，生态审美教育是一种需要受教育者积极以自身感官直接参与的美学教育模式，这种教育模式等同于康德所提倡的与审美对象保持距离的传统的"静观美学"教育，它主张受教育者积极参与生态审美关系的建构，改变受教育者的"局外人"的角色定位。诚如有学者所言："我们开始把森林想作可以俯视的情景。但是森林是需要进入的，不是用来看的。一个人是否能够在停靠路边时体验森林或者从电视上体验森林，是十分令人怀疑的。森林冲击着我们的各种感官：视觉、听觉、嗅觉、触觉，甚至是味觉。视觉经验是关键的，但是没有哪个森林离开了松树和野玫瑰的气味还能够被充分地体验。"①

---

① 转引自伯林特.环境与艺术：环境美学的多维视角[M].刘悦笛，等译.重庆：重庆出版社，2007：166.

第六章

道德教育的方法

　　道德教育方法是指道德教育所采取的各种影响方式的总称,它包括教育者和受教育者两方面的活动方法,其制约因素有道德教育的目标、道德教育的内容、道德教育对象的特点等。综合来看,当前关于道德教育方法的论述诸多,本书立足受教育者理性精神和伦理精神建构的价值基点,尝试提出以下三种道德教育方法。

第一节　价值澄清法

一、价值澄清法的发展历程

　　价值澄清法最先萌芽于美国进步主义教育实践活动,最早作为一种教学方法于 20 世纪 20 年代产生。此后,美国纽约大学教授路易斯·拉思斯对价值澄清法进行了系统的阐释与论述,继而使得价值澄清法逐渐形成为一个独立的德育学派。在这一学派中,美国南伊利诺斯大学教育学教授里尔·哈明、马萨诸塞州大学教育学教授悉米·西蒙以及美国人本主义教育中心主任基尔申·鲍姆都在价值澄清法的产生与发展过程中发挥了重要作用。①

作为一种价值观和道德教育的方法，价值澄清法是一种鼓励儿童自主选择，决定什么是好的、什么是对的、什么是值得的、什么是需要的等问题，让儿童在自由、自觉的价值反思与价值判断中形成自己的道德决策。该模式的倡导者认为，"当代世界提供了各种各样的价值观供人们选择，就像消费者在超市选商品一样，每个人在大批可供选择的商品中要花费很大气力才能确定自己所要的东西……在价值澄清模式的倡导者看来，解决该难题的前提是：儿童需要学会如何选择价值，这样会使儿童在充满选择的世界里明确自己的目的，不至于失去方向。"②也就是说，道德价值的判断不是一种"由上而下"的灌输，而是需要儿童通过自己的自主探索去寻求过程与结果。不存在脱离儿童主体的价值判断，一切价值判断都依循于儿童的理性判断意识。在理性判断意识的生成过程中，需要由成人或者是教师来引导儿童、帮助儿童澄清自己的价值认识。

从历史背景看，价值澄清法在产生之初并未引起人们的高度认识，而在几十年之后之所以能够为当时的教育界所广泛认可与使用，主要原因在于第二次世界大战以后，西方社会反法西斯浪潮和民主文化运动日益高涨，经济社会的复苏与发展也引发了人们对于多元化生活的价值诉求，在此境遇下，道德虚无主义和道德相对主义甚嚣尘上，人们的价值观念冲突比以往任何时候都要强烈。"昔日受宗教伦理影响所形成的克勤克俭、努力工作、积累财富、创造自己未来的精神，被追求个人的自我价值与自我实现所代替。这种个人主义特别注重个人的物质享受、个人感官上的即时自我满足，而相对忽视了个人对于他人与社会的责任。个人主义内

---

① 拉思斯是价值澄清理论学派的公认创建人，哈明在这一领域建树颇丰，西蒙则在进一步完善发展这一学说方面作出了很大努力。三人合著的《价值与教学》被认为是价值澄清学派的奠基性著作。

② 孟万金.美国道德教育50年的演进历程及其启示[J].教育研究,2006(2):78-83.

在的平衡被打破之后,犹如釜底抽薪,一系列连锁反应使西方社会几百年来形成的传统价值观的大厦轰然倒塌。"①有鉴于此,为了重建人们的价值与道德观念,消解人们的道德价值观混乱问题,价值澄清理论学派开始系统建构价值澄清法的理论体系,并且广泛地将这一方面运用于教育教学实践,最终取得了良好的实践效果,由此风靡一时。1975 年,胡佛研究所(Hoover Institution)的一项调查表明,数以千计的学校教学大纲都应用了这种方法,并指出有 10 个州已正式把此法作为道德教育规划的一个典范予以推广。②

二、价值澄清法的理论根据

价值澄清法是一种以多种理论为基础的道德教育方法,这些理论保障了价值澄清法的科学性与合理性。具体而言,价值澄清法的理论基础主要有以下三点。

一是杜威的经验主义教育思想。价值澄清法认为,价值源于经验,而经验又往往在生活中获得,多变的生活造就丰富的经验,价值根植于生活。③ 在这里,"生活"与"经验"源自美国著名学者杜威的经验主义教育思想。在杜威看来,当经验和生活结盟的时候,"经验在它自身里面含有结合和组织的原理"④。经验是生活的本质,主体在经验中生活,也在经验中创造,同时也在生活中创造经验。由此,主体价值判断与价值澄清的过程也就是一个经验参与和经验生成的过程。在此意义上,价值澄清法是一种依循于主体经验、创造主体经验的过程,在这一过程中,道德或价值不会被动地被灌输,而是主体主动自觉地选择、反思、判断与澄清出来

---

①　余维武.冲突与和谐:价值多元背景下的西方德育改革[M].南京:江苏教育出版社,2009:11.
②　冯增俊.当代西方学校道德教育[M].广州:广东教育出版社,1993:96.
③　拉斯思.价值与教学[M].谭松贤,译.杭州:浙江教育出版社,2003:24.
④　杜威.哲学的改造[M].许崇清,译.北京:商务印书馆,1958:48.

的。因此,作为道德教育方法的价值澄清法反对教给受教育者现成的道德价值理念,强调引导受教育者通过反思与分析形成自己的道德判断能力。

二是人本主义的心理学思想。人本主义心理学正视人的个性、潜能、价值与本质,主张人的心理与人的内在本质的一致性,倡导在尊重的基础上实现个体的自觉成长,其主要代表人物有马斯洛、罗杰斯等。马斯洛根据人的心理与发展需求,将人的需要分为五个层次:生理需要、安全需要、归属与爱的需要、尊重需要、自我实现的需要;罗杰斯提出了"患者中心疗法"的心理治疗方法,即在激发人的心理潜能的过程中促进人的发展。依循于人本主义心理学思想,价值澄清法强调尊重人的本性、需要和潜能,认为儿童是教育实践中的主体,教师只是教育过程中的辅助者与引导者。为此,教育要尊重儿童的兴趣与禀赋,鼓励儿童自主、自由地选择符合自己实际需求的道德教育观。

三是存在主义的哲学思想。存在主义哲学以人为中心,尊重人的个性自由,强调人的存在先于他的本质,也就是说,人的本质是不断生成的,生成的过程源于人自主自由的选择与实践,这也是人的个体价值的形成过程。对此,拉思斯指出,人们必须自己珍爱、自己选择并把各种选择统合到自己的生活方式中去。书本上的知识无法传递价值的这种性质。价值源于生活本身的变化。① 在此意义上,人自己设计自己,人的一切行动包括道德判断都是自由选择,人通过自由选择形成"真实存在的自己"。价值澄清法吸收了存在主义哲学的自由、选择、存在等理念,强调主体价值和道德判断与个体内在的相关性。

三、价值澄清法与道德教育

价值与道德具有天然的内在联系,因为道德判断本质上是一种价值

---

① 拉斯思.价值与教学[M].谭松贤,译.杭州:浙江教育出版社,2003:34.

判断,并且,价值澄清法自其产生之日起,就是作为一种道德教育方法存在的。鉴于此,将价值澄清法作为一种道德教育方法具有充分的可行性。

作为一种道德教育方法,价值澄清法所面向的是受教育者的道德认知或道德智慧。正确的道德认知是受教育者具有道德情感、道德意志与道德行为的基础和根本。诚如古希腊学者苏格拉底所言,"美德即知识""智慧即德行"。"苏格拉底认为道德不是天生的,正确的行为基于正确的判断,做坏事的人按照错误的判断行事,没有人会明知故犯,所以教人道德就是教人智慧,教人辨别是非、善恶,正确地行事,智慧就是道德。"①因此,澄明受教育者的道德认知是一切道德教育的基础。

为了澄明受教育者的道德认知,拉思斯等认为价值澄清法在实施上应该包括三个阶段、七个步骤。其中,三个阶段是指"选择""珍视""行动"。第一,"选择",包括:①"自由选择"。只有在自由的选择中,才能根据自己的价值观行事,被迫的选择是无法使这种价值整合到他的价值体系中的。②从多种可能中选择。提供多种可能让受教育者选择,有利于受教育者对选择进行分析思考。③对结果深思熟虑的选择。即在对各种选择都作出理论的因果分析、反复衡量利弊后所作的选择,在此过程中,受教育者在意志、情感以及社会责任等方面都受到考验。第二,"珍视",包括:①珍视与爱护。珍惜自己的选择,并为自己能有这种理性选择而自豪充溢,将其看作自己内在能力的表现和自己生活的一部分。②确认。即以充分的理由再次肯定这种选择,并乐意公开与别人分享而不会因这种选择感到羞愧。第三,"行动",包括:①依据选择行动。即鼓励学生把信奉的价值观付诸行动,指导行动,使行动反映出自己所选择的价值取向。②反复地行动。即鼓励学生反复坚定地把价值观付诸行动,使之成为某种生活方式或行为模式。由此可见,道德价值澄清的过程本质上是

---

① 吴式颖.外国教育史教程[M].北京:人民教育出版社,1999:55.

一个需要受教育者自由选择、深入分析与自觉践履的过程。在此意义上，作为道德教育方法的价值澄清法旨在帮助受教育者厘清自己的价值观念，涵养其道德敏感性与道德感受性，提升其道德判断能力。

如何依循价值澄清法孕育受教育者的道德判断力呢？接下来，我们结合康德道德教育思想来阐释价值澄清法的一般过程。在康德看来，道德判断力的构成要素主要包含两个方面：一是实践行为的合法性；二是实践行为的道德性。详细地说，前者关注的是从具体实践中所寻找到的行为准则在结果层面是否符合道德法则，而后者关注的则是这一符合道德法则的主观行为准则是否具有纯粹的道德意向，它更多地强调行为者的实践动机与道德意向。诚如康德所言，道德判断力是"使按照道德律进行评判成为一件自然的、伴随着我们自己的一切自由行动以及对他人自由行动的观察的工作，并使之仿佛成为习惯，而且通过我们首先追问这个行动是否客观上符合道德律以及符合哪种道德律，来使这种评判变得锋利……另一个必须加以注意之点是这个问题：这个行动是否（主观上）也是为了道德律而发生的，因而它是否不仅仅拥有作为行为的道德正确性，而且拥有作为按照行为准则的意向的道德价值？"[①]由此可见，道德判断力的核心要旨在于判断主观准则是否能够在道德意向与行为结果两个层面为普遍道德法则所归摄，并且道德意向关乎着实践行为是否具有最为纯正的道德性。

在对道德判断力作出了深刻阐释之后，康德认为接下来的问题是，如何培育受教育者的道德判断力？也就是说，教育者应该如何"以少量的词汇勾勒出纯正的道德意向得以被建立和培育的方法"？[②] 对此，康德提出了如下几点建议。

---

① 康德.实践理性批判[M].邓晓芒,译.北京:人民出版社,2016:197-198.
② 康德.实践理性批判[M].张永奇,译.北京:九州出版社,2007:295.

首先,在社交聚会"嚼舌头"式的闲谈中,人的理性品性赋予其对道德问题做精微考察的天性,为此,每个人都会参与某个行为是否具有道德价值这个最令人感兴趣的话题中,通过对这个话题的讨论能够有效练习和培养人的道德判断能力。"当问题的关键在于一个被陈述的善良的或恶劣的行为的道德含义时,那些原本对理论问题中的一切玄想和冥思都感到枯燥和伤神的人,马上就会参与进来;并且以人们在任何其他思辨客体那里都不能期待于他们的程度,如此严格,如此小心翼翼,如此精细地,把一切有可能使意图的纯洁性、因而使德行的程度遭到贬低甚或变得可疑的东西想出来。人们常常可以在这类评判中看到对他人做判断的人本身的品格闪现出来。"①这也就意味着,每个人都具有参与道德判断的理性天赋,并且他们也乐意参与此类讨论中。与此同时,他们在小心翼翼地参与评判某一行为道德价值的过程中也会逐渐显露自己的道德立场和道德品格,因为他在为某一行为进行道德辩护或者道德谴责的过程中自然会暴露自己的道德倾向。在此意义上,康德认为这种"鱼龙混杂"的社交讨论对于辨明和提升受教育者的道德判断力是十分有效的,并且,他还严肃批评了教育者对青少年进行道德教育的过程中不懂得如何利用理性这种倾向,而只是单纯地使用道德基础知识问答这种机械方法。

其次,康德认为可以通过搜集古今人物事迹作为培育青少年道德判断力的案例和材料。诚如康德所言:"他们在把某种单纯的道德上的教义问答作为基础之后,为什么不为此搜遍古今人物传记,以便手中握有所提出的那些义务的凭据,在这些凭据上他们首先可以通过对各种不同情况下的类似行动加以比较,使他们的弟子开始运用自己的评判来看出这些行动的较小或较大的道德内涵。"②在这里,康德强调受教育者对基本的

① 康德.实践理性批判[M].张永奇,译.北京:九州出版社,2007:295.
② 康德.实践理性批判[M].邓晓芒,译.北京:人民出版社,2016:191.

道德知识有所了解之后,教育者需要为受教育者提供广泛的人物道德事迹,并且提炼出道德事迹背后相互迥异的"义务凭据"(亦即不同事迹背后所蕴含的道德理由),由此让受教育者运用自己的道德判断力去辨别不同义务凭据的道德价值,继而不断提升自身的道德判断能力。在此境遇下,"那些本来对任何思辨都还不成熟的少年马上就变得非常敏锐,并由于感到自己判断力的进步而对此发生不小的兴趣。"①换言之,对古今人物事迹的道德判断能够有效激发受教育者的道德兴趣,促使其逐渐养成敏锐的道德判断能力。

最后,康德还提出可以通过比赛游戏的方式培育受教育者的道德判断力。借助这种比赛游戏,一方面"他们可以有把握地指望,经常练习去认识和称赞那种具有全部纯洁性的良好行为,另一方面则带着惋惜和轻蔑去发觉对这种纯洁性的哪怕最小的偏离"②。也就是说,比赛游戏可以有效地激发受教育者内在的道德意识和道德动机,也可以让他们对纯粹意志自律的高尚行为产生敬重之心,对败坏道德的行为嗤之以鼻。如此一来,他们便会"对于推崇一方面而憎恶另一方面留下某种持久的印象,这些练习仅仅通过把这些行动经常地看作值得称赞或值得谴责的这种习惯,就会对以后生活方式的正直不阿构成一个良好的基础"③。在此意义上,基于比赛游戏的道德练习对于培育受教育者敏锐的道德判断力是十分必要的,它可以有效激发受教育者参与道德判断实践的热情和兴趣,培育受教育者依据实践理性法则对道德问题进行判断的理性意识和实践能力。

---

① 康德.实践理性批判[M].邓晓芒,译.北京:人民出版社,2016:191.
② 康德.实践理性批判[M].邓晓芒,译.北京:人民出版社,2016:191.
③ 康德.实践理性批判[M].邓晓芒,译.北京:人民出版社,2016:191.

第二节 审美陶冶法

一、审美的哲学意蕴

什么是"美"？俄国文学家列夫·托尔斯泰将这一问题称为人类世界的一个谜团。古今中外，不同学者围绕这一问题作了大量的研究与论述，由此形成了关于这一问题的诸多复杂认识。根据马克思在《1844 年经济学—哲学手稿》中的观点，"美"实质上就是"人的本质力量对象化"的产物。所谓"人的本质力量对象化"，也就是说，人在认识世界与改造世界的过程中，根据自己的思维、意志与情感自由地对外在世界进行创造与改变。

依循于此，"美是人的本质力量的对象化"，即指人根据审美对象的性质与客观规律，运用自己的智慧进行自由创造，由此使得自我的本质力量被灌注于客观事物之中，进而在创造中确证自己的本质力量。换句话说，美的本质与人的本质是密切关联的。"人的本质转化为具体的生命力量，在'人化的自然'中实现出来，对象化为自由的形象，这时才美。"[①]在这里，"美"是与作为主体的"人"密切勾连在一起的。这是因为，"'对象化'的提出本身就是一个人本学的概念，其具有深厚的人本属性和特质。世界若无人，则一切顺乎自然，花开花谢，日出日落，无所谓对象性的存在关系。这个世界是由于有了人这个特殊的主体，才把主体与客体、自我与自然以及不同对象间的关系区别开来，并力求探讨其本质关系，以便更有效地对其进行改造。"[②]

---

① 蒋孔阳.美学新论[M].北京:人民文学出版社,1993:160.

② 左亚文,吴朝邦.论"对象化"与人的本质的实现[J].华中师范大学学报(人文社会科学版),2016(4):63-69.

　　审美是人的本质力量对象化的另一种表达,它是指人与世界(社会和自然)形成一种无功利的、形象的和情感的关系状态。与"美"不同,"审美"将"美"的主体表达出来,"美"通常是对审美对象的描述,"审美"将审美主体具体化、显性化,将审美过程实践化,它是从理智与情感、主观与客观上综合性地认识、理解、感知和评判审美对象的存在。经由审美,主体能够确证自己的本质力量,也能够从内心深处获得一种解放的自由感,这是一种源自精神层面的愉悦。由此,黑格尔指出:"审美带有令人解放的性质,它让对象保持它的自由和无限,不把它作为有利于有限需要和意图的工具而起占有欲和加以利用。"①换言之,在审美过程中,"人觉得心灵与外在世界的界限突然消失了,外在世界就是心灵的渴望,心灵的渴望就是外在的世界;世界成为心灵的,心灵成为世界的;或者用中国古人的话说,'即心即物,即物即心'。这时,一切束缚均已杳然无存,心灵会体验到一种何等美妙的畅适啊!"②在此意义上,审美是超功利的,也是纯净个体心灵的通道,它能够激发个体向往自由,暂时性地摆脱必然世界对个体精神的桎梏,由此唤醒个体对彼岸理念世界的想象。因此,审美是对个体自由的肯定,美的精神即主体的自由精神。③　审美的本质即是对个体精神的切近与净化。在审美过程中,个体能够自由地彰显自我的本质力量,并且从审美对象上获得精神与人格的自由,一切不美好、不自由、不道德的现实都成为幻象,唯有心灵的纯净与精神的自由才是人们在审美过程中所意识到的普遍现实。

二、审美与道德教育

　　那么,审美与道德又有何关系呢? 事实上,在德国古典哲学家康德看

---

　　① 黑格尔.美学(第一卷)[M].朱光潜,译.北京:商务印书馆,1979:147.
　　② 成复旺.中国古代的人学与美学[M].北京:中国人民大学出版社,1992:17.
　　③ 檀传宝.德育美学观[M].太原:山西教育出版社,1996:115.

来,审美是沟通认识领域与道德领域的桥梁,借助审美,理性主体就有可能获得对道德本质的认识,达到一种道德自觉。也就是说,将具有认识能力的人引导至具有自由意识并且具有执行意志自律能力的人需要一个中介,这个中介便是以反思判断力为基础的审美。对此,康德指出:"于是我说:美是德性——善的象征;并且也只有在这种考虑中(在一种对每个人都很自然的且每个人都作为义务向别人要求着的关系中),美才伴随着对每个别人都来赞同的要求而使人喜欢,这时内心同时意识到自己的某种高贵化和对感官印象的愉快的单纯感受性的超升,并对别人也按照他们判断力的类似准则来估量其价值。"①言下之意是,美虽然不是道德本身,但是它可以暗示人的道德,揭示人的道德,也可以涵养人的道德,人的道德在审美过程中可以留下它的痕迹。因为审美过程中的人"感受更细腻,自我反省更加敏锐,慢慢地就来猜测自己、体会自己,逐渐开启了关于道德方面的一些自觉"②,并且由此在内心深处意识到由道德带来的高贵感、愉悦感和自由感。

通过以上论述,我们可以得出,审美陶冶是一种有效促进受教育者德性涵养和培育的方法。那么,这一实践活动的内在肌理又是怎样的呢?也就是说,审美是如何涵养受教育者的道德意向、道德情感与道德能力的呢?

首先,审美的本质基因是自由的,受教育者可以通过审美实践活动臻达自由境界。因为在审美实践活动中,受教育者的直观能力、想象力、知性能力、理性能力等诸多认识能力在欣赏审美对象的时候被汇聚起来,并且在投入到审美对象的感性特质时处于一种无拘无束的协调性的"游戏"状态,这种游戏状态体现出审美实践本质上是一种"无目的的合目的

① 康德.判断力批判[M].3 版.邓晓芒,译.北京:人民出版社,2017:154.
② 邓晓芒.康德哲学讲演录[M].2 版.桂林:广西师范大学出版社,2006:98.

性"①活动。所谓"无目的的合目的性",是指一方面审美不需要依据任何先验的规定,它是不具有特定任务指向的逻辑认识活动,因此它与任何的功用、利害无关,在此意义上,审美是一种超脱的、纯粹的、无目的的游戏活动。须知,"只有抱着游戏的心态去欣赏,才是真正审美的态度。再美的风景,如果不抱着游戏的心态,也欣赏不到它的美"②。另一方面,审美又是有目的的,这种目的性体现为审美对象具有主观形式的合目的性。也就是说,审美主体仅仅着眼于审美对象的形式,而摆脱对审美对象内容的考虑,康德将这种单纯形式的合目的性称为"自由美"。借助于审美的"无目的的合目的性",受教育者的心灵状态能够被有效纯净化,亦即不依赖于外在的、经验性的任何兴趣,同时基于此产生普遍的愉悦情感。也就是说,"我们能够实现善,因为审美愉快所固有的无利害性就是我们道德使命的标志,审美情感表示和准备了道德情感"③。

其次,审美实践活动能够提升受教育者的人性,激发受教育者意志自律的道德动机与道德兴趣,彰显受教育者在道德教育过程中的绝对价值和人格尊严。借助于审美与道德教育的深层次联系,受教育者势必会将自己与世界的建构关系理解为一种与自由相关的创造性艺术活动。在此,艺术活动便有了一种深刻的人文教育意义。艺术活动可以养成人们的高尚境界和脱俗的生活方式,使人的生存方式不仅具有日常生活的根据,也具有非日常的现实性。④ 这也就意味着,以审美为载体的艺术实践活动能够使受教育者超越日常生活对其的生存方式的桎梏,由此使得人性在美的陶冶下接受善的洗礼,继而使人性变得通达。诚如席勒所言:"美只是使我们能够具有人性,至于我们实际上想在多大程度上实现这一

---

① 德国古典哲学家康德提出的一个重要的审美概念。
② 邓晓芒.康德哲学讲演录[M].2版.桂林:广西师范大学出版社,2006:109.
③ 杜夫海纳.美学与哲学[M].孙非,译.台北:文笙书局,1987:19.
④ 周黄正蜜.康德论美与道德的关联[J].世界哲学,2015(5):26-34.

人性,那就得由我们的自由意志来决定。"①可以说,席勒关于通过审美提升人性的思想是对康德审美思想的继承。至于审美如何提升受教育者的人性,则必须依赖于人的自由意志,也就是意志自律,在此就必须联系到审美如何激活受教育者的道德兴趣、道德情感与道德动机。

三、审美育德的实践路径

事实上,康德在《实践理性批判》一书中指出,审美与道德善在人的天性性情和内在心灵结构上具有相同的根源甚至是类似的情感体验,这两者都是通往自由的路径。但是,从实践路径上来看,前者所面向的是诸多认识能力相协调的自由感,而后者则是意志能力自我协调的自律,因此,通过审美能够有效激活受教育者对精神自由的向往,消解感性偏好对受教育者内心的桎梏,继而使其产生意志自律的道德兴趣和道德动机,可以认为,正是在"心醉神迷的审美直观中我们被引向这种目的在自己身上的体验——道德使命"②。

在此意义上,审美与道德不仅具有内在的关联性,而且也具有高度的契合性。具体来说,在道德教育实践过程中,唯有经由审美实践活动,受教育者才能通过想象力的自由驰骋获得美感体验,才能在非功利性的追求过程中纯化自己的意志与心灵,继而促使其在走向意志自律的过程中彰显人的精神自由、绝对价值和人格尊严。诚如檀传宝教授所言:"审美活动要求主体的一个先决条件是人对当前功利的拒绝,审美活动的一个直接结果是人在审美活动中实现超功利的主体自由。因此,可以这样说,每一次审美活动都可理解为一次道德情感的净化和提升。审美的人赖以摆脱物欲的制约,实现作为道德主体的人的尊严。"③

---

① 席勒.审美教育书简[M].冯至,范大灿,译.北京:北京大学出版社,1985:108.
② 周黄正蜜.康德论美与道德的关联[J].世界哲学,2015(5):26-34.
③ 檀传宝.德育美学观[M].太原:山西教育出版社,1996:151.

鉴于审美与道德、审美与道德教育的内在关联性，我们在道德教育实践中又该如何具体通过审美培育受教育者的道德品行呢？须知，世俗大众的审美意识与审美能力并不是先天具备的，它们需要通过后天的教育与培养。诚如梁启超先生所言："人生在幼年青年期，趣味是最浓的，成天价乱碰乱迸；若不引他到高等趣味的路上，他们便非流入下等趣味不可。"①由此可知，经由提升受教育者的审美意识与审美能力，进而涵养受教育者的道德品行需要教育的深度介入，即"以'美'育德"。

在具体阐释"以'美'育德"的实践路径之前，我们需要明确，审美作用于受教育者内在道德品性的机理是受教育者的情感。在这里，情感包括自由感、愉悦感、纯净感……这些情感通达受教育者的内在灵魂与精神世界，赋予其生命的和谐意境，进而促使其在领悟生命美好的过程中涵养与抚慰神圣的道德心灵。因为"优美的教育不仅承认和肯定了人作为'有生命的个人存在'他的感官享受的合法性，而且更主要的在于，它使人的感官享受摆脱了纯生理的满足而上升为真正意义上的'人的享受'；并通过这种'人的享受'来造就人自身心身的协调与和谐"②。对此，席勒指出，审美可以帮助受教育者调节情感的本性，使意志以比较轻松的道德努力来履行道德的命令。③ 基于审美作用于受教育者的方式主要依循的是人的情感，因此，"以'美'育德"的核心方式在于陶冶受教育者的情感，使之在情感愉悦中感受精神的自由和崇高。

陶冶受教育者审美情感的途径与方式多种多样。但是，无论途径与方式是什么，其最终的汇聚点在于通过提升受教育者发现美、鉴赏美与创造美的能力，进而使之获得道德进步。通过对诸多美学教育思想的梳理

---

① 梁启超.趣味教育与教育趣味[M]//北京大学哲学系美学教研室.中国美学史资料选编（下册）.北京：中华书局，1981：420-421.

② 王元骧.论美与人的生存[M].杭州：浙江大学出版社，2010：154.

③ 席勒.席勒散文选[M].张玉能，译.天津：百花文艺出版社，1997：146.

与分析，我们发现存在以下几种比较重要的"以'美'育德"的方法。一是音乐陶冶法。亚里士多德十分重视音乐的德育功能，认为音乐可以陶冶心灵，使人产生"轻松舒畅的快感"①。德国哲学家费尔巴哈也认为："如果你对音乐没有欣赏力，没有感情，那么你听到最美的音乐，也只是像听到耳边吹过的风，或者脚下流过的水一样。"②美好的音乐能够以其特有的旋律，唤醒受教育者对崇高的想象，进而在内心之中生成对崇高的向往。二是书画陶冶法。书画本身就是个体道德的有效呈现。古人项穆认为："正书法，所以正人心也；正人心，所以闲圣道也。"《书法雅言·书统》与此同时，欣赏与创作书法和绘画，也能够让受教育者感悟内在的人格与精神自由，激发受教育者对美好道德品质的想象。三是自然审美陶冶法。自然世界中蕴含着无数的美丽与神奇，通过接触美丽与神奇，能够让受教育者感悟崇高、优美、壮观以及生命的美好，进而涵养其关怀生态、关爱生命的道德情怀。例如，当一朵红色的玫瑰花摆在你的面前时，你能够闻到它的香味，看见它的形状和颜色，继而通过反思体验到一种美感，这种美感就是由于反思感性对象所给主体带来的一种体验，它表达了人性的一种普遍性态度。对此，柏拉图指出："我们不是应该寻找一些有本领的艺术家，把自然的优美方面描绘出来，使我们的青年们像住在风和日暖的地带一样，四围一切都对健康有益，天天耳濡目染于优美的作品，像从一种清幽境界呼吸一阵清风，来呼吸它们的好影响，使他们不知不觉地从小就培养起对于美的爱好，并且培养起融美于心灵的习惯吗？"③

---

① 亚里士多德.政治学［M］.吴寿彭，译.北京：商务印书馆，1965：416.
② 北京大学哲学系美学教研室.西方美学家论美和美感［M］.北京：商务印书馆，1980：211.
③ 柏拉图.文艺对话集［M］.朱光潜，译.北京：人民文学出版社，1980：62.

第三节 具身育德法

一、身体的哲学意涵

身体是个体的存在之本。长期以来,人们对于身体的认识与理解是局限的,身体被埋藏于人们的认知视野之外,人们仅仅将之作为自我存在的物质基础,很少赋予其特定的文化意义与伦理价值。即使有人关注身体,身体也常常与精神、伦理处于对立的关系之中。"身体是道德训诫的对象,道德的指向是灵魂或精神的超越,身体的欲望与本能冲动随时可能破坏灵魂或精神的和谐。德性生成的过程乃是精神对身体取得绝对主宰与控制的过程,是灵魂或精神战胜身体意欲的过程。"①在禁欲主义者看来,身体被视为欲望的代名词,甚至被看作"罪恶的根源",唯有抑制身体,才能切近理念世界与道德正当。

可以说,"身体"所遭遇的不公正对待持续了千年之久,直至尼采、福柯、胡塞尔、庞蒂等人对"身体"的关注,才使得身体得以正名,超越了简单物理实体的范畴,并获得了人文学意义的高度重视。面对处于压制与隐匿中的身体,尼采首先吹响了身体的号角,"要以肉体为准绳"②。"肉体乃是比陈旧的'灵魂'更具令人惊异的思想""对肉体的信仰始终胜于对精神的信仰"③。庞蒂也提出:"世界的问题,可以从身体的问题开始。"④总而言之,在近现代哲学的共同努力下,身体哲学的文化意义才得以凸显,

---

① 胡金木.压制、隐匿与凸显:道德教育中的身体转向[J].教育理论与实践,2007(10):35-38.

② 尼采.权力意志:重估一切价值的尝试[M].张念东,凌素心,译.北京:中央编译出版社,2000:64.

③ 尼采.权力意志:重估一切价值的尝试[M].张念东,凌素心,译.北京:中央编译出版社,2000:7.

④ 庞蒂.知觉现象学[M].姜志辉,译.北京:商务印书馆,2001:109.

并且成为人们研究与解决诸多理论和实践问题的重要突破口。

那么,从哲学的视角来看,身体是什么? 这也回应了身体问题为何受到人们的关注,也进一步阐析了身体与道德、身体与道德教育的理论基础。依循身体哲学的一般理念,身体是个体在世的价值载体,它是个体认识世界、感受世界以及表达自我、与他者交往的媒介,也是个体表达自我生命本真的渠道。经由身体,个体由此敞开,并且不断汇聚文化和意义的浸润与濡染。在此意义上,身体对于个体而言,既是工具,又是本体。它不仅彰显与呈示个体的生存,同时又不断塑造着关系。概而论之,身体是主体意向性的表达,也是存在论规范的关系确证,身体到处充满着文化与意义。

身体的哲学意涵表明身体的文化意义已经复活,身体由此在人文领域获得了生命与活力。在此境遇下,身体开始"叙事"。从此,身体与政治学、与心理学、与社会学、与教育学相联系……也与伦理学相联系。伦理道德与身体何以关联?"曾经,身体作为物质载体被道德回避;如今,身体因其价值属性被伦理聚焦。如果说将社会秩序的建构局限于社会规范的建立,那么回到身体则是破解现代道德难题、实现现代道德构序的必然出路。道德向身体的回归,既是基于身体本体地位的承认与身体关系属性的理性解读,更是对道德应有价值的深刻诠释。"[①]身体彰显个体的道德,同时也是个体提升道德认知、涵养道德情感与践履道德行为的基础,因而,身体是道德构序的始基。在此意义上,身体塑造了道德,道德也成就了身体。

二、身体与道德教育

身体与道德相互支撑、相互促进。道德发生于身体之中,身体也是各

---

① 陈化,马永慧.回到身体:道德价值构序的当代路向——兼论身体道德如何可能[J].学术研究,2018(10):35-40,70,177.

种道德意义扭结与交织的发生场。鉴于道德与身体的内在联系,道德教育也需要关注受教育者的具身性存在。有学者指出:"道德发生机制是一个从抽象道德概念表征,到具体道德行为发生,再上升到抽象道德意识构建的演变过程,这一过程中产生的道德概念、道德行为和道德意识都离不开身体的参与。"①身体与道德教育的关系,主要体现在以下三个方面。

首先,身体是塑造受教育者道德认知的生理基础。当代心理学研究表明,身体解剖学结构是个体道德认知的生理基础,身体视听嗅味等方面的感知变化会显著影响个体的道德认知与道德判断。例如,大脑腹内侧前额叶(VMPFC)功能性损伤的患者会因为缺乏道德认知与道德决策的能力而无法适应日常道德生活;厌恶的味道、过于艳丽的色彩以及长时间的距离也都会使得主体的道德判断更加严格。②另外,以庞蒂的学说为代表的身体哲学理论也认为,身体是认知的基础,认知凭借身体而获得对事物意向性的理解,身体与灵魂的关系每时每刻都在认知运动中得以实现。③可以说,心理学与身体哲学关于"身体"与"认知"关系的理解,有效拓展了主体认知的文化边界,继而也深刻地影响了道德教育中受教育者道德认知的过程。依循于这一理解,身体是受教育者道德认知形成的重要基础,身体的感觉与知觉建构了受教育者个体的道德主观体验,受教育者正是在身体的深度参与中,完成了对自身道德认知的建构。具体来说,受教育者道德认知与道德判断能力的产生,不仅仅源于大脑对教师道德教育信息的加工,同时也依存于身体的感觉、知觉,以及借助于身体经验而产生出来的道德想象。因为在把抽象的道德概念转化为学生道德认知的过程中,他们可以通过与身体感知经验和知觉图式有关的隐喻,来具体

---

① 殷杰,张祯.身体与道德发生机制的认知维度探析[J].科学技术哲学研究,2018(2):7-12.
② 陈潇,江琦,侯敏,等.具身道德:道德心理学研究的新取向[J].心理发展与教育,2014(6):664-672.
③ 庞蒂.知觉现象学[M].姜志辉,译.北京:商务印书馆,2001:176.

体悟抽象性道德概念的文化意涵。有学者提出："'道德'概念,比如'清白''邪恶'等复杂和抽象的概念,最初都是借由身体发展而来的。"[①]在此境遇下,身体不再是与学生道德认知无关的生理皮囊,而是在至深至矩的文化意义上深刻影响着受教育者的道德认知与道德建构。

其次,身体是激发受教育者道德情感的重要来源。身体与道德教育中的道德情感紧密联系,两者相互蕴含、相互促进。通过身体的感知觉体验,受教育者的道德情感得以有效释放与升华;与此同时,受教育者的道德情感又能反作用于身体,使身体自由地表达出人的类本质。身体之所以能够激发受教育者的道德情感,是因为身体能够驱动人性之中与道德情感密切关联的审美要素,由此促使受教育者的身体在审美实践中不断生成以崇高性为基础的道德情感。在此意义上,身体与道德情感内在关系的建立,特别是身体对于道德情感的唤醒与激发,在很大程度上是与受教育者的审美实践糅合在一起的。正如德国哲学家康德所言,在审美实践中,人的身体内部与外部环境处于和谐状态,人也就能够意识到由于身体和谐而在内心之中产生的尊贵感和愉悦感,由此进一步激发了人对道德崇高的向往。[②] 由此看来,在道德教育过程中,受教育者道德情感的产生不仅仅是由精神意识本身独立完成的,它还需要身体的介入与参与,因为身体是受教育者道德情感生成的催化器,它借助于一切审美实践而诱发自身的道德情感,继而使自身在道德情感的激发中体悟人性的光辉与崇高。须知,在道德教育的审美实践中,受教育者的身体无时无刻不在面向审美活动本身,引导、参与乃至规划审美活动所安排的一切任务,因为"身体意向是一切审美实践最为源初的意象"[③]。身体借助于审美实践,

① 杨继平,郭秀梅.具身视角下道德概念的隐喻研究[J].心理学探新,2016(5):387-391.
② 康德.判断力批判[M].邓晓芒,译.北京:人民出版社,2002:200.
③ 张再林."身体意向":审美意象的真正所指——中国审美意象之身体现象学解读[J].烟台大学学报(哲学社会科学版),2013(4):10-21.

受教育者才能体验到由于身体和谐而产生的审美情感，这种审美情感能够净化人的内心与精神世界，继而能够促使受教育者意识到作为人类一员的道德尊严、道德责任以及道德崇高感。

最后，身体是受教育者践履道德行为的物质承担者。身体是主体将道德认知、道德情感与道德意志转化为道德行为的主要践行者，故而它也是衡量受教育者道德学习效果最为直接的体现与判断标准，因为身体能够在物质、可见的现象世界领域呈示受教育者的道德状态。换言之，受教育者的道德品行不能够仅仅凭借思考与言说去判断，这种判断更应该依存于受教育者的道德实践能力。孤存于心的道德教育是不完整的，唯有将道德意向和道德实践能力整合起来的道德品性才能够完整诠释道德教育的原初意涵。例如，"基督教伦理的'爱''欲'之辨，儒者的'仁''礼'之思，无不显示着思想、观念、价值与身体之间的关联。一种伦理叙说，就是一种'行动的推理'（黑格尔语），目的是培养与之相应的人，进而培养一种新的身体——一种新的'体现'方式，一种新的身体实践模式"①。在此意义上，身体是受教育者践履道德行为的物质承担者。敞开来说，身体作为道德实践的物质承担者，一方面体现为受教育者需要通过身体来实践自身的道德品性，另一方面体现为需要根据受教育者的身体实践来判断受教育者的道德意识与道德能力。脱离了身体，一切道德认知、道德情感与道德意志都将是虚妄的。在此意义上，身体是受教育者道德存在的强制性结构，若没有身体，道德将无处安放。

三、具身育德的实践路径

身体是个体存在的基础，身体具有伦理品性，它与道德相互蕴含、相互促进。受教育者道德认知、道德情感与道德行为的提升与建构都离不

---

① 闫旭蕾.论身体的德性及其教育[J].教育研究与实验,2007(4):7-12.

开身体的积极参与。作为"培育"受教育者身体最为直接的教育方式，体育应该在受教育者道德品性的培育过程中发挥积极的效用。"学校体育理应……以促进生命成长、促进身体真正意义上的全面发展为身体教育的指导思想，以发展教育对象身体之真、善、美为体育学科内在的价值追求，将身体德育作为德育起点，展开学校体育中的德育实践。"①经由体育实践活动，作为"我能"的"身体意向性"，它能够使受教育者把握自己内在的道德世界。

　　事实上，在古希腊，人们早已经将身体强壮与勇敢视作一种美德。并且，养炼人的身体与培育人的勇敢意识也是教育的一项重要内容，这一点在古希腊城邦斯巴达体现得尤为显著。与此同时，中国传统教育实践，也十分重视身体的养炼与培育。其中，最为典型的代表是"六艺教育"，即"礼、乐、射、御、书、数"②。"射"是指射箭；"御"是指驾驶车马，特别是战车战马。这两者是中国古代体育的主要内容。在这里，"射"与"御"不仅仅作为一项体育或军事技能，同时它们还与"礼"相契合，也就是与人的道德品行结合在一起的。对此，孔子指出："君子无所争，必也射乎！揖让而升，下而饮。其争也君子。"（《论语·八佾》）由此来看，以"射"与"御"为核心内容的中国古代体育也是十分重视人的道德礼仪的。③ 人的道德礼仪也需要身体与体育的映衬。诚如孔子所言："仁者必有勇。"（《论语·宪问》）总而言之，通过体育养炼受教育者的道德品性是中西方传统教育中所蕴含的思想资源，为了有效继承与创新这一资源，我们需要重视以体育

---

　　① 李储涛. 身体道德：学校体育的德育起点［J］. 上海体育学院学校，2012（6）：72-75.

　　② 《周礼·保氏》中记载："养国子以道，乃教之六艺：一曰五礼，二曰六乐，三曰五射，四曰五驭，五曰六书，六曰九数。"

　　③ 颜元对宋明理学教育中的体育伦理之异化严厉地抨击道："此朱子重文轻武不自觉处。其遗风至于今日，衣冠之士羞与武夫齿，秀才挟弓矢出，乡人皆惊，甚至子弟骑射武装，父兄便以不才目之。长此不返，四海溃弱，何有已时乎？独不观孔门无事之时，弓矢、剑佩不去于身也，武舞干戚不离于学也！"

培育受教育者的道德品性,以及重视以"身"育德的道德教育方法。

以"身"育德是身体参与道德教育的具体体现,也是体育与道德教育深度耦合的内在要求。毛泽东在《体育之研究》一文中指出:"体者,载知识之车而寓道德之舍也。"通过参与体育实践活动,受教育者走出自我的封闭世界,获得了一种与他者共处的"存在性联系"。在"存在性联系"中,受教育者依循体育技术规则、体育契约规则以及体育道德规则来共同完成竞技性的体育实践活动。经由体育实践活动,受教育者能够有充足的机会感受到由遵守规则与契约所带来的共体感,也会领略到由坚持、毅力、团结、勤奋等所引致的精神愉悦感。在此意义上,体育是一种道德的精神奋进。有学者指出:"体育运动把其对道德原则的理解现实地定位于能够按照一整套规范去行动,即传递和培养道德行为举止……在体育活动中,经受历练的主体能够获得身体的自由、感性的自由乃至于由此臻于心灵的自由、理性的自由——巅峰体验。"[①]体育对受教育者道德品质的淬炼,本质上是一种精神的淬炼,这种精神超越了对社会规则与契约的简单遵守,是一种寻求在体育实践活动中与他者建立的"存在性联系",以及在超越自我与昂扬斗志中体验个体生命自由和生命本真的情感、信念与境界。

---

① 刘映海,石岩,丹豫晋.论体育的本质及其教育价值[J].教育研究,2014(9):24-32.

第七章

道德教育的评价

　　道德教育评价是道德教育的重要组成部分,它主要是对受教育者道德学习的过程与结果进行综合性判断,由此为辨识受教育者道德水平和优化道德教育过程提供反馈与保障。为了深入研究道德教育评价的理论结构与实践体系,我们需要明晰道德教育评价的哲学依据,分析当前道德教育评价的理论与实践困境,并依循于此探索道德教育评价的未来走向。

第一节　道德教育评价的哲学根据

　　从表面上看,道德教育评价是一项具有实践操作属性的教育活动,但是从深层次而言,道德教育评价是一项以特定哲学理念为指引的实操性教育实践活动。脱离了哲学观念的灌注,道德教育评价势必是肤浅化的、浅层次的。鉴于此,我们需要对道德教育评价的本质、过程及其结果进行深层次的哲学审思,由此明晰道德教育评价的基本路向。

一、教育评价的哲学基础

　　教育评价是一项具有经验属性的系统性事业,它对教育改革与发展具有导向性作用。由于教育评价涉及各级各类教育,仅仅从经验层面实施教育评价,势必会引发教育评价的零散化与低效化。鉴于此,我们需要从形而上的层面对教育评价进行哲学审视,进而在普遍性意义上为教育评价确立世界观和方法论根基。

历史地看,自教育学产生以来,每一种教育评价背后总是蕴含隐着特定的价值观念和哲学基础。在前科学化阶段,教育评价往往基于经验主义的价值取向,采用推荐、口头测验、纸笔测验等具有较强主观色彩的评价方式,例如中国古代的察举制、科举制等。随着近现代科学和哲学的快速转型与发展,实证主义、实用主义等哲学理念深刻引发了教育评价方式的变革,基于精准性测量工具的评价范式日渐成为教育评价理论和实践的首要选择。有学者指出:"这一阶段的特征是客观化、标准化问题受到了极大的重视。所谓客观化表现为两个方面:第一,标准客观化……第二,定分客观化。"[①]这标志着教育评价理论和方法的系统化与科学化。随着教育评价理论和实践的不断发展,人们逐渐认识到量化教育评价的弱点和不足。在此之后,基于价值多元的后现代主义哲学理念逐渐引起了人们的极大关注,并且对教育评价产生了深远的影响,由此形成了多元化的教育评价理论,例如斯塔弗尔比姆提出的"CIPP模式"[②]、斯克利文提出的"目的游离评价模式"、斯塔克提出的"应答模式",等等。

从以上可以看出,教育自产生之日起,任何一种教育评价背后总是蕴含着特定的哲学世界观与方法论。换言之,哲学内在地影响着教育评价的价值取向、目标宗旨、方法范式和实施过程等。与此同时,哲学还深刻

---

① 陈玉琨.教育评估的理论与技术[M].广州:广东高等教育出版社,1987:19.
② "CIPP模式"即背景评价、输入评价、过程评价、结果评价的简称。斯塔弗尔比姆认为,教育评价应当是一种有序性的活动。进行评价时,首先应当根据社会政治经济大气候的需要对教育目标本身进行价值判断,这就是具有诊断性的背景评价。其次,应当充分了解各方面的条件,对教育方案、计划的可行性、合法性及道德性进行评价,这就是输入评价。再次,应当系统地搜集、综合、整理大量的反馈信息及有用的情报资料,通过认真的分析、研究,来探索教育方案、计划的实施过程中潜在的问题,并寻求解决办法,这就是过程评价。最后,通过调查而获得大量的定量性数据,并以此为依据来衡量完成定量目标的情况,这就是结果评价。这种结果评价仍然是质量控制的一种手段,即衡量出教育质量存在的问题之后,作出新的相应的决策来提高教育质量。参见沙红.教育评价的产生及其发展[J].天津市教科院学报,2005(5):61-64.

地影响着教育评价与社会其他子系统之间的互动,因为教育评价直接关乎着"教育为社会培育什么样的人"这一问题。这也是由教育评价的目标导向决定的。总而言之,哲学世界观和方法论引领下的教育评价不仅直接影响着教育中的人,同时也间接影响着社会的发展与进步。

哲学是通过何种教育评价方式影响教育中的人的?回答这一问题的关键在于理解教育评价的人学宗旨。作为教育的重要组成部分,教育评价是教育质量提升的重要基础与保障,也是检验教育发展的压舱石。须知,教育发展的根本在于教育中的人的发展。依循于此,哲学与教育评价相互关联的核心问题在于"如何评价教育中的人"。人的发展"领域"是多种多样的,例如知识的学习、技能的习得、道德素养的提升等,但是这一切细节问题都可以汇聚为一个问题,即人的精神建构问题。关注人的精神建构是哲学的重要价值使命,也是教育产生与发展的根本价值依托。有学者指出:"教育评价是为了尊重人。教育评价有时候缺乏人文关怀,硬性的操作使评价的价值失去了活力。教育评价过程中不能没有人的因素。教育评价应该尊重人、理解人并以人为评价事实和基础,把人的成长和发展放在第一位,维护人的尊严,彰显人的价值,发展高尚的人格。"①由此可以看出,关注教育场域中受教育者内在精神的建构理应成为哲学视域下教育评价的根本指向,并且这一根本指向直接影响着教育评价的目标、内容、方法等具体问题,也间接影响着教育发展与社会进步之间的内在逻辑关系。

二、哲学视域下的道德教育评价

根据对教育评价的理解,我们认为,通常意义上的道德教育评价是指道德教育共同体依循特定的评价范式(即共同遵循的世界观和方法论),

① 韩炎坪.关于教育评价的哲学考察[J].教育理论与实践,2012(30):6-8.

对受教育者道德学习的过程与结果进行综合性判断的教育实践活动,或者宏观一点来说,道德教育评价的本质意涵在于对道德教育活动及其效果进行价值判断。

一般而言,道德教育评价是判断道德教育实施质量的重要依托,也是规范道德教育实施方向的实践路径。正如英国教育哲学家彼得斯所言:"任何道德教育观点和思想都源于一种特定的伦理学原理。"①作为教育评价的重要组成部分,我们需要对道德教育评价作形而上的哲学审思。唯有如此,才能从根本上把握道德教育评价的脉搏。基于哲学的理论视角,道德教育评价需要回应的问题主要有三点:一是明确道德教育评价的历史渊源、本质内涵、理念宗旨等,厘清道德教育评价的理论品性;二是探索道德教育评价的指标体系,明晰何种道德教育评价是真实有效的;三是阐明道德教育评价的理论根基,这是道德教育评价的内在灵魂,因为它在最为根本的意义上明确了道德教育评价的方向和路线;四是分析道德教育评价的方法论,进而从宏观上把握道德教育评价的基本方法。总而言之,道德教育评价需要哲学的积极介入,由此为道德教育评价提供根本性的世界观与方法论引导。

依循对道德教育评价的哲学思考,我们认为,深层次理解道德教育评价需要从以下三个方面进行阐释与分析。

第一,道德教育评价是一种基于人的认知判断所建构的价值表达。评价是人们对价值关系的认识或反映,实际是以人为主体、以价值关系为客体的一种新型关系。②基于此,道德教育评价即是道德教育评价者对道德教育过程中价值关系的认识或反映,他们以受教育者为评价对象和评价主体,试图根据自己的认知结构和价值立场对受教育者道德学习的

---

① 彼得斯.道德发展与道德教育[M].邬冬星,译.杭州:浙江教育出版社,2000:序言.
② 王汉澜.教育评价学[M].开封:河南大学出版社,1995:29.

过程与结果进行判断。由此可见,道德教育评价就其本质而言是一种价值判断。"价值"是道德教育评价的核心关键词。对此,杜威指出:"教育价值的理论不仅包含决定原来评价标准的欣赏的性质,而且包括评价的特殊方向。评价的含义首先是觉得东西可贵;其次就是进行估价。换句话说,评价就是一个喜欢一件东西的行动,爱护这个东西,还包含和别的东西比较,对它的价值的性质和分量作出判断的行动。从后一种意义说,评价就是估量价值。"①言下之意是,价值是对事物或者事件之于主体特殊性的认可,道德教育评价就是对受教育者道德学习过程和结果之于受教育者自身价值的考量与辨认。在道德教育评价过程中,一切都弥漫着"价值"的身影,并且,这里所指的"价值"具有内在性。也就是说,"价值"仅仅指向受教育者本身,尤其是其内在的道德精神的建构。道德精神建构作为判断受教育者道德学习价值的根基,势必会对道德教育评价者提出较高的判断要求,亦即要求教育者能够在道德教育判断过程中超越道德教育的功利取向,转而以一种伦理自我的自觉性要求去审视受教育者道德学习的过程与结果。在此意义上,道德教育评价本质上是一种立足受教育者内在精神建构的价值表达,并且这一过程依附于道德教育评价者立足内在良心的认知判断。

　　第二,道德教育评价是一种基于人的精神建构的意义澄明。对每个人而言,生命存在的重要基础在于个体生命意义的持续绵延、生成与确证,这就需要每个人始终能够运用理性对自我生命进行筹划与设计。因为"人类的充实和幸福不可能单单从物质的极大丰富中实现,生命的意义最终只能从精神领域中获得。为此,精神的饱满与富足就成了人安身立命的家园"②。鉴于此,评价受教育者的道德学习需要对受教育者道德精

---

① 杜威.民主主义与教育[M].王承绪,译.北京:人民教育出版社,2001:256.
② 陈杰.论精神家园的建构[J].湖湘论坛,2007(3):40-42.

神的建构和生命意义的澄明赋予格外的关注与重视。前文已经指出，道德教育的核心旨归是培育受教育者关心自我、关心他者和关心自然的理性道德精神与伦理道德精神，由此观之，受教育者内在道德精神的建构理应成为道德教育评价的核心基点。但是，道德教育评价受教育者内在道德精神的建构始终是一种他者视角下的伦理要求，唯有站在受教育者自我生命意义的视角审视道德教育及其评价，才能够真正让受教育者在道德教育过程中回归自我。也就是说，道德教育评价受教育者道德学习的过程与结果需要以其道德精神建构为核心基点，而受教育者道德精神建构的出发点在于能够在澄明自我生命意义的基础上完成对自我与他者伦理关系的确证。正如冯友兰先生所言："我们可以把各种不同的人生境界划分为四个概括的等级。从最低的说起，它们是：自然境界、功利境界、道德境界、天地境界。"①道德境界是超越功利追求的，它要求人直面自我的生命意义，故而是一种精神的超拔。道德教育评价唯有基于人的精神建构所赋予的意义澄明，才能为唤醒受教育者内在的善良意志提供价值导向。

第三，道德教育评价是一种基于人的主体意向所开展的话语实践。评价活动以意向性为起点，它是说话人自觉的、有意识的活动。从语言哲学的视角来看，"评价是说话人的存在方式，它意味着说话人对自身及其世界作出解释；说话人的意向性、社会性和世界的多样性分别构成评价的起点、标尺和归宿；评价意义的形成与判定依赖具体情境中说话人的理解和解释"②。由此推论，道德教育评价也就意味着道德教育评价者对受教育者的评价意向性，这种意向性是通过评价者的话语实践传达出来的，在此意义上，受教育者道德学习结果的评价依赖于特定情境中评价者的话

---

① 冯友兰.中国哲学简史[M].涂又光，译.北京：北京大学出版社，1985：376.
② 谢萌.评价理论的语言哲学维度[J].外国语言文学，2018(2)：129-144.

语解释体系。在此过程中,话语解释体系蕴含着评价者特定的价值判断和社会追求。由此看来,道德教育评价过程是一种由道德教育评价者依循主体内在的主观意向,对受教育者道德学习过程与结果进行话语实践的过程。"主体性就是言者把自己建构为主体的能力……人在语言中并通过语言把自己构造成一个主体,因为只有语言才能建立现实的'自我'概念。"①在道德教育评价过程中,评价者通过话语赋予评价过程和结果以"意义",使得评价过程和结果携载有评价者的主体意向。在这里,评价者的主体意向是镶嵌于话语之中的,评价的过程和结果隐含着评价者的价值判断,由此可见,道德教育评价是一种基于人的价值意向判断所产生的话语实践。

第二节 意志他律:道德教育评价的实践困境

通过对传统道德教育的反思可以发现,以"意志他律"为取向的道德教育评价深刻制约着道德教育的理论创新和实践发展,也桎梏了受教育者内在道德品性的"纯洁度"。在"意志他律"的规约下,道德教育评价的目的、标准与方法都发生了一定程度的偏失,由此也对受教育者内在实践理性的生成和伦理精神的涵养产生了消极影响。

一、意志他律与道德教育

"他律",顾名思义,即是指主体的价值判断与实践行为受制于外在的特定条件与特定环境。德国哲学家康德认为,意志从本质上而言是一种人类所特有的欲求能力,它所涉指的是行为发生的原初因果性。作为人

---

① BENVENISTE E. Problems in general linguistics[M]. Goral Gables:University of Miami Press,1971:224.

的整体欲求能力的意志,既有理性方面的起源,同时也与经验感性存在着千丝万缕的联系。也就是说,意志一方面在认识论领域栖身于自然概念之下,是一种追求经验性欲望的自然本能机能;另一方面,意志在道德领域栖身于自由概念之下,具有恪守实践理性法则的性质与倾向。在此意义上,意志仿佛站在十字路口一样,站在作为形式的先天法则和作为经验质料的后天动机中间。^① 如果人的意志依循纯粹实践理性的引领,将先天的道德法则与自身的主观准则有机地协调起来,那么它就是一种纯粹性的意志;相反,如果将经验世界的感性动机作为意念与行为的决定根据,它则是一种质料性的意志。从实质上来讲,质料性意志是一种旨在满足主体自身经验性目的的他律性意志,无法作为理性主体的立法根据。因为质料性的意志源于理性主体对感性欲求的非完全抗拒,它没有选择将先天的道德法则作为自身的决定根据,而是放任自身的喜好与利益倾向,由此使得意志为经验性因素所浸润与侵染。由此观之,质料性的意志是将质料或经验作为意志的规定根据,它本质上是一种"作为道德的一切非真正原则的意志他律"。

在此意义上,他律德育理念及其实践强调在特定的诱惑因素或者是威胁因素的前提下培育受教育者的道德品质,受教育者被动地接受外在权威或规范的影响,并且其内在的道德需求与道德情感无法得到激发和释放。也就是说,一切不是以受教育者道德自由为目的,并且没有激发受教育者内在道德动机的道德教育都可以归结为"他律德育"。这种他律道德教育培育出来的受教育者势必仅在行为上表现出道德的表象,其内心深处对道德则是茫然的、有条件的,甚至是排斥的。也就是说,他律道德教育理念培育出来的学生可能具有较高水平的道德认知,但是他律德育

---

① 康德.康德道德哲学文集:注释版(上卷)[M].李秋零,等译.北京:中国人民大学出版社,2016:21.

在本质上将道德动机安置于经验性的利益和幸福考量之上,对道德本身的崇高性缺乏深入关注,并且忽视了道德本身在人之精神建构层面的相对独立性,仅仅将道德教育视为人际和谐以及利益增长的工具,故而无法从本源处激发受教育者内心深处的道德意识与道德敬重感,并且可能导致受教育者道德认知与道德行为的"两张皮"。

在康德看来,一切不是出自道德主体善良意志与内在动机的实践行为都不是真正的道德行为,与此相对应,一切不注重培育受教育者善良意志和内在道德动机的教育实践都不是真正意义上的道德教育实践,它在本质上所体现的是一种他律性的道德教育价值理念。而"他律"本质上是远离道德的,故而他律性的道德教育理念及其实践与真正的道德教育是相悖离的。康德认为,在西方道德教育思想发展的历史长河中,"意志他律"也是一条一以贯之的主线索。自古希腊罗马时期以来,虽然道德教育思想形态各异,但是道德教育思想者却一直在以不同的形式诉说着共同的价值导向——"意志他律"。

他律性道德教育与外在性的道德动机培育又有着密不可分的内在联系,因为受教育者在构建自身道德认知与践履道德行为的过程中,可能要求以特定的利益回报作为补偿。一言以蔽之,任何道德行为都是附加特定条件的。在此境遇下,他律德育所培育出来的受教育者可以说是"精致的利己主义者"。受教育者缺乏对道德本身的敬畏,道德沦为了更好地谋取自身利益的工具。由此,道德在受教育者的眼中仅仅具有表现性价值,而不具有实体性价值,遑论对道德本身产生敬重感与虔信之心了。

除此之外,作为权威与规范的国家和社会也会对道德教育提出自己的价值期待,它们会潜在地在学校道德教育实践中"掺杂自己的私货"。具体而言,国家和社会期待道德教育能够培育出符合当前秩序规则与发展需求的社会公民。即使道德教育不能够培育受教育者对外在规范完全的"服从"之意向,也至少需要使他们具有服从外在社会规范的表象。在此意义上，道德教育需要培育的不是具有内在道德意向与道德动机的善良主体，而是具有社会规范服从意识的工具性主体。他律性道德教育站在国家和社会本位的价值基点上，旨在将道德教育视为国家和社会对个体进行规范的载体，由此使得道德教育的个体性被稀释和消解。须知，就育人层面而言，道德教育首先面向的是受教育者个体精神意义的建构与完善。唯有在受教育者个体道德品质得以生成之后，我们才能将道德教育延伸到服务国家和社会发展的需求上来。他律性道德教育以国家和社会本位的文化意识僭越了道德教育的本体功能，势必会导致道德教育的低效率和形式化。

上述我们可以看出，无论是基于受教育者自身的利益考量，还是基于国家和社会的外在期待，道德教育始终都无法切近自身的本质，故而也就不具备真正的教育意义。究其深层缘由，主要在于当前学校道德教育所依托的是一种以"意志他律"为价值旨向的道德教育思想。正如有学者所言："假如对传统德育进行审视的话，便会发现在传统德育的每个环节，都会有强烈的他律倾向。"[1]可以说，"他律"已经如同"细菌"一般渗透到当前学校道德教育的"毛细血管"中。具体来说，"他律性教育在学校德育中表现在诸多方面。在德育目标取向上，较多倾向于'社会本位'，单纯以社会需要为出发点，过分注重人的工具价值，忽视人全面发展……在德育方法上，把学生当作被塑造的客体，当作等待雕琢的'原材料'，机械硬性灌输道德知识，把儿童心理看作等待填充的'道德之洞'（杜威语）或'美德袋'（科尔伯格语）。在德育效果的评价上，把道德知识的拥有量和道德理性思维的发达程度，作为衡量一个学生品德好坏的标志，而不是看学生是否能够形成一种道德的生活方式，过上一种健康的和道德的生活。"[2]

---

① 王长乐.自主性德育论[M].长春:吉林人民出版社,2002:379.
② 李海.学校道德自律教育研究[D].石家庄:河北师范大学,2008:59-60.

二、基于意志他律的道德教育评价困境

有学者指出,传统道德教育评价偏重道德量化,主要表现为道德等级评定和道德水平测量。无论是"优良中差"的等级描述还是道德水平的分值刻画,道德评价似乎在用一种"不道德的方式"进行直接的道德管理,获得的是一种道德结果,而并不能引发道德主体的道德情感、道德意愿、道德行为的真正变化。[①]

(一)道德教育评价目标的功利化

基于意志他律的道德教育评价在目标上常常表现出功利主义的价值倾向。具体来说,意志他律视域下的道德教育本身就蕴含着功利主义的身影。因为现行的道德教育理念及实践潜在地预设了道德行为与道德结果之间的内在关系,受教育者在道德建构的过程中便不自觉地将道德行为与其成就直接地关联起来。由此推论,基于意志他律的道德教育评价在目标上往往不将受教育者内在的道德伦理精神建构作为核心基点,转而对道德教育的功用性给予了诸多关注,这实质上所遵循的是一种"即时效果论"。"'即时效果论'把德育实效理解为'眼前实效',追求'立竿见影'。强调学校德育工作应该立即给教师和学生带来看得见、摸得着的'好处',否则,德育就没有实效。"[②]

具体而言,在意志他律的规约下,道德教育评价的功利性主要体现为三个方面。一是将评价结果与受教育者学业发展紧密关联起来。依循于此,道德教育评价者关注的核心在于受教育者经由道德学习能否获得某种外在的荣誉,由此获得的荣誉是否能够为其下一步的学业发展提供"晋级"基础。对此,有学者指出:"为了提升品德的质量,引起学生、家长对品

①　赵娜,孔凡哲.中小学德育评价的改革与发展[J].中国德育,2021(10):5-10.
②　杜时忠.当前学校德育的三大认识误区及其超越[J].教育研究,2009(8):78-82.

德培养的重视，各地纷纷采取措施，加强学生的德育评价，并将评价结果纳入各类考评之中，成为学生评优、毕业和升学的一个重要依据。"①有的地区将德育评价结果纳入学生综合素养评价体系中，并且作为学生高考升学投档的重要依据。② 二是将道德教育评价的目标集中于受教育者所习得的道德行为上来。以行为结果衡量受教育者道德学习的结果成了最根本的评价目标。在此意义上，道德教育评价在目标上是结果导向的，至于受教育者在道德教育过程中经历了怎么样的认知和情感变化则是无关紧要的。如此一来，势必会漠视受教育者内在道德精神的建构，也因此背离了道德教育的本质初衷。三是将社会发展需求纳入道德教育评价的目标体系中来。道德教育评价在目标上遵循社会发展逻辑，强调将社会政治、经济、科技等子系统所提出的人格要求渗透到道德教育评价的目标体系之中，由此使得道德教育与思想政治教育、法治教育等相互之间的边际变得模糊。在此境遇下，道德教育评价的目标也开始逐渐面向"社会人"的培养，淡化了受教育者内在道德自觉的成长与发育。

（二）道德教育评价方法的机械化

在意志他律理念的影响下，道德教育评价方法追求效率，强调客观性的量化评价，由此致使其在总体上表现出机械化的实践属性。对此，有学者指出："在以往的德育评价体系中，大中小各学段的德育评价往往都具有比较浓厚的终结性评价的色彩，主要以考试的方式来完成德育评价。尤其是到了中学以后，由于中考和高考的需要，初中阶段和高中阶段的德育评价基本上都是依托于考试评价，但是以考试来评价学生的品德发展以及教师的德育效果，既不科学也不合理。"③由此可以看出，在教育实践

---

① 王烨晖,辛涛.当前我国德育评价的困境与出路[J].中国德育,2015(11):24-27.
② 尹伟.道德量化评价与学校道德教育[M].北京:人民出版社,2017:22-23.
③ 叶飞,檀传宝.德育一体化建设的理念基础与实践路径[J].教育研究,2020(7):50-61.

场域中,道德教育评价主要是通过考试、问卷调查、等级划分等量化方法来实现的,由此使得道德教育评价在方法上走向了意志他律的实践窠臼。

诚然,以追求客观性、效率化为主要特征的量化评价方法能够在一定程度上保障道德教育评价的规范性,但是它之所以会走向机械化,主要是因为道德教育评价不同于一般性的知识与技能评价。也就是说,道德学习不能像知识与技能学习那样进行标准化的测量与评定,这也就决定了以量化评价的方法对受教育者道德学习的过程与结果进行评价势必会导致漠视受教育者的道德情感与道德意志,它只能在一定程度上反映受教育者的道德认知水平,或者在一定意义上"鼓励"受教育者做出某种道德行为。但是,道德认知、道德情感、道德意志和道德行为四者之间并不具备直接相关性,彼此之间甚至可以说是相互对立矛盾的。在此境遇下,基于量化测评的道德教育方法也就无法准确地反映出受教育者内心的道德世界,也无法甄别受教育者的某种道德认知和道德行为是否出于内心的自觉自愿。对此,有学者批评道:"程式化的数量测评本质上无法承担推动道德情感与道德意愿发展的功能,同时由于规范性与强制性,其将学生的道德情感与道德意愿限定在了较低水平……程式化数量测评会在短期效应的追求下通过外部强化手段'逼迫'学生进行'应试'行为,诱导学生产生伪善道德行为,甚至是迎合性的假意道德行为。这不再仅仅是学生道德成长的危机,而是学生健康人格毁灭的开端。"[1]

（三）道德教育评价标准的单一化

道德教育评价的标准即是以什么样的标准对受教育者进行道德评价,它决定了道德教育评价的内容与方法。在当前的道德教育实践过程中,道德教育评价的标准主要为受教育者对道德知识的掌握和道德行为的表现两个方面,而对受教育者内在的道德动机、道德意志和道德情感则

---

[1]　赵娜,孔凡哲.中小学德育评价的改革与发展[J].中国德育,2021(10):5-10.

关注甚少,致使道德教育评价在实践过程中陷入了意志他律的泥淖。之所以如此,是因为仅仅将道德教育的评价标准局限于对受教育者道德认知和道德行为的测量和评价,具有鲜明的学科化倾向,由此造成了对受教育者内在道德动机、道德情感和道德意志的忽视。须知,在道德教育评价过程中,受教育者的道德认知往往是无法通过直接性的纸笔测试或者是主观判断测量出来的,即使将道德行为作为评价标准也无法真正判断出受教育者的道德认知水平和内在的道德动机,因为"合乎道德法则的行为"并不等于"出于道德法则的行为",前者具有一定程度的偶然性和随机性,而后者则生发于受教育者内在的道德动机。鉴于此,基于受教育者内在精神建构的道德教育的本质在于通过教育的方式促使学生将道德理念内化于心、外化于行。这种教育的方式不能依循于某种外在的奖励,只能是源于学生"康德式"的道德自律与对道德品质的虔诚认可,从而激发学生内心深处对道德品质的向往。

由此看来,仅仅将道德认知和道德行为作为道德教育评价的标准,无疑存在诸多不合理之处。这一评价标准本质上祛除了对受教育者内在道德情感和道德动机的实践关切。究其根由,主要在于当前道德教育活动在本质上是一种基于意志他律的道德教育实践,它企图借助于某种外在的功利性目的来吸引学生树立美好品质。由此,道德行为失去了其本身所应具有的崇高性。在此意义上,道德教育所培育的不是对道德品质充满向往与敬重感的道德主体,而是一个个敏于道德成本与道德收益的"精致利己主义者"。

第三节 走向意志自律:道德教育评价的理念变革

"只有当行动是一个有意识的人的表现时,我们才对它进行道德判断。如果我们得知行动者不能指控自己的行动,这行动并非出自他的意志,或者作出这一行动时他不能用健全的方式推理、感觉和判断,那我们就不对此进行评判。"①

一、意志自律与道德教育

"意志他律"是与"意志自律"相对立的一个概念。康德在西方哲学史上率先提出"意志自律"这一概念,并且将其有机地融入批判哲学体系之中,由此赋予其更为丰富与深刻的哲学意涵。康德认为,作为意志的一种性状,意志自律的实质就是自立法与自守法,它意味着理性的存在者要严格根据先天的道德法则来约束自己的主观准则与实践行为,祛除一切经验性因素的侵扰,仅仅将普遍性的实践理性法则视为必然的道德命令。在此意义上,意志自律是一种具有为自身创制规则与进行道德立法的积极性理念和能力。诚如有学者所言:"意志自律是一种双重意义的连续性存在:首先,它是一种基于理性存在者自身之内的法的创立;其次,它也是一种施加于自身的自守法。"②也就是说,意志自律的充分条件是道德法则的立法者(自立法)与道德法则的执行者(自守法)具有同一性。③ 由此可见,一个理性存在者的意志唯有在自律的情况下才能为自身立法,也才能称得上是自由的意志。意志自律即道德自由,是整体机能意志的自立法与自守法,是完全积极意义上的自由。这也就意味着,理性给自然立法就是人必然地遵从自然的发展规律,给意志立法则是实现人的意志自律与道德自由。通过实践理性对意志的自立法与自守法,人获得了作为人的价值与尊严,并且具有了真正的人格性。

---

① 梯利.伦理学导论[M].何意,译.桂林:广西师范大学出版社,2002:7.

② TIMMERMANN J. Kant's groundwork of the metaphysics of morals: A critical guide[J]. Cambridge Critical Guides,2009,22(22):281-286.

③ 宫睿.作为"行为同一性"的康德的意志自律[J].世界哲学,2017(2):59-66.

马克思指出，道德基础是人类精神的自律。在康德看来，判断道德的根本标准在于理性主体是否能够做到意志自律，亦即是否能够将服从与遵守先验的道德法则作为自己必须坚守的义务。在此意义上，意志自律是一切道德律的唯一原则，也是最高原则，更是一切实践行为获致道德价值的根本源泉。"道德性是行为与意志自律的关系，亦即通过意志的准则与可能的普遍立法的关系。能够与意志的自律相容的行为是允许的；不能与之一致的行为则是不允许的。"①言下之意是，离开了意志自律，一切道德律也就失去了存在的基础。只有意志是自律的，它才能通过自立法与自守法的方式创制作为定言命令的道德律，才能将道德动机完全统摄于理性存在者对感性欲望的疏离与对道德法则的坚守。在此意义上，意志自律有效彰显了道德律的本质性意涵，呈示了道德律的至善性、绝对性与先验性。可以说，正是意志自律激活了人们对道德律的想象与向往，与此同时，道德律对质料性经验的超越也对理性存在者的意志自律提出了必然性的要求。即是说，人的行为之所以是道德的，不仅在于他拥有意志与理性，更在于他能够运用理性规范自己的意志，并且服从道德法则，亦即实现意志的自律。

在道德教育场域中，"意志自律"是受教育者主动自觉地自我立法与自我守法的道德实践，它势必会对受教育者内在的道德动机提出要求，故而它也必然要求受教育者发挥自身的自主性与主动性。"自律"区别于"他律"，它源于理性主体内在的反躬自省与切己体察。故而，在道德教育过程中，意志"自律"本身就蕴含着受教育者出于内在的道德动机将先验的道德法则作为自身的实践准则，它取决于受教育者内在的义务意识，并且体现了受教育者本人"自立法"和"自守法"的过程，因此它必然要求体

---

① 康德.康德道德哲学文集：注释版（上卷）[M].李秋零，等译.北京：中国人民大学出版社，2016：53.

现受教育者自身在道德养炼过程中的主体性。具体来说,"自立法"是受教育者在教育者的引导下,将自身的意志准则与普遍的道德法则有机地联系起来;"自守法"则是受教育者在道德兴趣与内在的道德动机被激发之后,自觉地以道德律令规约自己的道德实践行为。这两者本质上都对受教育者在道德领域中的自主性与主动性提出了比较严格的要求。与之相反,如果道德教育的过程没有体现受教育者的主体性,那么,受教育者的道德培育就只能是"意志他律",而非"意志自律"。

综上所述,决定一个受教育者的德性是否真正得到培育的根本依据,就在于其是否具有"意志自律"的道德意向与实践能力。因为道德教育是一种注重唤醒受教育者内在的善良意志与道德动机,以及发展其内在的实践理性的教育。如果受教育者的内在道德自觉性没有得到激发,并且没有具备实践道德律令的能力,那么他就不能被称为一个具有道德品质的人。依循于此,"意志自律"是作为道德教育的最高目的而存在的,同时也决定了道德教育的性质。如果离开了"意志自律"的目的取向,道德教育也就失去了真正的教育意涵。

二、走向意志自律的道德教育评价

道德教育的本质属性决定了道德教育评价需要将意志自律作为自身的价值基础,这是从形而上的哲学视角对道德教育评价进行深度审思的结果。因为任何以意志他律为基础的道德教育评价本质上都无法真实地切近受教育者的道德自觉,遑论对受教育者的道德良心作出真实的认真判断了。对此,在美国中小学道德教育评价内容中,颇受好评的二十条学生品德规范准则(由美国迈阿密大学雷欧·克里斯教授编制)将"自律"作为第一条准则:"明确自律的重要性,把自律作为动力,去做我们认为应该做的事，即使我们不愿意。"①由此可见，道德教育评价需要从"意志他律"走向"意志自律"。

需要指出的是，道德教育评价从"他律"走向"自律"的主体为何是"意志"？"意志"何以在道德教育评价过程中具有优先性呢？对此，我们必须对这个问题作出回应。具体而言，"意志"在道德教育评价中相较于情感、认知和行为具有优先性的原因主要有三点。

第一，"意志"更加切近人的精神，将道德教育评价焦点汇聚于人的"意志"，能够更为有效地对受教育者的道德精神进行认知判断。根据黑格尔的理解，"意志不过是特殊的思维方式，即把自己转变为定在的那种思维，作为达到定在的冲动的那种思维"②。通过人的意志，我们能够真切地感受到人的精神。因为道德意志直通人的精神，人在道德意志上的努力也需要以人的道德精神为支撑，意志与认知、情感和行为不同，它更能够被视为受教育者道德意识和道德能力生成的动力源，在此意义上，评价受教育者是否具有道德精神的关键在于判断其道德意志是否坚毅。对此，有学者指出："中国道德教育必须凝聚为一个口号：捍卫与蓬勃精神！现代道德教育必须准确把握和定位认知、情感、意志在德性造就和精神发展中的地位及其同一性关系，从而真正培育'有精神'的德性和'有精神'的人。"③意志与精神具有同源性，具有道德意志也就意味着具有某种道德精神。因此，从精神建构的意义上来讲，道德意志在道德教育评价过程中具有优先性。

第二，"意志"在伦理学上与人的实践理性密切关联，它能够在道德教育评价实践过程中有效彰显受教育者内在的道德责任与道德义务。康德认为，"人道德行为的善恶不在于他的教育程度，不在于他对知识的见解，

---

① 转引自易连云.德育原理[M].上海：华东师范大学出版社，2017：221.
② 黑格尔.法哲学原理[M].范扬，张企泰，译.北京：商务印书馆，1996：12.
③ 樊浩.现代道德教育的"精神"问题[J].教育研究，2009（9）：26-34.

关键在于理性本身,在于人的实践理性"①。道德教育是一种理性的建构,并且是一种实践理性而非理论理性的建构,实践理性一方面呈示了道德教育的理性建构意识,另一方面也凸显了道德教育的实践品性,并且此两者都指向人的意志本身。基于实践理性的"意志"将道德评价的标准从外在的道德行为转向内在的道德动机,由此使得道德责任与道德义务成为道德教育评价的根本指标。对此,有学者指出:"在道德的作用上,意志的价值就在于它的决定以理性为原则,其遵从的规律是义务、责任,而道德必须来实践这种绝对的命令。"②也就是说,道德教育评价需要将焦点对准受教育者的实践理性意识和能力,因为这关乎着受教育者的道德意志,依循道德意志的道德教育评价能够判断出受教育者内心之中是否具有根据道德律令做出某种道德行为的责任与义务意识,也就是康德话语体系中的"善良意志"。

第三,"意志"与人的生命自由相关联,对受教育者的道德意志进行评价更能够彰显其在道德方面的努力与坚持。人能够意识到自身生命存在意义的基础在于人具有自由意识,经由自由意识,人能够体验到自我的生命意志。根据义务论伦理学的观点,在道德教育过程中,评价受教育者道德学习结果的最根本依据在于其道德行为是否出于自己内在的自觉自愿,即使其在践履某种道德行为的过程中遇到挫折,也能够在追寻道德境界的过程中自觉努力地对抗外在阻力,这是生命意志自由蓬勃的实践表征。敞开而言,"意志是人的生命状态,道德的实现是一种意志的实现。意志又指向自由,一个人的生命力主要体现为意志力。所以,人的道德行为的价值,在于道德行为的意志。由此论断,德育的关键并不在于道德知识的掌握,而在于道德意志的培养。其中,'意志的自律'则是道德教育的

---

① 康德.论教育学[M].赵鹏,何兆武,译.上海:上海人民出版社,2005:15.

② 赵志毅.德育的"意志"转向——兼论走向"实践理性"的学校德育[J].教育研究,2012(2):53-59.

最终目的。"①人因为生命自由而具有自我意志,同时,人也因为具有自我意志而能够走向道德自由。因此,道德教育评价的核心对象理应是受教育者的内在自我意志,经由此,才能够明晰受教育者的道德认知、道德情感和道德行为的伦理经纬。

那么,接下来的问题是:基于意志自律的道德教育评价具有何种实践样态呢?

首先,基于意志自律的道德教育评价在评价目标上强调培养自律型人格。道德教育评价的目标决定了道德教育的实践走向。基于意志自律的道德教育评价理应在评价目标上祛除功利化的价值追求,转而在自律型人格培育方面给予更多关注。因为,基于意志他律的道德教育评价往往将受教育者的道德动机建立在快乐、功利、威权与规范等外在的标准之上,由此,我们便无法想象受教育者在此境遇下能否对道德产生真正的实践兴趣与实践热情,更遑论产生坚韧的道德意志了。与此相反,基于意志自律的道德教育评价能够将受教育者从外在的道德动机与道德兴趣中解放出来,使受教育者在意志自律的基础上赋予自身的精神生命以本体意义,并且借助自身的理性能力消解生物属性对自我内在价值的制约,最终在道德实践领域展现人之为人的崇高性和尊贵性。

其次,基于意志自律的道德教育评价在评价内容上倡导综合化。也就是说,基于意志自律的道德教育需要从受教育者的道德认知、道德情感、道德意志与道德行为四个层面对其道德学习过程与结果进行综合性评价。在道德认知上,评价者需要关注受教育者是否具有根据先验性道德法则进行道德判断和道德选择的辨识意识,亦即是否具有根据善良意志进行道德实践的主观意愿;在道德情感上,评价者需要注意体察受教育

---

① 赵志毅.德育的"意志"转向——兼论走向"实践理性"的学校德育[J].教育研究,2012(2):53-59.

者的道德情感是否源于对自身崇高尊严和绝对价值的认可与实践，是否在自身意志努力的前提下遵循道德法则；在道德意志上，评价者需要重点关注受教育者的道德自律是否具有充分的道德兴趣与内在的道德动机，以及在坚守意志自律的过程中是否具有坚韧性与顽强的意志力；在道德行为上，评价者需要根据受教育者是否履行了对自己（如不放弃尊严、道德完善）、对他人（如同情、感恩、诚实）乃至对人类社会（如博爱、关心）的一系列道德责任来对其道德实践能力进行科学评价。

再次，基于意志自律的道德教育评价在评价主体上讲求多元化。由于意志自律的道德教育本质上是一种基于受教育者内在意志的道德教育理念，并且道德品质的最终建构取决于受教育者内在的、主动的自我建构，故而基于意志自律的道德教育的评价主体应该是多元性的、"亲近性"的，具体包括教育者、学习同伴以及受教育者本人。教育者是受教育者自律品质生成的引导者，他们对于评价受教育者的道德学习过程与结果具有直接的参与权；学习同伴是与受教育者共同进行道德学习的陪伴者，他们不仅能够促进受教育者意志自律能力的生成与建构，同时也能够对受教育者道德学习的实效进行较为有效的反馈；至于受教育者本人，由于他是自身道德学习的直接当事人，并且意志自律的道德教育从实质上而言是一种内在指向的道德教育理念与范式，故而受教育者对于自身是否具有根据善良意志进行道德选择与道德判断的实践能力最为了解，在此意义上，受教育者理应成为自身道德学习最为重要的评价者。

最后，基于意志自律的道德教育评价在评价方法上理应拒绝一切量化的评价方法，转而倡导一种极具人文性的评价方法。这是因为，基于意志自律的道德教育是指向受教育者的内在道德动机与善良意志的，并且它直接关涉人的精神自由和意义重塑，这是"冰冷"的量化评价方法所无法企及的。在此意义上，道德教育评价应该是一项注重启迪和引导受教育者追求生命意义的活动，它在方法上应该以关怀人的价值意义为精神底蕴。关怀人的价值意义和精神自由的评价方法应该尊重受教育者的人格尊严和主体地位,尽量避免各种他律性的手段。诚如有学者所言:"富有德性的道德评价应力戒各种控制因素,慎用他律手段,尊重学生的道德自由,使学生通过明辨道德真谛来建构道德与规范之间的平衡关系,在道德中培养道德。"①在此意义上,道德教育的评价方法应该以受教育者的意志自律为基点,在充满人文关怀的价值判断和价值评价中不断涵养受教育者的道德品性。

第四节　基于意志自律的道德教育评价方法

道德教育评价方法是决定道德教育评价是否科学有效的重要因素。传统道德教育评价尝试通过纸笔测验、客观问答等方法对受教育者的德性进行评价,由此使得其无疑具有鲜明的"意志他律"的实践倾向。为了提升道德教育评价的有效性,我们亟须加强道德教育评价方法的"人文性",采用弹性灵活与动态生成的方式对受教育者的道德学习过程和结果进行评价,唯有如此,才能让道德教育评价走入受教育者的"道德心灵",也才能真正促使受教育者走向意志自律。

一、档案袋评价法

档案袋评价(portfolio assessment)又称为"学习档案评价"或"学生成长记录袋评价",是 20 世纪 80 年代西方中小学评价改革运动中形成和发展起来的一种新的质性评价方式,它是通过对档案袋的制作过程和最终结果分析来进行的学生发展状况评价。档案袋是指由受教育者在教育者的指导下收集起来的,可以反映受教育者的努力情况、进步情况、学习

---

① 尹伟.僭越与复归:基于"道德"的道德评价[J].全球教育展望,2018(2):97-104.

成就等一系列的学习作品的汇集。作为评价学生的重要方法,档案袋评价能够有效克服量化评价方法的固有弊端,转而以动态性、综合性、长期性的方式对受教育者的学习和成长状况进行质性评价,它重视多元评价主体的积极参与,强调评价目标的综合性和评价指标的多元化。换言之,档案袋评价法具有评价过程开放性、评价主体多元性、评价内容丰富性和评价结果形成性等特点,故而它对于推进基于意志自律的道德教育评价具有深度的适切性。①

之所以说档案袋评价法是道德教育评价的重要方法,一方面是因为档案袋评价法能够帮助道德教育评价者了解受教育者的道德成长过程和结果,反映其道德成长的完整面貌;另一方面,档案袋评价法能够为受教育者自身提供在自我道德成长过程中进行反省和改进的机会。也就是说,受教育者通过不断地对自己所选取的作品进行反思与评判,能够促进其道德反思能力、道德评判能力、道德监控能力和道德反省能力的发展,由此凸显受教育者在道德教育评价过程中的主体地位。推而言之,借助档案袋评价法,道德教育评价者能够根据受教育者档案袋中所储存的道德成长资料和重要事件对其进行道德判断,了解受教育者实施特定道德行为背后所呈现出来的道德认知、道德情感和道德意志,进而明晰其道德行为是否源自内在的道德自觉与善良意志。

为了高效能使用档案袋评价法,基于意志自律的道德教育评价需要从以下三个方面作出相应的努力。首先,要选择好储存于受教育者道德档案袋的内容材料。内容材料不仅要真实可靠、具有充分的代表性,而且需要具有时间跨度,这样才能够切实体现受教育者道德成长的发展历程。与此同时,档案袋评价内容材料不仅要包括道德认知方面的内容,而且要包括道德情感、道德意志和道德行为方面的内容。也就是说,凡是能够体

① 胡中锋,李群.学生档案袋评价之反思[J].课程·教材·教法,2006(10):34-40.

现受教育者道德学习成果和学习过程以及个性发展等方面的代表性内容都可以放进档案袋之中。其次,要丰富档案袋评价的多元主体。档案袋评价的主体不仅包括教师,还包括学生自己、学生家长、学校管理者、同学,甚至社会人士,更重要的是,所有的评价主体并不是相互孤立的,而是相互作用的一个评价整体。[①] 在此意义上,多元化的道德档案袋评价主体能够多维度、精细化地对受教育者道德成长的个性化历程进行判断。最后,档案袋评价一方面要注意评价结果的"形成性",另一方面要注意评价结果的"鼓励性"。这是因为,基于意志自律的道德教育评价的根本目的不是对受教育者的道德成长得出一个客观性的结论,而是在评价过程中帮助受教育者形成对自己的道德判断,继而能够克服自身意志中的道德他律。因此,动态的、发展性的、鼓励性的道德档案袋评价是促进受教育者走向意志自律的适切性选择。

二、操行评语评价法

什么是操行评语? 通常而言,操行评语是指在学校教育场域中,班主任或者其他任课教师"对学生一段时间内(通常为一学期)德智体美劳各方面的综合评价,并对学生以后的发展目标提出一些建议"[②]。其中,操行评语的一个重要功能就是对受教育者的道德品格进行判断与评述,由此,将操行评语作为一种重要的道德教育方法在理论和实践上都是可行的。但是,在以意志自律和精神建构为评价旨归的道德教育评价实践中,我们将操行评语评价作为道德教育评价方法的深层缘由是什么呢? 为了有效回应这一问题,我们需要作出进一步的探索与分析。

在道德教育评价中,操行评语评价法在道德教育评价过程中具有一些显著的特色与优点:第一,操行评语评价法能够具体地、个性化地陈述

---

① 胡中锋,李群.学生档案袋评价之反思[J].课程·教材·教法,2006(10):34-40.
② 安艳.学生操行评语的理论基础及实践操作[J].教育科学研究,2006(7):50-52.

受教育者在道德品格上的进步或者是存在的问题,由此为教育者与受教育者之间在间接意义上架构起一座以民主、平等、尊重为基础的沟通桥梁。正如有学者所言:"操行评语作为一种评价性的书面语言,应是生成性的,而非预置性的。它是在师生之间生动的交往过程中产生与形成的,是师生之间的一种交流与对话,但又不同于一般的交流与对话。"①第二,操行评语评价法能够真正凸显受教育者在道德评价过程中的主体地位。在道德教育评价过程中,操行评语评价的主体可以是多元化的(例如教师、同学、家长甚至是受教育者自己),这些主体都能够对受教育者的道德品行进行评价,由此不仅提高了道德教育评价的科学性,而且也凸显了受教育者在道德教育评价过程中的主体地位和自我尊严感。第三,操行评语评价法具有充分的教育人文性,它能够对受教育者的道德品行进行整全性的评价,既能通过对受教育者的道德认知、道德情感、道德意志和道德行为进行综合评价,又能够对受教育者在不同场域中的道德表现进行动态的评价。并且,其教育人文性决定了操行评语评价法能够较为深入、细致地对受教育者的道德品行进行系统性判断。

鉴于操行评语评价法的优势与特色,以意志自律为导向的道德教育评价亟须重点关注这一方法在道德教育实践中的运用。因为操行评语评价法一方面主要诉诸的是对受教育者的道德动机进行判断与辨识,强调在个性化的人文关怀中激发受教育者内在的道德自觉与自律意识。在这一评价过程中,它以一种间接对话的方式帮助受教育者构建内在的精神世界和意义体系。另一方面,操行评语评价法经由话语评价的劝说方式,能够让受教育者在诸多关涉自我道德表征的事件中反思自我,进而引发受教育者对自我道德品行的评价。"当主体对自我的不良行为、动机进行反省时,他常常会产生所谓耻感和内疚感,后者可以看作对自我行为、观

---

① 周艳."我—你"关系对教师温馨评语的解读[J].教育评论,1999(5):34-36.

念的情感回应。道德的反省和自我的评价当然并非仅仅停留于情感的层面，它在更深刻的意义上总是涉及语言的形式，展开为自我的判断。"①

为了在道德教育评价中有效践行道德操行评语评价法，首先需要提高评价者的评价素养，规范评价的话语使用。由于道德教育评价的目的在于激发受教育者内在的道德自律意识，故而如何促使多元评价主体规范性地使用评价话语具有强烈的现实意义。其次，在操行评语表达上，不仅需要注重个性化、具体化，同时也要注意捕捉受教育者的闪光点，注意评价的内在道德激励性，让受教育者在感受到平等与尊重的基础上反省自我的道德品质。最后，操行评语所描述的事件一定要真实可感、重点突出，让受教育者通过对过往"标志性道德实践"的回忆与反思，不断提升对道德认知的理性认识。

三、道德叙事评价法

道德教育不同于其他类型的教育，它关涉道德人格的塑造和内在道德精神的建构，这些通常无法通过直接性的、客观化的方式进行评价与测量。因此，采用道德叙事评价法在以意志自律为核心旨要的道德教育评价中具有充分的实践价值。

从存在论的视角来看，叙事是人的一种存在方式，人经由叙事确证自我生命的存在及其价值经纬。人类的历史、未来以及当下存在，无不是以叙事的方式进行联系的。人通过叙事来记录、传达和期想自身的存在价值，并以此寻求生命意义的延续。在教育场域中，叙事同样具有十分重要的存在价值。

作为一种与促进受教育者意志自律相关联的道德教育方法，道德叙事评价法主要源自叙事德育模式。"所谓叙事德育模式，是指教师通过叙

---

① 杨国荣.伦理与存在——道德哲学研究[M].北京：北京大学出版社，2011：230.

述具有道德意义的故事或生活事件,影响和促进学生进行道德自我建构的一种学校德育模式,是教师对学生进行思想道德教育、促进学生品德自主建构发展的有效策略。"①这是对叙事德育的一种理解,这种理解将叙事德育主体界定为教育者,受教育者处于"听事"的场域位置之中,并从"听"的过程中汲取道德启示。与此不同,叙事德育的另一种理解是,受教育者讲述自己在道德成长过程中的意义事件,教育者在聆听过程中进行劝说与引导,由此不断提升受教育者的道德认知水平。这种叙事德育将主体界定为受教育者,教育者是聆听者、抚慰者与引导者。

依循对叙事德育的后一种理解,道德叙事评价法可以作为道德教育评价的重要方法之一。因为道德叙事评价法允许受教育者在道德教育过程中讲述属己的道德故事,它有意识地将受教育者的精神世界投射到道德教育评价者的认知视野中来,由此让评价者以同理共情的心理切身理解受教育者的道德动机和道德情感。在此意义上,道德叙事评价法是一种切近受教育者内心世界深处的道德教育评价方法。在这一过程中,道德教育评价者是师长,也是朋友;道德教育评价的过程是受教育者讲述和回忆自己亲历道德教育事件的过程,也是教育者抚慰与引导受教育者生命成长的过程。在叙事的过程中,道德叙事评价法不再是督导和测评,而是道德生命和精神世界之间的相互唤醒。

---

① 李西顺.叙事德育模式建构:一个重要的时代命题[J].教育发展研究,2017(4):81-84.

后　记

　　在完成这部书稿之际,心中满是感慨与思索,仿佛经历了一场漫长而深刻的精神之旅。道德教育,这一古老而又常新的话题,如同一条奔腾不息的长河,贯穿了人类文明的发展历程,承载着无数先哲的智慧与追求,也映照着当下社会的现实与挑战。

　　这本书与我博士学位论文《走向"意志自律":康德道德教育思想研究》有着深厚的渊源。在攻读博士学位期间,我沉浸于康德道德哲学与教育思想的浩瀚海洋中,被其强调的意志自律理念深深吸引。康德认为,道德法则不是外在的强制,而是源于理性自身的命令,人只有凭借自由意志、遵循道德法则,才能实现真正的道德。这一思想如同一束强光,照亮了我在道德教育研究道路上的前行方向。我的博士学位论文聚焦于康德道德教育思想,深入剖析了意志自律在其中的核心地位,以及如何通过教育引导个体走向意志自律。而这本书既是我对博士学位论文研究的延续与深化,也是我对道德教育领域不断探索的印证。

　　回首道德教育的历史长河,从古代文明的智慧曙光到现代社会的多元探索,道德教育始终是人类精神世界的重要支柱。孔子以"仁"为核心的礼乐教化,如春风化雨,滋润着华夏大地,塑造了中华民族独特的道德品格。他强调"克己复礼为仁",倡导通过自我约束和遵循礼仪规范来培养道德品质,这与康德强调的意志自律在某种程度上有着异曲同工之妙,都是对个体内在道德力量的唤醒。亚里士多德倡导的美德即习惯的德育理念,为西方道德教育奠定了坚实的理论基础。他认为美德是通过习惯养成的,这与康德注重理性对习惯的引导和规范又形成了有趣的对话。中世纪宗教伦理的深度构建,赋予了道德以神圣的色彩,强调个体对上帝意志的服从,这与康德基于理性的道德自律有着本质的区别,但也反映了不同时代和文化背景下人们对道德的不同理解。启蒙运动后康德强调的理性道德律令、杜威的实用主义德育观,则推动了道德教育在理性与现实之间的平衡发展。这些伟大的思想和实践,如同璀璨的星辰,照亮了人类道德教育的道路,也让我深刻地认识到道德教育的传承与发展是人类文明进步的重要标志。然而,当我们把目光投向当今社会,却不得不面对一系列严峻的问题。在这个快速变化的时代,人们在享受物质丰富的同时,却常常感到精神的空虚和迷茫。如何在这个纷繁复杂的世界中培养具有健全人格、高尚品德和自律精神的公民,成了教育领域亟待解决的核心问题。这不仅是教育者的责任,更是整个社会的使命。

本书从精神哲学的视角出发,试图为解决这一问题提供一些思考和启示。在撰写过程中,我深刻体会到道德教育的复杂性和多元性。它不仅仅是学校教育的一部分,更是社会文明进步的基石。在梳理道德教育的历史谱系和精神品性时,我感受到了不同文化传统中道德教育的独特魅力。西方的理性精神与中国的伦理精神,虽然路径不同,但都指向同一个目标,即通过教育培养具有道德自觉的个体。西方的理性精神,从苏格拉底的"知识即美德"到康德的"理性自律",强调个体的意志自由和道德判断能力;中国的伦理精神,从孔子的"仁爱"思想到朱熹的"格物致知",则深深植根于家国同构的伦理传统中,注重个体与社会、家庭的和谐关系。这种理性精神与伦理精神的统一,为现代道德教育提供了丰富的理论资源。我们应该汲取这些智慧的精华,结合现代社会的实际情况,探索出一条适合当代人的道德教育之路。

在完成这部书稿的过程中,我深感自己知识的不足和研究的局限。道德教育是一个广阔而深邃的领域,需要不断地探索和实践。我希望本书能够为道德教育的研究和实践提供一些有益的参考,引发更多人对道德教育的关注和思考。同时,我也期待着与更多的教育工作者、学者和社会各界人士一起,共同为推动道德教育的发展,为培养具有健全人格、高尚品德和自律精神的公民,为构建一个更加和谐、美好的社会贡献自己的力量。

在《走向自律:道德教育论》即将付梓之际,我心中满是感恩,尤其要深深感谢严从根教授。在我撰写本书的过程中,他严谨的治学风格和高尚的师德风范,也深深地影响着我。他以身作则,让我明白学术研究不仅需要扎实的专业知识,更需要持之以恒的毅力和对真理的执着追求。同时,我也要衷心感谢张斌贤教授和范国睿教授。他们不辞辛劳,多次给予我悉心的指导与无私的帮助,他们的专业见解和宝贵建议,为本书增色不少,也让我在学术研究中不断拓宽视野、深化思考。

最后,我要衷心感谢所有在本书撰写与出版过程中给予我帮助和支持的人。感谢孙元涛老师在我博士后阶段的写作过程中给予的悉心指导;感谢薛晨鹏、郑婕好对全书进行统稿与完善;同时,特别感谢浙江大学出版社朱玲老师给予我的大力帮助,让我在此过程中受益良多。

徐　洁

2025 年 6 月 15 日于杭州师范大学诚园